袁腾飞 著

世界历史很有趣

袁腾飞讲日本史

民主与建设出版社　博集天卷 CS-BOOKY

自序

各位读者朋友，呈现在您面前的这本书，是我的"世界历史很有趣"系列图书的第一本。

随着中国经济的飞速发展，"仓廪实而知礼节"，人文社会学科越来越受重视，历史类书籍渐成畅销书。但考察当下的历史出版物，以本国历史读物占据大半。而国人对历史的了解，还是囿于历史剧中常出现的几个时间段：楚汉之争、三国、武则天和杨贵妃、大明大清那点事儿，对于世界历史，大多懵懂无知。

当下全球一体化趋势日益明显，中国在积极融入世界。在经济上，中国用三十年时间走完了发达国家两百年走的路。一路走来，有经验也有教训，吸取经验、少走弯路乃是重中之重。北京正乙祠戏楼上有一联云：演悲欢离合，当代岂无前代事；观抑扬褒贬，座中常有剧中人。以史为鉴可以知兴替，以外国历史为镜同样可以明得失。所以，了解世界历史，在今天的中国显得尤为迫切。

我想，国人对世界历史不如对国史热衷的原因，不仅仅是原著看不懂，翻译做不到"信、达、雅"。市面上中国人写的世界历史书籍也很多，我认为大体可以分为两类：学院派和戏说体。学院派过于严肃，更适合做大学相关专业的教材和课外读物，不适合非专业人士阅读；而戏说体又太失之于调侃，信息量不足。所以，腾飞不才，坚持我的史话体风格，结合学院派和戏说体的长处，在叙述一国历史大事的同时，照顾细节，讲故事、讲段子。

比起中国历史，世界史更是浩如烟海，时间、空间跨度极大。因此，这套《世界历史很有趣》按国别讲述几个世界大国的历史。我才疏学浅，无意把它写成各国的通史，只想撷取各国历史上有趣又能引人思考的点，让读者朋友在莞尔一笑的同时还能掩卷叹息。

　　这套书中，首先跟大家见面的是日本史。外国历史中我最熟的就是日本史，家中藏书不下百种，特别是参考了大量港台原版译著。国人读日本历史，最感兴趣的是战国、幕末和日本侵华这几段，因为写这些内容的作品太多了，所以我在日本上古、源平合战、南北朝等处颇费了一番笔墨。至于日本侵华战争和太平洋战争，在拙著《这个历史挺靠谱》和《战争就是这么回事儿》中已大量涉及，本书就不再重复了。

　　衷心希望这套书能让您轻松了解世界史，能够得到您的认可和喜欢。

袁腾飞

目录
Contents

第二讲　武家天下共争雄（从镰仓幕府到室町幕府）

世界历史很有趣 袁腾飞 讲日本史

第一讲

神话伪史奇葩事

（从远古时代到平安时代）

1. 这个历史不靠谱

一笔糊涂账

按照日本在第二次世界大战前盛行的历史观，日本是天皇的国家，所以叫作皇国。二战以后，日本的皇国史观遭到了国际社会的批判。但随着日本经济的复苏，这些年皇国史观又开始抬头。

按照皇国史观，日本的第一位天皇叫作神武天皇，大概在公元前660年即位，大约跟中国的齐桓公、管仲是同时代的人。从公元前660年第一位天皇即位到现在，天皇名号已经持续了两千六百多年。

二战时，日本最有名的战斗机叫作零式战斗机，零式战斗机就是按照日本的皇国纪年2600年装备部队的，也就是公元1940年。九二式步兵炮于日本皇国纪年2592年装备部队，即公元1932年，所以叫作九二式步兵炮。

日本的皇国史观说自己的历史有两千六百多年了，但是很多学者认为日本的历史，尤其是古代史，前一千多年就是一笔糊涂账，一半是无聊的神话，另一半是捏造的伪史。

其实编一编历史，历史当中有传说，有神话，这个并不稀奇，别的国家也有这么干的，但是日本最好玩的地方是，它把天皇看作是神的后代，是人间的神。这个就太离谱了。

日本在第四十代天皇——天武天皇的时候才有了正史。天武天皇继位后，觉得当时日本国流传的历史谬误太多了，口口相传的玩意儿不可信，说着说着就走样了。所以，他命令一位大臣，根据原来日本的汉文史料写一部正史。经过多年的编写，终于弄出了一部正史，叫作《古事记》。

除了这本《古事记》之外，天武天皇还成立了一个编撰委员会，仿效中国的《史记》《汉书》这样的纪传体方式写了一本日本的历史，叫作《日本书纪》。这部《书纪》一共有三十卷，是完全用汉字写成的，第一卷、第二卷是神话，从第三卷开始是日本正史的开端《神武纪》，也就是日本神武天皇的本纪。

《古事记》在公元712年问世，《日本书纪》在公元720年问世。在这两本书问世之前，天皇并不是神。

可劲儿造神

按照日本《古事记》的记载，天上世界的神叫天神，活动地点在高天原。天地形成的时候，高天原诞生了三位天神，分别是天之御中主神、高御产巢日神、神产巢日神。这三神有个共同的特点，都是无性之神，没有性别，不男不女，是独神。

后来又出现了阴阳二神，这二神是兄妹俩，一个是伊邪那歧，一个是伊邪那美，这两个人兄妹交合，生出了岛屿、山川草木以至天地万物，然后就开始造人。伊邪那美在生火神时，产道起火，以致烧灼而死，伊邪那歧伤心欲绝，一直追到黄泉，当看到伊邪那美坠入黄泉的恐怖景象时，却吓得撒腿跑路了。跑回来之后，伊邪那歧觉得沾染上了黄泉的晦气，于是找了一条河，脱了衣服，扔了身上的配饰，一洗身上的污秽。洗完上岸之后，又掬了清水洗左眼时，诞生了日本的主神天照大神（太阳）；洗右眼时，诞生了月读命（月亮）；洗鼻孔时，诞生了须佐之男命（放荡不羁的神）。

也就是说，天照大神和她的两个弟弟不是通过男女交合而来的，而是从男神伊邪那歧的眼睛和鼻子里诞生的。天照大神后来掌管高天原，堪称神中龙凤、众神之王，也就是日本人认为的太阳神。

其实，这种传说在很多民族中都有。比如中国也有伏羲、女娲以兄妹交合，女娲造人的故事，这些故事大同小异。但是日本最有意思的是，这个天照大神也就是太阳神，是一位女神，她生了五男三女，可是却不知道她老公是谁，就是说她没有丈夫，竟然生了五男三女。通过学者对日本神话的破解，认为太阳女神天照大神是跟自己的弟弟须佐之男命结合生下了这么多孩子。然后三个女儿归弟弟，五个儿子分给了姐姐。这实际上跟中国伏羲、女娲的传说就

传说中的天照大神

非常类似了。

天照大神一共生了五个儿子，老大与跟天照大神同级别的一个神灵的女儿结婚了，看来神仙结婚也得讲究门当户对，玉皇大帝的女儿不可能嫁给弼马温。老大媳妇儿生下了一个儿子叫作琼琼杵尊，本来天照大神想派自己的长子降临到地上去统治世间万物，但是不知道为什么，后来改主意了，发放派遣单的时候，填了孙子的名字：琼琼杵尊。

日本人的名字后面带"尊"或者"命"都表示尊称，有人认为这是受中国的影响。因为《古事记》成书的时候已经是中国的唐代了，中国的道教这个时候可能传入了日本，特别是唐朝皇帝尊奉道教，道教的最高神是元始天尊、道德天尊、灵宝天尊。"命"也是出自中国的典故，中国在周朝的时候官员自一命至九命，命越多级别越高，比如天子驾下的三公九命、国中的下士一命，后来中国就改成品级制了。品级是越少越高，一品比二品高，九品最低，命正好相反。

为保血统，宁可乱伦

琼琼杵尊按照祖母天照大神的命令降临到了人间。天照大神跟他讲，孙子，你去吧，去统治苇原中国，那里是美丽富饶的地方。苇原中国是日本国土的美称，就跟中国人称自己的国家为神州、赤县、华夏一样。

琼琼杵尊是天孙，天照大神是奶奶，孙子哪能不听奶奶的话？琼琼杵尊不敢怠慢，急驾祥云就降落到了九州（今天日本的宫崎县和鹿儿岛北部一带）日向高千穗山峰。今天日本最大的一艘军舰，可以称之为准航母，就叫"日向"号，这是日本古国名。而甲午战争的时候，日本最快的一艘巡洋舰叫"高千穗"号，都是用日本神话传说中的古国来命名。中国这种传统反而断绝了，日本却一直对自己的历史很留恋。

琼琼杵尊下落人间之后，急享人间烟火，紧追时尚潮流，跟一位山神的女儿，叫木花开耶姬相会，俊男靓女嘛，干柴烈火，擦出了火花，发生了一夜情。琼琼杵尊的种子不错，木花开耶姬怀孕了。木花开耶姬就找到琼琼杵尊说，你要负责，我怀孕了怎么办？琼琼杵尊感到很疑惑，就一晚上，我战斗力这么强吗？

琼琼杵尊是天神，他怀疑木花开耶姬怀的是土地神（实际上就是当地原住民）的种。木花开耶姬一听就急了：根本不可能，我从小到大守身如玉，只跟你鬼混过一次，我怀的就是你的孩子！你不认账是吧？

木花开耶姬很有骨气，一看跟自己发生过一夜情的男人负心薄幸，她就建造了一间没有门窗的产屋，只能进去出不来。她进去之后跟琼琼杵尊说：我在产屋里生小孩，然后点着火，如果出生的孩子被烧死了，那就说明他不是你的孩子；如果他活下来了，那就说明这个孩子是你的，你必须得认。你看怎么样？

还没等琼琼杵尊答应，木花开耶姬就开始在屋里点火。结果好家伙，火一点起来，木花开耶姬在火堆当中一连生了三个孩子，老大叫作火照命，老二叫作火须势理命，老三叫作火远理命。三胞胎都在火中出生，而且还没有被烧死。当然，只有在神话里才有这么离奇的事儿发生。

这个故事在日本的《古事记》中有记载，实际上说明日本天皇家最重视的是血缘关系。咱们中国讲究天下是天下人的天下，有德者居之，无德者失之。所以，中国人认为易姓革命、改朝换代是很自然不过的事情。但是在日本没有这个观念，日本人认为只有天皇的血脉、有皇族血统的人才能担任天皇，才能成为这个国家的最高领导人。从这个神话传说中就可以看出，日本文化源头上就非常注重血统，血统观念从一开始就根深蒂固。

琼琼杵尊一看这三个小孩这么大火都没烧死，肯定是自己的种，就高高兴兴地认了三个孩子。其中老三火远理命长大以后和海神的女儿结婚生下了儿子，叫作草葺不合尊。草葺不合尊又和妈妈的妹妹，也就是他的亲姨结婚。

可见日本皇室从神话传说时代就有乱伦的历史。为什么呢？就是为了保证皇室血统的纯净，皇族不能染上外族的血，染上外族的血就不纯了，所以，为保血统，宁可乱伦。

草葺不合尊和姨妈结婚，一连生下了四个儿子，最小的儿子叫作若御毛沼命，就是后来的神武天皇。神武天皇是天照大神的五世孙。

2. 传说中的开国天皇

上来就明抢

天照大神的五世孙若御毛沼命，就是日本的初代天皇——神武天皇。当然了，神武这个谥号是后来追加的汉语谥号。

当年若御毛沼命的爷爷——天孙琼琼杵尊降临的日向高千穗山峰位于日本南九州。日本今天由北海道、本州、四国、九州四个大岛构成，南九州相当于日本的最南面，是很落后的地方，一直到奈良王朝的末期都是蛮荒烟瘴之地。

统治者如果是在一个条件优良的地方降生，那他什么也不用干就能取得功业，而把他降生在这么一个差劲的地方，就能够让他做出一番不朽的功业，伟大的君主一定得跟伟大的功业相联系。若御毛沼命之所以能成为日本的第一代天皇，就是因为他建立了一番伟大的功业，这就是神话传说中的神武东征。

神武东征，目的是要征服当时的大和国。大和国位于今天日本奈良县一带，这也是日本本州岛的中心。根据日本史籍的描述，四十五岁的若御毛沼命带领一标人马，于公元前665年，相当于中国春秋时代，从南九州出发，三年后才在本州岛登陆成功，进入奈良盆地。当时若御毛沼命的军队，受到了统治奈良的君主长髓彦的顽强抵抗，连神武的长兄都被飞箭穿心而死。可见所谓的神一降临到人间也就没神力了，居然能被人间的武器所伤害。

神武东征不是很顺利，打了败仗，只好进行战略性退却。但长髓彦取得胜利以后，却亲自和若御毛沼命谈判。他跟神武说：你号称天神的子孙，是真的吗？我身边也有一个哥们儿号称天神的子孙，他叫饶速日命，你们俩究竟谁是真的？而且你们为什么都以天神子孙的名义抢夺他人国土？整个儿一个强盗的干活，良心大大地坏了！我这儿的天神，我把妹妹嫁给他了，他俩的孩子将来要继位，我亲儿子都没戏。你更厉害，上来就明抢。

神武听了他的话之后说：确实，天神的孩子多了一点点，天上又不搞计划生育。但每一个天神子孙都有随身携带的神宝作为凭证，否则就是假的。饶速日命如果真的是天神子孙的话，他也应该有宝的，龙行有宝啊，你看皇上走到哪儿传国玉玺得随身带着，他有吗？让他把那个宝拿出来给我看看。

神武这句话提醒了长髓彦，长髓彦拿出了饶速日命的象征物：天羽羽衣及矢剑，对神武说：这是饶速日命的神宝，你有吗？你要没有可就现世宝了。

神武一看就知道这个天羽羽衣及矢剑是真货，而且他也把自己的天羽羽衣及矢剑拿给了长髓彦看。神武知道这个饶速日命也是天神的子孙，和他是同族，现在变成同族相残了。长髓彦一看，坏了，麻烦大了，俩天神的子孙惦记自己的地盘，不怕贼偷就怕贼惦记，怎么办？毕竟饶速日命是自己的妹夫，而这个神武跟自己是八竿子打不着，哪儿来的这么块料，谁也不知道，所以还想拼命抵抗一下。

但万万没想到的是，饶速日命一看长髓彦可能玩不转了，索性反水，把长髓彦杀掉，将王位拱手让给了神武。神武对饶速日命的作为大加赞赏，饶速日命就成了日本历史上著名的大家族——物部氏的始祖。物部氏跟天皇家的爱恨情仇，延绵不绝，不是三两句话能说清楚的。

从日向出发到饶速日命让国，神武历经六年，千辛万苦终于完成了建国大业。于是在公元前660年，神武在新建立的皇宫登基，日本的第一代天皇就诞生了。

神武天皇被称为始驭天下之天皇，意思是最初统治日本的天皇。现在日本的建国纪念日——每年的2月11日，就是这么来的，据推算神武就是公元前660年公历2月11日建的国。当然了，这个说法受到普遍的怀疑。

神武天皇是徐福？

神武建国的故事在日本历史上是被古书所记载的。但在有些人的说法中，还有另一个变种。

有些人认为神武天皇就是中国的徐福。当年秦始皇为求不死之仙药，非要让徐福率三千童男童女出海，但人世间哪有什么长生不死之灵丹？徐福到了平原广泽再没有回来，因为回来没法交差啊！徐福就不知所终了，再然后有了日本国。所以，有人认为徐福是日本初代天皇。而徐福东渡日本的时期正好是日本从绳文晚期进入弥生前期的时期，与神武东征的时间大体相吻合。

但是按照日本人的说法，神武天皇是在公元前660年辛酉年继位，而徐福是秦始皇时代的人，双方时间差了有四百多年。六十年一甲子，每逢六十年就有一个辛酉年。日本在徐福的时代肯定是没有历法的，一直到了钦明天皇时代才由百济的一位高僧给日本人带来了历法。根据中国谶纬家的学说，辛酉象征革故鼎新，因为无论是天干辛，还是地支酉，五行都属金。所以，日本圣德太子的时候定下这么一个吉祥的年份，而且为了让日本国显得古老一点儿，竟然定下了推古九年（601年）辛酉以前的第二十一个辛酉为神武继位之年。这二十一乘以六十就是一千二百六十年前了。

如果神武天皇的历史是传说，那他到底是不是在推古以前第二十一个辛酉即位，现已无从考证。要是在推古以前第十七个辛酉年，那就很有可能是徐福。当然，现代日本学者是不可能承认徐福就是神武天皇的。

神武以后，无论是根据《日本书纪》，还是《古事记》的记载，神武以后，崇神之前，日本一共历经了八代帝王，但这八代帝王只有名字记录，没有任何事迹记载，除了神武有事迹，别的人都没事迹。另外，这八代帝王一共在位四百多年。这就真的很扯了。神武天皇在位七十六年，他四十五岁登基，活了将近一百三十岁，而在他之后的八位天皇差不多人人都在位大几十年，你想吧，四百年八个，那就是五十年一个，寿命都是将近百岁。这个你听听就算了，千万别信，也别较真儿，认真你就输了。

中国古代自秦始皇以后，二百零八个皇帝，寿命过七十的只有十多个，这十多个里面过八十岁的只有五个，梁武帝萧衍、武则天、宋高宗赵构、元世祖和清高宗乾隆。遥远的春秋战国时代，人的寿命怎么可能有那么长？所以，这明显就是神话。

为什么日本要编出这八代天皇都活那么长，一共在位四百年？可能就是要补这四百年的空缺。因此，很有可能神武天皇并不是齐桓公时代的人，而是秦始皇时代的人。

还有一位开国天皇

神武天皇之后八代天皇的事迹都不可考，直到第十代崇神天皇，史书上记载，他也有一个其他天皇所没有的尊号，叫御肇国天皇。

御肇国天皇是什么意思呢？就是最初治理国家的君主。非常有意思的是，神武和崇神这两个名字是汉风的谥号，截然不同，读音不同，字形也不同。可是按照他们的日本式尊号，始驭天下之天皇和御肇国天皇，虽然汉字表述不同，但是日本话发音是完全一样的。

所以，后人看日本史就震惊了，一个国家怎么可能有两个开国之主？而且就算有两个吧，也不能中间隔这么多代。在中国历史上，只有汉朝，高祖刘邦建汉，世祖光武帝中兴，但毕竟中间被王莽篡了，所以隔了两百多年。元朝太祖成吉思汗，世祖忽必烈，中间隔了三位，忽必烈是成吉思汗的孙子，这两个可以都算开国之君。清朝太祖努尔哈赤和世祖顺治，一个建国，一个入关，中间也就隔了一代而已，顺治是努尔哈赤的孙子。而日本可倒好，第一代和第十代的天皇，中间隔了很多辈，差出好几百年，为什么两个人都是开国天皇呢？

崇神天皇治理国家的时候，瘟疫流行，死者无数，政权不稳，令天皇非常头疼。上古国家，国之大事，在祀与戎，一个是祭祀，一个是打仗。国家疫病流行，人心惶惶，政权不稳，怎么来维稳呢？靠武力是不行的，只能靠祭祀。因此，崇神天皇就去祭祀天皇家的皇祖神，也就是天照大神。几场大规模虔诚祭祀下来，没有任何效果，瘟疫仍在蔓延，这个非常可怕。

崇神天皇十分忧愁，夜不能寐，躺在床上辗转反侧，蒙眬间梦见了一位大物主神，大物主神就和崇神天皇说：你知道为什么现在疾病泛滥，老百姓生活在水深火热中吗？这都是我干的，老子不高兴，后果很严重！所以这个世上才会出现这样的事儿。崇神天皇一听吓坏了，赶紧跟大物主神说：有什么要求您提啊，我应该怎么做才能让您满意呢？大物主神说：非常简单，你去找一个叫大田田根子的人，只要找到他，让他来祭祀我，天下就会太平。

崇神天皇听了这句话以后从梦中惊醒，回忆起自己做的这个梦，满身冷汗，虽然感到很奇怪，半信半疑，但也不敢怠慢。于是，他诏告天下，要找一个叫作大田田根子的人。还真找着了，崇神天皇立刻驾临当地亲自询问大田田根子，你爹是谁啊？大田田根子说，我爹就是大物主神。

崇神天皇恍然大悟，原来大物主神就是被自己先祖征服的这个地区的主神，赶紧在三轮山建神社祭祀大物主神，并且让大田田根子做主祭。这一招非常管用，不久之后，瘟疫渐渐平息，农事也很快恢复起来，老百姓又开始了安居乐业的好日子。

三轮山是日本古代的神山，在三轮山上修建祭祀大物主神的神社，相当于承认大物主神在日本精神领域的地位。崇神天皇这么做，祭祀自己的敌人，祭祀被征服者，是日本史上破天荒的头一次。

怨灵贯穿日本史

崇神不管怎么说都是一代天皇，不是梦到谁都会理会的，那么这个大物主神到底是什么来头，为什么崇神天皇一梦到他便会照他的话去做呢？日本还有一种出云让国的说法，而出云国的统治神是大国主命，那么大物主神和大国主命是什么关系？其实就是一回事儿，根本就是一个人。

崇神这是以大和王朝的名义来祭祀出云的怨念之神，将出云的怨灵镇魂提高到了国家祭祀的高度。也就是说，崇神天皇是在精神思想、文化理念上渗入，不惜以整个国家的名义来为出云国的怨灵镇魂，甚至将被征服的出云族的宗教作为日本的国家宗教。

了解日本的历史和文化，有两个很重要的概念，而这两个概念与日本古代政治有着很深的关系。一个是多神，八百万神，天神地祇八百万；再有一个就是怨灵。什么叫作怨灵？日本的怨灵信仰，或者叫怨灵恐惧，认为蒙冤罪而死的人就会成为怨灵。因为含冤而死，灵魂去不了黄泉，也不愿去黄泉，就在世间飘荡。幽灵飘荡可不是为了旅游，而是为了作祟，制造天灾人祸，诅咒、报复迫害他的对象。有学者甚至认为，日本的历史就是怨灵的历史，日本的宗教就是怨灵信仰的宗教。怨灵镇魂是日本人最基本的精神构造，贯穿着整个日本历史。

作为征服者认同被征服者的文化，这一点就非常有意思了。欧洲历史上日耳曼蛮族灭了罗马帝国，但日耳曼蛮族的君主全部皈依了基督教。中国历史上五胡乱华，辽、金、西夏乃至元、清入主中原，也学习中原的文化，"吾修文物，彬彬不异于中华"，被中华文化所同化，这种事例很多。从某种程度上讲，日耳曼蛮族的文化确实不如基督教文明先进，而中国北方游牧民族的文明程度也比当时的中原王朝发展水平要低，所以他们认可手下败将的文明还能理解。但是日本大和王朝的文化并不比被征服者的文化水平低，它能够放下身段来主动认可被征服者的文化，这个是很了不起的一件事情。

为什么日本会出现两位开国之皇，就是因为神武天皇是用武力统一了日本，而崇神天皇确立了日本的宗教和意识形态，日本人认为单凭武力是不能完成日本的统一的，只有确立了支配日本国家的基本宗教才能确立建国的基础。

可惜崇神天皇的后代子孙们，包括日本的政治家们在这一点上比起他们的祖先来智慧就差得太远了，过于迷恋武力而忽视了宗教和文化的作用。

中日历史不同步

日本的历史从神武天皇往后一千年，大概都是神话传说和后人编纂的伪史，荒诞不经。

到了公元3世纪左右，中国的史学家陈寿著的《三国志》里对日本才有了若干比较明晰的记载。陈寿的《三国志·魏书》里有《倭人传》，里面对倭国有这样一段记载："其国本亦以男子为王，住七八十年，倭国乱，相攻伐历年，乃共立一女子为王，名曰卑弥呼，事鬼道，能惑众，年已长大，无夫婿，有男弟佐治国。自为王以来，少有见者。"

《三国志·魏书》成书的年代大约在3世纪后半期。据陈寿的记载，卑弥呼跟曹魏有联系，应该是在3世纪前半期。陈寿的记载应该是比较准确的，说卑弥呼曾经派遣使者到魏国朝见了魏明帝曹叡，曹叡封她为亲魏倭王。但非常奇怪的是，在日本的历史中找不到这位卑弥呼女王，而日本历史上第一位女天皇是卑弥呼之后三百年才出现的。有关这段历史，中日双方的记载就不能同步了。

但是日本跟中国发生交往确实很早，据《后汉书·光武本纪》和《后汉书·东夷传》记载，早在汉光武帝时期，当时倭奴国就曾经遣使朝见汉光武帝，汉光武帝赐给倭奴国王一方金印，印文为"汉倭奴国王"。这方印在18世纪被一个日本农民挖掘出土，献给了幕府，得到了二十两银子的赏赐。当时的二十两银子大概相当于今天的六亿日元，可见这方印在当时幕府的眼里是非常宝贵的。这方印现在保存在日本北九州福冈的博物馆里。

日本跟中国往来频繁的时代就是所谓的倭五王时代。根据中国史书《宋书·蛮夷传》中对倭国的记载，5世纪到6世纪初，日本先后受到五位国王的统治，分别是赞、珍、济、兴、武，而这五王从5世纪初到5世纪中后期，先后九次遣使到南朝奉表称臣。这段时期在日本历史上被称为古坟时期，当时的国王死了以后用高坟大冢来埋葬，有的坟冢比埃及的金字塔还要大，最大的就是仁德天皇的坟墓。

一般认为，仁德天皇就是中国史书中的倭王赞。这五王是中国史书上记载的，实际上在日本这五王相当于六代，就是仁德天皇、履中天皇、反正天皇、允恭天皇、安康天皇和雄略天皇。

这位仁德天皇倒真的算是日本有记载以来的一位仁德之主。当时中国正好是五胡乱华、中原板荡，天朝上国已经不像个样儿了，很多中国人无处藏身逃难，只得漂洋过海，东渡扶桑，到了日本国。这些流民后来被日本称为渡来人或者叫归化人，他们从先进的中原来到落后的日本，带去了先进的生产工具和生产技术。而仁德天皇就正好利用这批人的知识技能，利用他们的技术经验大力建设日本。

日本今天重要的城市大阪，当年是烂泥滩，正是这些渡来人到了以后疏通河流，搭建桥梁，开出四万顷良田，才有了后来的大阪城。这样，仁德天皇继位三年之后日本的国力就蒸蒸日上了。

3. 天皇就爱把妹子

把亲妹妹当作情妹妹

中国有句老话，饱暖思淫欲，饥寒起盗心。随着国力的强盛，日本国饱暖了，当然是天皇带头实现饱暖，继之而起的，就是天皇起了色心。

当时仁德天皇的皇后磐姬，出身名门，才貌双全，而且为人奇妒，是个大醋坛子，她在天皇四周严密防范，建立防火墙，不允许天皇和别的女孩有接触。但俗话说，妻不如妾，妾不如偷，偷得着不如偷不着。一开始呢，皇后的这些措施还管点儿用，天皇想偷腥比较困难，但是日久天长，总是防不胜防。

仁德天皇有一个同父异母的妹妹，叫作八田皇女。据说这位八田皇女姿色出众，而且跟自己的哥哥早就不干净，因为日本皇室有兄妹通婚的传统，所以兄妹乱伦也很常见。但是八田皇女和仁德天皇有一腿的事儿被皇后发现后，皇后醋性大发，就把她贬到了乡下。皇后本想这样一来，就可以斩断了兄妹情丝，但人算不如天算。

日本有一个很重要的节日叫新尝节，天皇一般都要大宴群臣。而这个节日的宴席一般来讲都由皇后操办，其中有一道菜的食材必须要用熊野山下才有的柏树叶做。皇后为了办好这次宴会，亲自带队，由宫女陪同，远赴熊野山采柏树叶。

皇后这一走，仁德天皇大喜，母老虎可算是不在身边了，自己该自由一把了，马上就想起发配到乡下的皇妹八田皇女。仁德天皇赶紧派人快马加鞭地把八田皇女接进宫来，明铺暗盖，双宿双飞。但是，皇后在天皇周围早就布置了防火墙，耳目甚众。一看天皇这么干，皇后的眼线就追上皇后，告诉她大事不好，天皇把妹妹又给接回宫来了。

当时皇后已经采了一船的柏树叶，兴高采烈地走在回程的路上。一听说自己的防火墙失效，那个狐狸精又回宫了，大怒之下就把辛辛苦苦摘来的一船柏树叶全部抛进海里。本来皇后是准备弃舟登车回京城的，这一下索性改变路线坐船回娘家了。

仁德天皇一听皇后回了娘家，简直吓坏了。为什么呢？因为天皇毕竟要保持自己在国民心目当中的地位。虽然只要有人类生存的地方，就会有把妹现象，甚至古今中外好多把妹事件成为千古流传的佳话，但别人把的是情妹妹，仁德天皇倒好，把的是同父的亲妹妹，这在什么时候、什么朝代，都上不了台面。更何况跟皇后十几年的感情也不是说舍就能舍的，所以派人到皇后的娘家去接皇后回来。

皇后当然得理不饶人了，坚决不肯回来，使者只好回来复命：微臣无能，皇后不肯回来。

皇后吃醋了

转眼之间一年过去了，仁德天皇思念皇后就又派那位使者到皇后娘家去接驾，已经碰过一回钉子的人，你想能成功吗？又碰了一回钉子回来了。

这下仁德天皇真着急了，当年刘玄德三顾茅庐，自己已经两回了，得再去一次，而且得派个能说会道的人去。这次的使者不但能说会道，他妹妹还是皇后的侍女，人家是有内应的，所以他才敢拍着胸脯跟天皇说，一定能把皇后请回来。

使者到了皇后的娘家，先是鼓动三寸不烂之舌陈述厉害，然后用天皇和皇后之间的感情来打动皇后。但是甭管使者怎么说，皇后就一个字：不！

使者一看皇后是王八吃秤砣铁了心了，怎么办呢？只能打持久战了，盘腿往地上一坐，滔滔不绝地在那儿讲。皇后坐着，闭目养神在那儿听。

这时候时令已是深秋，此日恰逢凄风苦雨绵绵不断，都打在使者的身上，使者衣服都湿透了，而且他的衣服上的一颗朱红色的纽扣也被雨水打湿了。古代染色技术不够先进，纽扣一沾上雨水，就开始褪色，顺着衣襟往下流，因为纽扣是红色的，流下来的水就跟血一样，正好使者的妹妹在旁边侍奉皇后，看到这一幕，触景生情，口吟一绝：

巍巍筒城宫，苦说竟无功。秋雨成血泪，滴滴心头红。

皇后听罢，心中不忍，转过头来跟那个宫女说：让你哥哥回去吧，别在那儿坐着瞎嘀咕了，我是绝对不会向天皇妥协的。

到这个地步，使者也只能放弃使命了。皇后传了懿旨，绝不回宫，他只好回京跟天皇复命。问题是牛皮早吹出去了，回去如果和天皇说真话，天皇怪罪下来怎么办？使者一番思量，有了主意，见到仁德天皇之后就跟天皇说：臣在皇后的宫中看到了一种怪虫，长得很像蛇，然后变成蛋，再变成鸟，臣不得不赶回来报告，圣上您自个儿去看一看。

使者想用这个事来吸引天皇，把自己没完成任务的事给掩盖过去。听完使者的一番话，天皇起了极大的好奇心，当即决定亲自去看一下这个怪虫，当然更想把皇后请回来。天皇御驾亲征，到了老婆的娘家，见到了皇后，也见到了百济国王子秘密赠送给皇后的怪虫，其实就是我们所说的蚕。皇后也不知道是醋劲儿太大还是太恨仁德对自己的背叛，反正好说歹说就是不回皇宫，但是顾忌天皇的面子，也不能让天皇白来一趟，空着手回去，就让天皇把蚕带走。

天皇一看皇后内心坚硬似铁，破镜再难重圆，只好小心翼翼地把蚕带了回去。从此，日本就有了养蚕缫丝技术。皇后虽然心如铁石，但止不住忧郁的眼泪天天流。天皇回宫后不久，皇后就抑郁成疾，撒手人寰。

皇后死后的第三年，仁德天皇正式立自己心爱的妹妹八田皇女做了皇后。八田皇女终于修成了正果。

一场乱伦引发的血案

但是，八田皇女的这个后位坐得也不踏实，为什么呢？因为她这个哥哥兼老公仁德天皇不但是个多情种子，而且还有严重的把亲妹妹的情结。

八田皇女有个小妹妹更是花容月貌人见人爱，仁德天皇一见之后，心里就开始痒痒了，立即开始计划对这个小妹妹发起求爱总动员。仁德天皇就让自己的胞弟隼替他向这位年轻貌美的皇妹暗通款曲。隼本来就是英俊的皇子，奉天皇的旨意去拉皮条，把自己捯饬得十分标致，到了皇妹家，两人一见面就对上眼了，隼就干脆替自己的哥哥做了小皇妹的情郎。

仁德天皇久等皇妹不来，非常心焦，干脆微服私访，悄悄地来到了皇妹家，隔着门就听见自己这位胞弟隼跟皇妹正在打情骂俏。仁德天皇一时龙颜大怒——真是岂有此理，你小子奉朕旨意来拉皮条，竟然捷足先登——冲进门去拔剑就砍。但隼年轻，腿脚好使，带着小皇妹就跑了。仁德天皇更是生气，指派两员大将去追赶。

两员大将临行前，八田皇后流着眼泪吩咐他们，你们可以行凶杀人，但不要侮辱我的妹妹。两员大将奉命一直追到山里把这对情侣杀了。两人虽然承蒙皇后再三叮嘱，不准侮辱皇妹，但这个时候人都杀了，就管不了这么多了，扒了皇妹的衣裳，把贴身的金银首饰给抢了个精光。

转眼之间，日本一年一度的新尝节又到了，八田皇后大宴群臣，女眷们更是个个打扮得花枝招展。八田皇后嘴甜，特别会做人，看见谁家的女眷衣饰漂亮就会赞美两句，所有被夸奖的人都受宠若惊，大家就连身上带着的金银宝贝也想拿出来让皇后鉴别鉴别。这时候有一个朝廷命妇凑了上来，拿了一只镯子说，皇后您瞅我这个镯子怎么样？皇后一看就气晕过去了，这镯子正是自己的小皇妹常年贴身佩戴的东西。严厉责问之下，才知道这个贵妇的镯子是借来的，她就想出出风头，就跟现在好多女孩租奢侈品赴宴的道理是一样的。从谁家借的呢？就是从奉命追赶皇妹的两员大将中的一员家借来的。甫问，肯定是这个将领从小皇妹身上抢来的。于是，皇后下令处死这两员大将。

仁德天皇由于爱恋自己的妹妹，最后不但气死了皇后，更是搞得小皇妹与皇弟被杀，还有两员大将被处死。所以说，日本古代史书说自己富人不淫，不妒忌，不盗窃，好像是天生君子之国，其实不是那么回事儿。

4. 女天皇上位了

乱伦传统很悠久

日本史书上记载的第一位女帝是推古天皇。其实当时的日本，还没有开始使用天皇这种称呼，确切的称呼应该是推古王。她执政的时间，对应中国历史应该是在隋朝了。

日本为什么会突然出现一位女天皇呢？其实道理非常简单，男性的皇室成员基本上被干光了，所谓蜀中无大将，廖化做先锋，只好弄出这么一位女天皇。

日本古代的天皇，其实没什么干头，也没有什么权力。日本古代以职业来分人的姓氏，当时日本有八种姓，臣、连、君、别、直、首、造、史。其中臣、连、君是级别最高的，臣管行政，连是军人，君管祭祀，这些臣、连、君的首长都爱给自己的姓氏前面加个大字。

咱们中国人管日本叫小日本，它却自称大日本帝国，其实中国古代也是，国号前面都加个"大"字，大元、大明、大清。在当时的日本，大君、大臣、大连成了事实上的支配者。这么一堆大，你大我也大，到底谁最大？实际上还是大臣和大连相对来讲更值钱一点儿，因为大君整天就对着神主磕头，没有什么实权。实权都掌控在大臣和大连手中。时间一长，他们肯定会产生嫌隙，相互之间都很明白，一山不容二虎，两雄不并立，早晚得两大剩一大。而且大臣和大连都是世袭的，这两个家族互相掐就是肯定的了。

在日本的继体天皇时代，大臣是苏我氏，大连是物部家。苏我一开始实力不如物部，所以就想尽办法要咸鱼翻身。苏我氏把仨闺女都嫁给了皇室，特别逗的是，他把大闺女、二闺女嫁给了继体天皇的儿子，而三闺女却嫁给了继体天皇的孙子，也就是说姐仨变成了婆媳关系。甭管是大姐、二姐还是三妹，嫁的这个夫家最后都成了天皇，也就是说，苏我氏的这几位女婿都在不同时期担任过天皇。这样一来，苏我氏就变成了皇亲国戚，地位尊崇。

另外，苏我氏掌握了从中国和朝鲜半岛为躲避战乱到日本来的渡来人。这些渡来人属于技术移民，紧密地团结在以苏我氏为中心的大臣周围，苏我氏就掌握了日本的先进生产力。再加上苏我氏笃信从百济传过来的佛教，而物部氏坚持信仰日本传统的神道教。神道教更接近于原始宗教，处在宗教发展长河之中的初级阶段，相对于体系庞大完备、哲学思想精密的佛教，简直就是小儿科了。

苏我氏不但是皇亲国戚，而且掌握了日本当时最先进的生产技术，还在精神领域处在优势，势力越来越大。继体天皇死了以后，继位的是苏我氏的大女婿兼二女婿钦明天皇。苏我氏的大女儿、二女儿给他生了五男二女，可惜钦明天皇不幸短命。钦明天皇一死，敏达天皇继位。敏达天皇本来有媳妇，但是特别喜欢自己同父异母的妹妹炊屋姬。

日本皇室有着悠久的乱伦传统，在世界历史上，古埃及也曾经有过这样的传统。另外就是王建建立的高丽国，也有这种兄妹通婚的传统，但他们的兄妹通婚是为了避免外戚专权，干脆外戚和王室都出自一家。日本皇室通婚的传统更是史不绝书，它跟古埃及一样是为了保持血统的纯正。

敏达天皇见妹妹生得是国色天香、倾国倾城，窈窕淑女，君子好逑，登基之后他毫不犹豫地就把妹妹收了。可惜敏达天皇也是一个短命鬼，娶了小妹妹之后没乐多久，就一命呜呼了。

强奸未遂告恶状

当时日本有一个习惯，国君死了不能马上埋，得搁到宫里三年，让大家瞻仰。炊屋姬刚刚做了皇妃，老公就挂了，异常悲痛，在宫里守孝。没想到炊屋姬在守孝的时候惹得一个人色心大动，谁呢？她的弟弟穴穗部皇子。

穴穗部皇子惦记美貌的姐姐兼嫂子已不是一天两天了。当他看到美貌的姐姐兼嫂子现在独居空殿，以为有机可乘，所以偷偷地溜进了偏殿，就想对炊屋姬下手。没想到炊屋姬还很贞烈，打死也不从命，玩命反抗，连踢带踹，穴穗部倒也一时难以下手。

在这危急关头，敏达天皇生前的宠臣三轮闻听动静，急忙赶来查视，把穴穗部皇子给轰出去了。本来乱闯大行皇帝的殡宫已经十恶不赦，更何况还想非礼皇妃，这个罪过就太大了。这个事儿要坐实了，穴穗部就得掉脑袋了。但穴穗部很狡猾，反咬一口，恶人先告状，指责三轮无礼，竟然阻挡自己向大行皇帝的灵位行礼。

穴穗部说得是声情并茂：在那个月黑风高、本来非常适合干坏事的夜晚，由于自己止不住对先皇哥哥的思念，就想前往先皇哥哥的遗孀跟前胡来一番……啊！不对，纠正一下，是就想前往先皇哥哥的遗体跟前缅怀一番。没料想，竟遭到三轮的阻挡。

他这一番话，整个是颠倒黑白。大臣苏我和大连物部明明知道穴穗部不是个玩意儿，却都听得连连点头，因为他们太恨三轮了，三轮在敏达天皇在世的时候太受宠了。这两个人就选择信了穴穗部的鬼话，把三轮给处死了。

这下炊屋姬不干了！恨得咬牙切齿，此仇不报，誓不为人。

敏达天皇死后，用明天皇继位，也是身子比较弱，没两年就开始生病，而且一病不起，眼看有今儿没明儿了。如果用明天皇再挂了的话，那么就应该是由穴穗部来继位了。炊屋姬绝对不能容忍这个跟自己有仇的穴穗部继位，她希望由敏达天皇的儿子或者最小的弟弟泊濑部皇子来继位。

穴穗部知道炊屋姬恨自己，也知道由于自己名声太臭，公卿们也无意让自己继位，十分着急。那个时候的苏我氏是炊屋姬和穴穗部的舅舅，但是舅舅很不待见穴穗部这个外甥。为了自保，穴穗部只好转向舅舅的敌人物部氏。

物部氏本来就看着苏我氏不爽，眼见着苏我氏的势力一天强过一天，物部氏正在生气呢，这下好了，敌人的阵营里面有了内应，正中下怀，双方一拍即合，准备打压苏我氏，干掉炊屋姬一伙，立穴穗部皇子为天皇。

老丈人杀了小女婿

但是，苏我氏势力太大了，间谍人员众多，谍战工作做得很好，很快就洞悉了物部氏的阴谋。

用明天皇驾崩之后，苏我氏迅速拥立用明天皇最小的弟弟泊濑部为天皇，然后挥师直取物部氏。物部氏没有想到苏我氏会突然出兵，一时慌了手脚，面对苏我氏大军，根本就抵抗不住，但事关生死，不得不拼死反击。

苏我阵营当中有一员文武兼备的小将，是炊屋姬的侄子厩户皇子，当时年仅十六岁，箭法百步穿杨。厩户王子笃信佛法，平日佩戴亲自刻的四大天王木雕像，每战之前都手抚木雕像，口念佛号祈祷，以保自己百战百胜。激战正酣之际，厩户王子正巧看到物部氏的家主亲自骑马来督战，于是弯弓搭箭，暗中祈祷四大天王显灵，嗖的一箭射去，正中物部氏家主的心口，物部氏家主翻身落马。物部氏的部下一看主将已死，很快就作鸟兽散了。物部氏被平定之后，日本从此就不再设大连这个职位了，甚至连"连"这个姓都没有了。

泊濑部王子继位，就是崇峻天皇，也是苏我氏的姑爷。苏我氏平定了物部氏以后，更是气势凌人，唯我独尊，根本就不把天皇放在眼里。崇峻天皇非常害怕，苏我氏能让他坐皇位，也能随时废了他。为了自保，崇峻天皇暗中联络东国，用来牵制苏我氏。

有一次东国人献上了一头活野猪，崇峻天皇非常高兴，小伙子没有城府，一高兴下得殿来，拔出宝剑，咔嚓一剑，就把野猪脑袋砍了下来，然后还兴高采烈地挥着宝剑狂喊：总有一天我要把那讨厌家伙的脑袋像这猪头一样剁下来。

苏我氏耳目众多，这些话很快就传到了苏我氏的耳朵里。苏我氏大吃一惊，我的天，这个女婿真不是东西，整天惦记着杀老丈人，此贼不除，后患无穷。苏我氏当即拟下行动计划，指派手下最二的大将直驹把崇峻天皇刺死了。

要说这个直驹可不是一般的"二"，刺杀了崇峻天皇之后，竟然进到宫里，非礼了皇妃。苏我氏都快气炸了，心想我只是派你去刺杀我女婿崇峻天皇，没让你去搞皇妃呀，皇妃可是我亲闺女呀！

苏我氏一声令下，将直驹捆绑在树上，一时间，万箭穿心，将直驹射成了一个大刺猬。

圣德太子是牛人

崇峻天皇一死，有资格继位的几个王子也都飘零四散，夭折的夭折，被杀的被杀，皇孙辈尚年幼，不光是年幼，在苏我氏看来，这帮皇孙也都靠不住，将来有可能成为和崇峻天皇一样的死敌。在这样的情况下，最好是立自己的亲人来继承皇位，那么这个亲人是谁呢？就是老苏我的外孙女，小苏我的外甥女炊屋姬。

炊屋姬是苏我马子的外甥女，早年守寡，对自己大权独揽的舅舅非常恭顺，体贴入微。坊间八卦新闻流传，说这甥舅俩也不干不净。鉴于日本皇室这种乱七八糟的事儿层出不穷，炊屋姬和舅舅的这种传言，也是完全有可能的。

再者，按照皇室这边来论，炊屋姬是继体天皇的孙女，钦明天皇的爱女，敏达天皇的皇后，拥立她为天皇名正言顺。于是，炊屋姬正式入继大统，成为日本历史上的第一位女帝推古天皇。

推古天皇四十岁继位，已经是一个半老徐娘，而且饱尝人间的苦乐忧患，应该说执政风格也比较成熟。她在位的三十六年，日本文化发展、经济繁荣，在日本历史上算得上是一个治世。炊屋姬最大的功绩在于起用厩户王子（就是我们前面讲的那位神箭手）来摄政，自己退到幕后，实行虚君政治。

有人认为，日本虚君制的传统就是从炊屋姬这儿开始的。

厩户王子在日本历史上是非常受爱戴的人物，人称圣德太子。传说他三岁就会诵读佛经，而且是人间罕见的美男子，日本二战前发行的旧日元上都有他的画像。还传说他身带体香，是一个饱学之士，日本很多有名的佛寺都是他建造的。

当时的中国，正是隋炀帝时代。厩户王子多次派遣使者出使隋朝，学习隋朝的礼仪。他在日本历史上制定宪法十七条、冠位十二阶，确立了日本的国号。国号原来叫作倭，从这个时候开始称为日本。圣德太子还引进了中国的历法。

虽然圣德太子在日本历史上是一位令人称道的人物，但是由于当时苏我氏的权力非常大，圣德太子壮志难伸，在苏我氏的控制下也十分抑郁，因此就死在推古天皇的前面，享年只有四十九岁。圣德太子是他死后的谥号。

推古天皇在圣德太子死后六年驾崩，享年七十六岁，在那个年代算是高寿了。她一死，日本又陷入了混乱当中。

5. 日本版"玄武门之变"

又来一位女主

推古天皇弥留之际，召当时有资格继承皇位的两位皇子到御榻前交代后事，一位是圣德太子的儿子山背大兄王，另外一位是敏达天皇的长孙田村皇子。

但是老太太这个时候已经老糊涂了，话也说不清楚，两位王子误会了老太太的意思，各自都认为老太太想把皇位传给自己。俩人回去之后都兴高采烈，准备龙袍皇冠就要登基。此时老太太也归天了，这下彻底没人能搞清楚她到底想要谁继承皇位了。

两位皇子倒是想得挺美，准备登基坐殿，其实决定权不在这哥俩手里，而在苏我氏手里。当时苏我氏的当家人是苏我马子的儿子苏我虾夷，虾夷本来对这哥俩谁当皇帝无所谓，反正都是自己手上的玩偶。没想到这时候有人出来搅局，这个人是苏我虾夷的叔叔，他跳出来旗帜鲜明地支持山背大兄王。他想将来山背大兄王登基之后自己就是佐命元勋，能够操纵山背大兄王。这下苏我虾夷不干了，本来皇上是我手中的玩偶，你老小子出来伸一腿，这算哪一出啊？苏我虾夷立刻就把自己的叔叔给干掉了。

苏我虾夷为保自己的权势，不惜杀了亲叔叔，自然不能让叔叔看重的山背大兄王登基了。所以，田村皇子就被拥立为帝，这就是舒明天皇。

苏我虾夷拥立舒明天皇还有一个重要原因，就是虾夷把自己的妹妹嫁给了舒明为后，舒明天皇算是虾夷的亲妹夫。当然了，苏我氏的姑娘嫁给天皇做皇后，其实主要是在天皇身边安排一个大间谍，用来在枕头边上打探情报。对于皇后的多重使命，舒明天皇自然是心知肚明，当然就不太可能亲近这位皇后。

天皇有一个侄女宝皇女，生得是花容月貌，让人怜爱，又刚刚成了寡妇，舒明天皇就把她接进宫来立为妃子。这一幕在日本皇室是屡见不鲜的。舒明天皇娶了侄女做妃子之后，苏我氏的那位正宫皇后连气带病就死了。宝皇女运气太好了，顺理成章地被立为皇后。

舒明天皇和苏我氏的皇后生了一个男孩古人皇子，和宝皇女生了二男一女，老大是中大兄皇子，老二是公主，老三是大海人皇子。中大兄和大海人就是后来的天智天皇和天武天皇。

当时朝政完全操纵在苏我氏手里，舒明天皇也乐得当甩手掌柜，每天安心礼佛，大规模兴建佛寺。舒明天皇平平安安地活了四十九岁，在位十三年。他驾崩的时候，由于王子都没有长大成人，所以就没来得及立太子。

国不可一日无君，在这样的情况下，宝皇女就成为日本历史上的第二位女帝——皇极天皇。

苏我入鹿太狠了

舒明天皇有儿子，幼君继统的事儿也史不绝书，为什么让皇后继位呢？这跟圣德太子的儿子山背大兄王有关系。

当年山背大兄王跟舒明天皇是争过皇位的，山背的后台也就是苏我虾夷的叔叔虽然被干掉了，但山背本人安然无恙。而且圣德太子的遗泽遍布，朝中很多大臣都是太子的门生故吏，拥立山背是人心所向。苏我虾夷当然不愿意看到这一点，就抬出宝皇女挡了山背的道。

苏我氏拥立皇极女帝，这个主意是谁出的呢？是苏我虾夷的儿子苏我入鹿。苏我入鹿少年老成，足智多谋。当年日本的贵族子弟都努力学习汉学，有一个中国来的高僧僧旻很受大家崇敬，日本贵族都拜他为师。入鹿也拜在僧旻门下。

除了入鹿之外，当时日本还有一位少年公子中臣镰足也拜在僧旻门下。中臣镰足家世代出任祭祀的官员，跟皇室非常亲近，所以忠于皇室，自然对苏我氏的跋扈不臣非常不满。僧旻曾经对中臣镰足讲，我名下虽然门徒众多，但除了你之外谁也比不上苏我入鹿。由此可见，入鹿和镰足是老师最看重的学生。

苏我入鹿看到中臣镰足这么受老师的推崇，就极力折节下交，想跟镰足换个帖子，拜个把子，做个异姓的兄弟。但是镰足由于不满苏我氏专权，一直对入鹿的邀请不冷不热。

有一天僧旻授完课，暗中把镰足召进自己的房里跟他讲，你这个人不一般，将来必成大器，现在交朋友一定要慎重，不要轻易与人交往。中臣镰足何等聪明，当即就明白是啥意思了：老师这是劝我不要跟苏我入鹿结交。于是，中臣镰足辞掉了朝廷的官位，拒绝了苏我入鹿的邀请，到乡下隐居。

中臣镰足到了乡下之后，当时皇极天皇的弟弟轻皇子在乡下养病，两个人一番畅谈，都对苏我氏的专权十分不满。更气愤的是，苏我氏为了铲除后患，发兵攻击圣德太子的儿子山背大兄王，迫使山背大兄王全家自焚。这还不算完，苏我入鹿竟然把山背大兄王所住的斑鸠宫和当年圣德太子造的斑鸠寺一把大火烧得干干净净。

这个时候，不只是朝廷的大臣人人气愤，就连一般的日本老百姓心中也十分不忿。圣德太子在日本人的心目当中相当于中国的周公、孔子，是制礼作乐的人物，老百姓很爱戴他。苏我入鹿现在竟然敢对圣人的后代下手，简直是丧心病狂了。中国几千年历史上改朝换代很多次，但有谁敢对孔子的后代动手啊？

就连苏我入鹿他爹苏我虾夷，听说儿子烧了斑鸠寺之后，也是大惊失色，说这小子怎么这么胡闹啊？这下可倒好，报应不爽，人在做天在看，将来我父子死无葬身之地了。

地下工作者中臣镰足

皇极天皇的弟弟轻皇子虽然对苏我氏专权不满，但是他为人智勇不足，也就是发发牢骚而已。而他的外甥（也可以算侄子，看从哪边论了），也就是皇极天皇的长子中大兄皇子，这个时候已经长到十八岁了，器宇非凡，胸怀大志，一直想打倒苏我氏，把政权夺回到天皇家手里。于是轻皇子就把自己外甥介绍给了中臣镰足。

俩人一见如故，就好像姜太公见到周文王，诸葛亮见了刘备，十分投契。从此之后，中臣镰足和中大兄皇子就是云从龙、风从虎的关系，感情非常好。

中臣镰足告诉中大兄皇子，堡垒最容易从内部攻破，要想对付苏我氏，首先得离间苏我入鹿跟他族人的感情。中臣镰足力劝中大兄皇子去笼络苏我入鹿的堂兄苏我石川，这等于在苏我氏安插了一个间谍，打进了一个钉子。

苏我石川是个老实人，一看皇室这么看重自己，咱不能给脸不要脸呀。为表诚意，他把自己的爱女许配给了中大兄皇子。这样一来，中大兄皇子也成了苏我氏的女婿。苏我入鹿并不知道苏我石川这个时候已经背叛自己了，所以在他眼里，中大兄皇子也成了自己人。

接下来，中臣镰足告诉中大兄皇子，下一步就是结交忠义、勇武、奇能、异才之士，建立听命于中大兄皇子的队伍。俩人把工作做得十分保密，一般很少见面，偶尔踢场球，或者到当时的大学问家南渊清安家里借着求学的机会见上一面。

俩人就这么布置了将近一年，但世上没有不透风的墙，苏我氏可能得到了一点儿消息，就在飞鸟川旁的高岗上建立了新居。新居依山傍水，可以窥伺皇宫的动静，而且建造得像山寨一样，驻有兵马，设置了栅栏、粮仓、兵库、水槽，易守难攻。

苏我入鹿非常得意，说我有这样的豪宅什么也不用怕，并且拿鞭子指着山岗下的皇宫说，只要等到老婆子（皇极天皇）一死，我的表弟古人皇子做了天皇，我想怎么干就怎么干，天下就是咱家的了。骄矜之情溢于言表，根本不知道自己的死期将近。

日本版"玄武门之变"

政变进行时

皇极四年（645年），高句丽、新罗、百济三国一起入皇宫献贡。这是朝廷头等的大事，苏我入鹿作为大臣自然要出席。

6月12日，皇极天皇升殿，古人皇子以皇太子的身份侍立在侧，大臣苏我入鹿昂然入座。因为苏我入鹿是曹操、王莽一类的权臣，平时都是带剑上殿、设有专座的。

这一天，中臣镰足买通了殿下人，指使他趁苏我入鹿不注意的时候，偷走了苏我入鹿的佩剑。与此同时，中大兄皇子以维稳为理由，矫诏把所有宫门都关了。然后，中大兄皇子提了长枪，中臣镰足更是手持弓箭躲在殿柱之后，做好了埋伏。另外，在殿旁还埋伏了两名勇士，提前约好，只要苏我石川开始读表文，就冲出来刺杀苏我入鹿。

但是直到苏我石川读完了表文，两位勇士也没有行动，可能是这两人事到临头有些害怕。苏我石川不明就里，以为是密谋败露，吓得浑身颤抖，汗流浃背。苏我入鹿一看，疑心顿起，大声喝问，你怎么抖成这样，出什么事儿了？

中大兄皇子一看再不动手就完了，机不可失，时不再来，冲出殿柱一枪就刺中了苏我入鹿的肩头，伏兵也同时赶到，一阵乱砍，苏我入鹿血花飞溅，倒地而亡。

皇极天皇吓得目瞪口呆，古人皇子惊得是浑身战栗。中大兄皇子一看苏我入鹿死了，急忙跪地向他的母亲皇极女帝禀报，苏我入鹿欺君犯上，图谋不轨，论罪当死。

皇极女帝此时还没有从惊吓中缓过神来，哪里还敢再说什么？古人皇子急忙躲回自己的家中面壁，所有的公卿大臣全部跪在地上向中大兄皇子表示效忠。

苏我入鹿虽然死了，但是苏我虾夷还在。中大兄皇子当机立断，立刻发兵去攻打苏我虾夷的居所。苏我虾夷一看儿子已死，再加上部下星散，众叛亲离，大势已去，长叹一声，放了一把大火，自焚而亡。

此次政变，苏我虾夷、苏我入鹿父子伏诛。皇极天皇在宫殿上目睹了血腥的一幕，深受刺激，就想禅位不干了，想把皇位让给自己的儿子中大兄皇子。

中臣镰足不愧是智谋过人，一番时事分析之后，告诉中大兄皇子，目光要放长远一点儿，要以退为进，力劝中大兄皇子此时不要继位：你这个时候做天皇的话，所有对政变不满的人，以及苏我氏的残余势力就会把靶子对准你，先退一步，不要着急。

因此，中大兄皇子就推荐自己的舅舅轻皇子承继大统。于是，轻皇子继位，这就是日本历史上有名的孝德天皇。

6. 中日第一战——白江口之战

皇后跟哥哥跑了

孝德天皇册封中大兄皇子为皇太子，让古人皇子落发为僧，任命中臣镰足为内臣，积极辅佐中大兄皇子推进改革运动。

孝德天皇心里明白，皇位是中大兄皇子让给自己的，再加上他还有一个死党中臣镰足，这俩人什么不敢干？所以他们想改革，就由着他们去吧。于是，日本开始了著名的大化改新，取法唐朝，开始了一千多年的唐化时期。

国家推行新政，肯定会引起既得利益集团的反抗，必然会有旧势力出来阻挠，特别是苏我氏的残余势力对新政非常不满，因为新政的核心就是要把政权集中到天皇手里，建立中央集权制度。所以，苏我氏的残余势力就拥立古人皇子起兵叛乱。中大兄皇子早有防备，这次叛乱很快就被平定了。

叛乱被平定之后，中大兄皇子为了把苏我氏一族铲除殆尽，就把屠刀挥向了自己的老丈人苏我石川。中大兄皇子为了国家的长治久安，不惜罗织罪名把老丈人一家斩尽杀绝。当时苏我石川一家还是很有势力的，特别是平定苏我入鹿父子的时候，苏我石川是有功之臣。看到中大兄皇子过河拆桥，翻脸不认人，苏我石川的部下很是不平，力劝苏我石川跟官军决一死战。但是苏我石川明白，以自己的这点儿实力跟政府对抗无异于以卵击石，所以没有听从，他说我出卖苏我入鹿做了苏我氏的叛徒，早就该死。最后，苏我石川全家集体自杀。

中大兄皇子铁腕横扫强敌，荡尽了苏我氏的势力，但因杀戮太重，不免感到心中有愧，寝食难安。他觉得之所以发生这些事儿，是因为首都的风水不好。当时日本国的都城在难波，他建议舅舅孝德天皇迁都到飞鸟川。孝德天皇向来是没有主见的，从来是外甥说啥就听啥，但这一次孝德天皇非常坚决地拒绝了中大兄皇子迁都的请求。因为难波的宫殿刚刚建好，如果要迁都太费事，劳师动众。

中大兄皇子也犟上了，遭到拒绝后非常生气，你不迁都是吧？你老小子一人在这儿待着吧。中大兄皇子发下强令，把自己的母亲皇极上皇、兄弟大海人皇子，还有百官公卿一干人马，都迁到了飞鸟川。我们走了，不陪你玩儿了。

最有意思的是孝德天皇的皇后间人皇女竟然也丢下了丈夫，跟着哥哥中大兄皇子走了。孝德天皇的原配给他生了一个儿子叫有间皇子，之后病亡辞世。皇极天皇可怜自己的弟弟无人照应，就把女儿间人皇女许配给了孝德，把外甥女嫁给了舅舅。

日本皇室这种事儿不新鲜，大家看到这儿可能都习以为常了。问题是外甥女并不爱自己的舅舅老公，只爱自己的亲哥哥。道理也很简单，孝德天皇这个时候已经年逾半百，身体多病，老夫少妻嘛，这个日子也过不好。而中大兄皇子年轻有为，原配苏我氏因为他除掉了老丈人苏我石川，已经怨愤自杀。中大兄皇子新鳏，妹妹就来安慰哥哥，这一安慰两人就安慰到床上去了，兄妹之间又上演了日本皇室那些见怪不怪的老戏。

一个是年轻俊美的哥哥，一个是快成糟老头子的舅舅，间人皇女用脚指头都能想明白应该爱哪个，所以义无反顾地抛下了舅舅老公跟着哥哥情夫跑了。

孝德天皇一看自己的老婆都跟人跑了，有苦说不出来啊，整天孤零零地守在宫殿里，长吁短叹，很快就驾崩了。他死的时候，只有原配生的有间皇子一个人守在他的身边。

请出老妈跑龙套

孝德天皇一死，按道理应该是皇太子中大兄皇子继位。但是中大兄皇子很喜欢自己的妹妹间人皇女，可间人皇女毕竟是老皇帝的皇后，他不能当了皇帝之后把先皇的皇后再立为皇后。中大兄皇子也明白，自己干的事儿，上不了台面，也不愿意在这个时候出任天皇。怎么办？只好请老妈再度出山做天皇。老太太这时候已经六十二岁了，儿子怎么说就怎么做吧，于是再次出场跑龙套，做了天皇。

老太太这次做天皇，就不能还叫皇极天皇了，改为齐明天皇。日本历史上一共有八位女天皇，但名号可不止八个，因为有两个人都是两次登基的，各有两个名号。

中大兄皇子的妈再度登基做了齐明天皇，心中最愤愤不平的就是孝德天皇的儿子有间皇子了。对有间皇子来说，中大兄皇子抢了自己的继母，气死了自己的亲爹，又剥夺了自己的继承权，怎么想都是一天二地恨，三江四海仇，但是苦于自己实力太弱，只好远离朝廷，假装到地方上去泡温泉养病。有间皇子在地方上听到了很多闲言碎语，都是对朝政不满的，误认为人心思旧，大家厌倦了当今朝廷，所以他就在当地结交豪侠之士准备反叛朝廷。

三年之后，有间皇子回到了朝廷，正赶上当时朝中的右大臣病死，政位虚悬，再加上虾夷（这里的虾夷是地名，就是今天的北海道）作乱，中大兄皇子忙着调兵遣将征讨虾夷。有间皇子觉得自己的机会到了。

有一天，苏我赤兄来访。这个苏我赤兄是苏我石川的胞弟，苏我石川一家枉死之后，苏我一族活得战战兢兢。因此，对于苏我赤兄，有间皇子没有设防，他觉得谁当间谍都有可能，只有苏我赤兄不可能当间谍。为了多拉拢一个帮手，有间皇子就把自己的想法一五一十地告诉了苏我赤兄，最后还拍案大叫，说现在到了兴兵起义的时候了。然后，有间皇子还和苏我赤兄约定了起义的日子，规划了起义的步骤，联络什么人，怎么去攻打中大兄皇子，等等。

他万万没有想到苏我赤兄还真是中大兄皇子派来的间谍，隐藏得极深。苏我赤兄不但是中大兄皇子派来的间谍，还是中大兄皇子最信任的间谍头子，这一次深入敌巢，果然不负使命，把有间皇子的底摸了个清清楚楚。

于是，有间皇子还没发动叛乱就被擒获，党羽纷纷锒铛入狱。有间皇子本人是个二十不到的小伙子，被中大兄皇子下令处死。这样一来，孝德天皇这一支就算是绝种了。

头脑发热，招惹大唐

中大兄皇子辅政的时候，也就是他老妈第二次做天皇时，日本跟中国爆发了有史以来的第一场战争。

这场战争是因朝鲜半岛而起的。中日两国在古代历史上几乎所有的战争，除了忽必烈征日本，都是因朝鲜而起的。两国不接壤，想打也打不上。

当时朝鲜半岛和我国东北地区共有三个国家，形成三足鼎立之势，百济、新罗、高句丽。新罗最怂，老被欺负。别看新罗实力不行，但他认了个当时世界上实力最强大的大哥——唐朝。新罗跟唐朝关系最为密切，到了唐高宗时期，为了给自己的这个小兄弟出气，唐朝对高句丽、百济用兵。百济首先被唐朝和新罗的联军灭了。联军灭了百济后，唐军的主力撤回国内，留下一万多人马镇守百济故地。

可是百济并没有真正被平定，唐军主力撤走之后，百济人抓住了复国的机会。百济的故将鬼室福信发动了百济复国的战争。百济复国军觉得自己实力弱小，不足以跟唐朝和新罗联军相抗衡，就遣使到日本，想让日本出兵增援。

日本和百济早就有外交往来。日本的佛教和儒学，大多是从百济传过来的。百济当时有一位王子叫扶余丰，还在日本做人质。鬼室福信向日本献上一百多名被俘的唐军士兵，同时要求把在日本做人质的百济王子丰璋接回去拥立为王，请求日本出兵相助。

当时的中大兄皇子也是头脑发热。他手下有一员大将叫阿倍比罗夫，在日本国内东征北讨，攻无不克，战无不胜，搞得中大兄皇子自以为武力强大，可以向外开疆拓土了。特别是日本人从传说中的神功皇后开始，一直对朝鲜半岛念念不忘，如今一看百济遣使求援，正中下怀。日本上上下下，摩拳擦掌，准备对唐朝动武了。

鬼室福信得知日本派来援军之后非常高兴，迅速展开军事行动，率兵围攻唐朝驻军的城池。唐高宗也派大将刘仁轨带兵前来增援。

日本为了远征百济，先后派出了四批援军，第一批五千人；第二批主要是给百济运送物资的，运了十万支箭、五百斤丝、一千斤锦、一千吨布、一千张牛皮（牛皮是用来做甲胄的，相当于今天的避弹衣了），还有三千斛稻种；第二批远征军的人数就已经多达一万七千人；第三批更是派出了两万七千人大军；第四批也将近一万人。这四批远征军，领兵的将领全都是日本的老牌贵族，像苏我氏、物部氏、三轮氏和吉倍氏，而且很多将领跟朝鲜半岛都有千丝万缕的联系，曾经出使过朝鲜半岛。

大化改新之后，日本的军队素质也发生了翻天覆地的变化。原来日本是部族社会，军队都是私家部曲，没有统一的国家军队。经过大化改新之后，加强了中央集权，中央设立了兵部省，统一调度军队。因此，中大兄皇子和日本上下觉得此战必胜。为了鼓舞士气，增加声势，中大兄皇子甚至请自己的母后齐明天皇御驾亲征。大小船舶，浩浩荡荡，巫女一路上祷告，搞得非常热闹。

齐明天皇毕竟已是六十八岁的老太太了，哪里经得起这一路的舟车劳顿？再加上对战争的恐惧，很快就病了，眼看着奄奄一息，没到出兵的地点就薨逝于行宫。仗还没打，天皇先给折腾死了。

齐明天皇一死，国不可一日无君，中大兄皇子只好暂时称制，硬着头皮继续出征，下令以阿倍比罗夫为统帅，率领三万多日本士兵，杀向了朝鲜半岛。

你把他打服了，他就变乖了

当时在朝鲜半岛的唐军不到两万人，舰船数目也比日本少得多。但大唐刚刚开国不久，高祖李渊、太宗李世民都是马上天子，大唐又正值国力极盛，名将辈出之时。那个时候，老一辈的名将像李勣还在，年轻一辈的像苏定方、薛仁贵已经成长起来。

相比之下，日本军队就是井底之蛙，根本不了解大唐的军事力量，它的战斗力和大唐比起来简直就是萤火虫跟月亮争光。

公元663年，唐罗联军开始向百济复国军的都城发动猛攻。在白江入海口，与日本、百济联军爆发了一场大规模的海战。

唐军刘仁轨统辖战舰一百七十艘，日本的战舰有一千多艘，从战舰数量来看，日本占有绝对优势。但日军战舰以小艇居多，无论攻击性能、防御能力，还是武器装备，都远远不及唐军。唐军战舰很多都是艨艟巨舰，配备各种应不同海战需求之用的战船，甚至还有专门用来火攻的战船，配备有火器，称之为火舰。

日本的众多战舰攻击唐军，好比是一堆鱼雷快艇打一艘战列舰，一群蚂蚁要对付一只大象。可是日本人打仗，尤其到了近现代，都是这种蚂蚁啃大象、蛤蟆吞恐龙的精神。

双方一开战，日本舰队不知死活，率先向唐军发动了猛烈进攻。刘仁轨下令防御，唐军的艨艟巨舰就像是铜墙铁壁，日本战舰无异于以卵击石，纷纷破碎。唐军轻松化解了日军的第一轮攻击。

日本人又发动了第二轮自杀式袭击，这也是他们最擅长干的事儿。刘仁轨命令楼船压阵，斗舰、走舸兵分两路，占据江面两侧，成功地形成了对日本舰队的包围之势，把日本舰队包了饺子。刘仁轨看到合围战略顺利完成，果断下令反击。唐军战舰上装有拍竿，就是竹竿上拴着大石块，士兵操纵拍竿，一顿狂拍。顿时，日本战舰支离破碎，舰上的士兵纷纷跳海逃生，不会游泳的就直接沉底了，会游泳的被唐军士兵乱箭射死。

当时的这个场面，根本不像是一场战争，而是一场屠杀。唐军士兵估计都是打酱油的感觉，丝毫没感到战争的残酷。按照战前制订的军事计划，准备发起第三次进攻的日本残余海军，一看前两波攻击就像肉包子打狗，去的时候还是战舰，回来的只是木头板板，水军士兵死得也太惨了，交战双方实力相差太远，三十六计，走为上策，开始溃逃。

刘仁轨一代名将，哪肯坐失此种良机？下令唐军鼓足风帆向日本舰队冲去。先是施放火箭，然后追上去挥动拍竿，把日本战舰一一拍沉。日本军舰由于密度太大，唐军的火箭几乎是箭无虚发。

太阳没落山的时候，这场海战就已经结束了。日本损失了战舰四百多艘，而唐朝没有损失一艘战舰。这就是中日战争史上最值得大书特书的白江口海战。但在中国的史书当中，甭管是《新唐书》《旧唐书》还是《资治通鉴》，记载这件事就一句话："遇倭兵于白江口，四战皆捷，焚其舟四百艘，烟炎灼天，海水皆赤。"史书上讲得很简单，但是唐军的大捷是不争的事实。

日军大败之后，百济的残余政权很快就灭亡了，百济复国的梦想也就彻底破灭了。

大唐大败日本之后，唐军统帅刘仁轨派遣使者来到日本交还了俘虏，告诉日本，唐朝不会主动打日本，要求日本在唐军攻打高句丽的时候不要采取行动。

日本挨了这顿揍之后，也知道马王爷有几只眼了，哪里还敢胡蹦乱跳，乖乖地看着唐王朝消灭了高句丽。为了表示对唐朝的心悦诚服，日本还派遣使团到长安祝贺大捷。

日本人就这样，你把他打服了，他就变乖了，还全方位跟你学习。打从白江口海战之后，日本就开始彻彻底底地倾心向慕唐朝，一批批的遣唐使开始渡海来到长安留学。

7. 皇室实在有点儿乱

这个天皇是汉人

对日本历史影响深远的大化改新，实际的主导者是中大兄皇子和名臣中臣镰足。中臣镰足就是日本藤原氏的始祖；中大兄皇子后来登基，成为日本第三十八代天皇——天智天皇，他的儿子在明治时期被追认为第三十九代弘文天皇；第四十代天皇天武天皇继位前是大海人皇子，是天智天皇的弟弟；他们的父亲是日本的第三十四代舒明天皇，母亲是日本第三十五代和第三十七代皇极—齐明女帝。这是日本历史的常识，也是被日本天皇家所公认的事情。

但实际情况并不是日本史书记载的那样。按照日本史书的记载，公元671年10月17日，病入膏肓的天智天皇对来到他病床前探病的大海人皇子说："朕来日无多，后事就拜托给你了。"但大海人皇子坚定地拒绝了，他说："请恕臣弟不能遵从皇兄的旨意，我要到吉野去出家，皇位您还是让给您的儿子大友皇子吧。"天智天皇当时就赠送袈裟给大海人皇子，表明请求被许可了，你去出家吧。

　　大海人皇子为什么拒绝了皇兄伸过来的橄榄枝，难道他对皇位真的没有兴趣吗？从后来发生的壬申之乱来看，大海人皇子不惜以武力发动政变来抢夺皇位，可见他还是很惦记这个皇位的，但为什么此时他要拒绝天智天皇的建议，不来个和平接班呢？他料定皇兄并不是真心想让自己继位，人家有儿子，凭什么把帝位传给弟弟啊？很可能是皇兄给自己下的一个套，如果自己答应接班，就会立刻被以谋逆反叛的罪名处死。

　　天智天皇死后七个月，大海人皇子就起兵除掉了天智天皇的儿子大友皇子，也就是明治以后追认的弘文天皇，然后自己做了天皇，就是天武天皇。

　　为什么天智天皇会感到大海人皇子是自己儿子继承皇位潜在的威胁呢？天智天皇和天武天皇之间到底是什么关系呢？日本的历史书上对这两位天皇年龄的记载，特别可疑。天智天皇的生卒年有明确的记载，死的时候四十六岁；而天武天皇一直到日本的南北朝时代，才对他的出生年月有了记载，说他死的时候六十五岁，按照这个记载推算，哥哥天智天皇四十六岁死的时候，弟弟天武天皇已经五十岁了。这个太匪夷所思了，怎么可能弟弟比哥哥大四岁呢？

　　那么，天智天皇和天武天皇到底是不是兄弟呢？天智天皇活着的时候，把自己的四个女儿全部嫁给了弟弟大海人皇子（天武天皇）。虽然古代的日本皇室有近亲结婚的传统，但是作为掌握最高权力的天皇把自己的四个女儿打包处理，一次性批发给亲弟弟，这也是非常罕见的。所以，只有一种可能，就是他们哥儿俩并没有父系血缘关系。

　　既然没有父系血缘关系，天武天皇的父亲是谁呢？《日本书纪》里有一个明确的记载，天武、天智的母亲齐明女皇最初曾经和高向王结婚，生下了一个叫作汉皇子的儿子，后来才改嫁给舒明天皇。也就是说，齐明天皇和舒明天皇结婚之前，曾经和一个叫作高向王的有过婚史，并且有过一个儿子，取名叫作汉皇子。

汉皇子这个名字说明他有汉人的血统，他的亲生父亲也就是齐明天皇的前夫高向王，是归化的汉人。

不叫大王叫天皇

当时中国经过了五胡十六国和隋唐交替的动乱，有很多汉人为了避难逃到了日本，这些人的后代就被称之为归化人。高向王很有可能就是逃过来的汉人。所以，天武天皇可能是母亲初婚时的孩子，在他身上应该没有日本天皇家族的血统。

因此，天智天皇才对他十分提防，因为俩人没有父系血缘关系，把四个女儿嫁给他，也是为了监视和笼络。但是没有想到的是，天智天皇刚刚驾崩不到七个月，大海人皇子就在吉野举兵，爆发了日本历史上非常著名的壬申之乱。

天智天皇的儿子大友皇子战败自杀，他的首级三天之后被送到了大海人皇子面前。大海人皇子还杀死了朝廷中的八个重臣。这样在天智天皇死后七个月内，自己指定的皇位继承人就被所谓的弟弟灭掉了。

天武天皇继位之后，据说他非常喜欢中国的典章制度，以《史记》《易经》的文化底蕴来建设国家，模仿长安建造新都，另外制定律令，铸造货币，编撰国史，以此打造了一个以天皇为中心的中央集权国家。而这些措施跟以往天皇的做法大不相同，所以，也有人据此认为他很有可能就是东渡汉人的后代。如果这是真的，那就说明日本天皇家的血统其实早就断绝了。

据说天武天皇是日本第一位称天皇的国君。在天武以前，日本天皇的正式称号是大王，全称为治天下大王。天皇这个称呼是怎么来的呢？实际上是唐朝的第三代皇帝唐高宗在上元元年（674年）开始使用的，《旧唐书》里记载，皇帝称天皇，皇后称天后。为什么唐高宗自称天皇？因为高宗皇帝醉心于道教，根据道教中的天皇、地皇、人皇之说，选取道教的最高神天皇作为自称。天武天皇就仿照中国唐朝，也把日本大王的称号改成了天皇。

天皇称号在中国，仅仅是唐高宗一代使用过，在日本却作为国家统治者的最高称号，代代流传，直到今天，并且把天武天皇以前的三十九代统治者也全部改称天皇了。

日本也有武则天

很有可能是汉人后裔的天武天皇，处心积虑地从侄子手中夺过了皇位。有史学家认为天智天皇、弘文天皇这两位都有可能是被天武天皇干掉的。

天武天皇没想到，他病死之后，他的儿孙们竟然也遭到了跟天智天皇的儿孙同样的下场。天武天皇死后，继皇位的并不是他的儿子，而是他的皇后，这就是日本历史上第四十一代持统天皇。

持统天皇是天智天皇的女儿，十三岁的时候，父亲把她嫁给了三十三岁的大海人皇子，也就是后来的天武天皇。虽然夫妻俩感情好，后来她也当上了皇后，但是因为她经历了太多宫廷之中的争斗，一生之中血雨腥风太多了。挥之不去的恐怖和血腥，对一个女孩人格形成的影响是非常恶劣的，这使得持统天皇的内心非常冷酷。在她执政时，表现出了极其残酷的一面，被称为日本天皇家最冷血的女人。

壬申之乱以后，天武天皇即位，持统当时是皇后，两口子对于皇室内部的不和和叛乱特别敏感，因为他俩就是靠发动叛乱上位的。天武天皇继位七年后，带领皇子们来到吉野，宣誓不叛乱、家族不内斗。当时参加盟誓的有六位皇子，面对天皇和皇后，这六位皇子保证今后将依天皇的圣旨行事，做到相安无事，绝对不会兄弟争权。

这就是日本历史上有名的吉野盟约。历史上类似的誓约也是屡见不鲜，像成吉思汗的祖先和成吉思汗本人都曾经让儿子们折箭起誓，让大家团结一致，共同对敌。

当时参加盟誓的这六位皇子中，以草壁皇子、大津皇子、高市皇子三个人最有名。草壁皇子是皇后亲生，被立为皇太子。天武天皇死后，按理说应该是草壁皇子来继承皇位，但是草壁皇子体弱多病，性格懦弱，是个病秧子，没等到继位就病死了。

草壁皇子病死之前，大津皇子发动了叛乱被皇后处死。大津皇子是皇后的同母姐姐大田皇女所生。

史书上记载，大津皇子状貌魁梧，气宇不凡，能文善武，深得父亲的欢心。天武天皇在位的时候，大津皇子继位的呼声就很高，但是随着天武天皇病入膏肓，皇后的势力越来越强，皇后趁着天武生病，与高市皇子一起加强了对大津皇子的监视。原来支持大津皇子的大臣们，这个时候也见风使舵。大津皇子一看，大事不好，姨妈要对自己下手。人家都在磨刀子了，反正横竖躲不过，干脆王八爬门槛——就看此一翻（番），决定起兵谋反。

但是大津皇子的计划不周密，没等他动手，就被皇后发觉了。皇后抢先动手，把只有二十五岁的大津皇子捕获处死，胡乱埋葬在乱石岗。这事儿距天武天皇去世只有不到一个月的时间。

不惜毒杀亲生子

大津皇子一死，按理说就应该由皇后亲生儿子草壁来继位了吧。草壁皇子也很想继位，但是母后以种种理由不让他继位，一直在拖。

五个月之后的某一天，皇太子草壁接到了母亲派来的使者传唤，说在内宫有宴会，让他快去参加，而且大臣物部麻吕调配了车辇，已经在太子宫门口等候。草壁皇子一看母亲特意派宠臣用车辇来接自己，而且还这么急，以为八成是想让自己继位了吧。于是，急急忙忙赶到府外，坐进了车辇。

载着皇太子的车辇很快就到了皇后的寝宫，皇后亲自出来迎接，嘘寒问暖，问长问短。宴会以皇后和草壁皇太子为中心，大臣藤原不比等和物部麻吕分坐左右。宴会刚过一半，物部麻吕满脸堆笑，满嘴说着恭维话，把一盘菜送到了草壁皇太子面前，说这个菜味道特别好，请皇太子您一定要尝尝，名厨做的，不吃后悔。草壁皇太子心下没有怀疑，接过盘子就开始吃，吃了一半突然一声大叫，倒地气绝身亡。

当时宴席之上还有别的大臣，大家看到这一幕都惊讶得不敢出声，都知道皇太子是被毒死的，但谁也不敢说。

太子妃阿闲皇女正在家中，突然接到噩耗，一路上连哭带跑，带着孩子们赶到了婆婆的宫殿，看到了夫君的遗体。宫里的下人说皇太子突发急病，没等医师赶到就咽气了。阿闲皇女对丈夫的死因心知肚明，但是根本不敢在婆婆面前说。

这样一来，大津皇子死了，草壁皇子也死了。另一位有资格继承皇位的高市皇子，被封为太政大臣，但也是个短命鬼，此时早已死去。因此，草壁皇太子死后八个月，天武天皇的皇后登基坐殿，成了日本第四十一代天皇——持统天皇。

这个女人跟中国历史上的武则天十分相似。武则天为了继位，亲手掐死自己的公主，废掉了四个儿子，其中有两个儿子被逼死。持统天皇也是一样，为了继位不惜毒杀自己的亲生儿子，当然弄死不是亲生的皇子就更不在话下。

但是持统天皇和武则天也有很大的不同。武则天是想断了李唐皇室的血脉，她一度想把皇位传给自己的侄子。持统天皇可能知道自己的丈夫天武天皇不是天皇家的血脉，而是汉人移民的后代，她不愿意儿子继位的一个重要原因就是不希望天皇的血统断绝，所以才把自己的亲儿子毒死，把天武天皇的儿子都弄死，自己继位。

后来，她把皇位传给了自己的孙子和女儿，甚至传给自己的儿媳妇。那个时代，日本女帝辈出，除了持统天皇之外，第四十三代元明天皇，第四十四代元正天皇都是女天皇。

这个时候之所以出现这么多女天皇，可能是因为持统天皇认为自己的父亲天智天皇的男性血统虽然断绝，但是自己作为天智天皇的女儿，女性的血统还是存在的。所以，她想恢复天智天皇的血统，才干出了这么多骇人听闻、血雨腥风的事情。

情人舅舅负心汉

日本历史上一共有十代八位女天皇。特别是从公元592年第一位女帝推古天皇诞生，到770年称德天皇龙驭宾天，这一百七十八年中日本产生了八代六位女天皇，统治时间长达八十八年，几乎占这一百七十八年的一半。这八代六位女帝依次是推古、皇极、齐明、持统、元明、元正、孝谦、称德，其中皇极和齐明、孝谦和称德是同一个人，让位之后又再继位。

后来在江户时代，日本又出现了两位女天皇，分别是第一百零九代明正天皇和第一百一十七代后樱町天皇。但是在江户时代，天皇已经完全没有权力了，所以明正天皇和后樱町天皇就远不如古代这六位女天皇的影响力大。

日本古代在幕府时代之前最后登台的女帝是孝谦—称德女帝。孝谦天皇的父亲是圣武天皇，母亲是发动大化改新的重臣中臣镰足之子藤原不比等的女儿，也就是中臣镰足的孙女光明皇后。

光明皇后是日本历史上第一位非皇族出身的皇后，这在日本天皇家是头一次。以前的日本皇后一定得是皇族出身，甭管是天皇的姑妈还是妹妹。但在圣武天皇时代，皇后藤原光明子是第一位非皇族出身的皇后，从此之后一直到大正天皇时代，形成了一种制度，日本的皇后必须出自藤原氏。

孝谦天皇是第一个被指定为皇太子的女子，也是日本天皇家唯一的女性皇太子，她做皇太子的时候封号是阿倍内亲王。是不是说她老爸圣武天皇就没有儿子呢？不是，圣武天皇有儿子，但是圣武天皇的儿子并非藤原氏所生。在持统天皇时期，藤原氏已是势力庞大。为了可以长久稳固，保持家族利益，藤原氏处心积虑地制定了皇后必须出自藤原氏的制度。也就是说，藤原氏代代都是当今天皇的老丈人、下任天皇的外祖父。所以，非藤原氏后妃所生的儿子就被排除在了皇位继承人之外。

圣武天皇有一个儿子安积亲王，十七岁的时候得病死了，大家都认为是被藤原氏害死的。但是，安积亲王死前，阿倍内亲王也就是后来的孝谦天皇已经被立为皇太子了。她被立为皇太子之后等了十四年，才等到父亲退位，自己继位做了天皇。父亲把皇位让给她的同时就出家了，成为天皇出家的第一人，在他之后有好几十位天皇相继出家。

圣武天皇为什么立一个女子为皇太子？又为什么自己出家，把皇位让给这个女子？这都可以看出当时藤原氏的势力强大，天皇家已然大权旁落。

孝谦天皇继位之初，跟自己的表兄藤原仲麻吕联手扫除了一切反对势力，坐稳了天皇的宝座。藤原仲麻吕比孝谦天皇大十二岁，据说是她的情人。由于孝谦天皇宠爱自己的表兄兼情人藤原仲麻吕，甚至特地允许仲麻吕刻了一方押印——"惠美押印"，和天皇的大印具有同等的效力。藤原仲麻吕用自己的押印就可以向朝廷发出正式的命令，成为当时日本实际上的最高领导人。

随着时间的推移，孝谦天皇觉得自己毕竟是天皇，大权旁落心里还是很不舒服的。特别是孝谦天皇笃信佛教，当时在全国大兴佛寺，而藤原仲麻吕趁着唐朝爆发安史之乱的机会，想出征朝鲜半岛，报当年白江口惨败的奇耻大辱。因此，藤原仲麻吕拒绝为孝谦天皇营造大规模的佛寺，而是要造军舰、征调士兵准备远征新罗。这一切都是背着孝谦天皇进行的。

孝谦天皇当时已经把帝位让给了淳仁天皇。非常有意思的是，淳仁天皇论辈分是孝谦天皇的爷爷辈。日本皇室怎一个乱字了得！

不爱江山爱男宠

当孝谦上皇得知淳仁天皇和自己的表兄情人藤原仲麻吕要出征新罗的计划时，大吃一惊，急忙从居住的法华寺返回平城京。上皇召集大臣们说："我让位给当今天皇，但是天皇对我不敬，做了不该做的事儿，不能让天皇误事亡国，所以，现在我下令政事中祭祀的小事委托给天皇，国家大事赏罚由我掌管。"

上皇回来这么一宣布，把天皇气得火冒三丈。论辈分淳仁是孝谦的爷爷，好不容易当上天皇，竟让孝谦当着众臣的面折辱。淳仁天皇纠集百官大发牢骚，说上皇失礼，竟然说让朕干小事，她干大事。

事情发展到这个地步，上皇和天皇之间已经是剑拔弩张了。但是即便是这样，淳仁天皇和藤原仲麻吕依然我行我素，准备攻打新罗。

当时，藤原仲麻吕任命吉备真备担任出征新罗的军事总指挥。这个吉备真备，据说是日本假名文字的创立者之一，曾经在中国留学十七年，是个高才生。孝谦一看淳仁天皇和藤原仲麻吕丝毫没有终止出征新罗计划的迹象，决定召吉备真备回京，营建东大寺。你们不是要打新罗吗？我先把你们的军事总指挥变成建筑师。吉备真备还真是个复合型人才，懂军事，还能搞建筑。孝谦随后又收回了淳仁天皇的御玺，意味着淳仁天皇被剥夺了皇权。在这种情况下，藤原仲麻吕走投无路，发动了叛乱。

孝谦一看自己的情人竟然如此负心，又是伤心，又是哀叹，不得已又将高级人才吉备真备调转岗位，让他离开建筑工地，重回军事单位，领兵平叛，把自己的表兄兼情人杀掉，还流放了她的叔祖淳仁天皇。

这样，她只好再度出山就任天皇。她第一次做天皇的时候帝号是孝谦，再次继位之后，帝号就是称德。

称德虽然再次当上了天皇，但是藤原仲麻吕的反叛，给她身心留下了难以愈合的创伤，自己这么信任并且爱过的男人居然背叛了自己！急怒攻心之下，天皇病了，在宫中休养，床边有一位僧侣为她诵经祈祷。要说在宫里，这也是很正常的事儿，一开始称德天皇也没注意。但是这个僧侣以同样的姿态、同样的话语，一连数日不眠不休为天皇祈祷，再无动于衷的人看到这一幕也会被感动。

称德天皇这才意识到宫里还有对自己这么忠心的人。这一年称德天皇四十七岁，她发疯似的爱上了这位为她祈祷的僧侣，据说天皇曾委身于这位僧侣。按照日本的传统，女帝是不能失身更不能结婚的，这是从元正女帝开始就立下的不成文的规矩。元正女帝到死都保持了处女之身，而称德天皇为了这个僧人却坏了这个规矩。这位僧人就是日本历史上大名鼎鼎的妖僧弓削道镜。

天皇跟道镜发生关系之后，道镜很快被任命为大臣禅师。显然禅师是假，大臣是真，由此可见称德天皇对道镜宠爱有加。第二年的秋天，道镜被升为太政大臣禅师。

太政大臣在日本历史上是大臣的最高位阶，官居正一位，以前皇族出任太政大臣的时代，太政大臣一般都是天皇的继承人。现在称德天皇封这个和尚为太政大臣，是不是要把皇位传给自己心爱的和尚呢？后来道镜又被封为法王，离天皇只差一步了。更有甚者，道镜还在自己的家乡大建宫室，作为皇宫的附宫，搞得朝中议论四起，群臣非议汹汹。但称德女帝根本就不管那一套，向大臣们索性摊牌，她最终的想法还真是让她喜欢的男人道镜出任下任天皇，而她作为道镜的皇后共同管理这个国家。一时间，朝野内外之人，个个惊得目瞪口呆。

当时的日本，维护天皇血统纯正的观念已是深深根植于人心，面对举朝上下全体一致反对自己的声浪，称德女帝很快就病倒了，而且眼看就要撒手人寰了。在女帝弥留之际发生了两件十分奇怪的事情：第一件事是看望女帝被禁止，就连道镜法王都不能见女帝的面；还有一件事是掌握军队统帅权的道镜的弟弟，军权被剥夺了。

称德天皇晚年，轰轰烈烈地爱了一场之后，在病床上躺了四个月，终于撒手人寰。此时，以藤原氏为首的日本重臣们，以称德天皇的名义发表了一份遗宣，立白壁王为太子，承继大统，这就是日本第四十九代光仁天皇。

称德女帝死后，道镜在她的墓前一遍遍地祈祷，希望女帝能够从墓中复活走出来，继续跟他过神仙眷属般的日子，而且立他为天皇。道镜守陵二十多天后被抓，然后被秘密处死。

称德女帝为了自己的爱情，付出了自己和情人生命的巨大代价。

惹不起我躲得起

称德女帝驾崩之后，两传到了桓武天皇，也就是日本第五十代天皇。桓武天皇在位时，他干的第一件大事就是迁都。

有人说日本的历史是怨灵推动的，人死于非命，会变作怨灵，就出来作祟，报复人世间。在我们中国人看来，日本所说的怨灵分明就是厉鬼，而日本人对怨灵复仇是非常恐惧的。

桓武天皇继位的同时，依照光仁天皇的遗命，立了他的同胞兄弟早良亲王为皇太子。早良亲王跟桓武天皇手下的大臣藤原种继关系很不好。藤原氏这个时候已经成为日本的第一大贵族，势力甚至超过了早先的苏我氏和物部氏，成为掌握日本实权的家族。一般人根本不敢招惹藤原氏，但早良亲王常常讽刺天皇的宠臣藤原种继，导致两人矛盾很深。

没想到，以藤原氏如此大的势力，还是有胆儿更肥的，竟然暗杀了藤原种继。天皇闻讯后，严令下属进行调查，一调查就牵扯到了东宫。天皇本来就为此事勃然大怒，此刻更是不问青红皂白，也不顾手足之情，当即下令监禁了早良亲王。早良亲王平白受此冤枉，非常生气，十几天不吃不喝，绝食而死。

早良亲王一死，桓武天皇就立了自己的长子安殿亲王做了皇太子。但是很快，奇怪的事儿就接连发生了，先是皇后死了，再是宠妃突然暴毙，然后宫里开始闹鬼，新立的皇太子安殿亲王开始发烧，久烧不退。阴阳师来了一看，就断定是早良亲王的冤魂作祟，吓得桓武天皇丢魂落魄，赶紧派人到早良亲王的灵前烧香礼拜，结果毫无成效。天皇又安排皇太子亲自扶病告罪，不但没有用，反倒是国都周边连续发生灾疫，死人无数，伊势神宫也起火被烧了。一时间，奈良城里人心惶惶，鬼影重重，已经变成了一座不折不扣的鬼都。

桓武天皇一看这个地方待不住了，三十六计走为上策，咱走吧。于是派出数千人昼夜不停地修建了平安京，就是今天日本的京都。日本京都号称有一千二百多年的历史，就是从桓武天皇迁都开始的。

从此之后，除了极短的时间，天皇一直定居在京都，直到明治维新。

8. 玩来玩去成了玩偶

天皇私通丈母娘

桓武天皇迁都平安京之后，总算是平安了，从此开始了平安朝一千多年的历史。

桓武天皇古稀之年驾崩，儿子安殿亲王继位，就是平城天皇。平城天皇继位之初，倒是也能体谅民意，与民休息，一扫桓武天皇在位时营建新都、北征虾夷的弊政，颇有贤君遗风。可惜，英雄难过美人关。

早在平城天皇做皇太子的时候，就私通自己的表妹——号称一代尤物的藤原叶子。叶子既是她的表妹，又是她的丈母娘，日本皇室就是这么乱。叶子虽然论辈分是平城的丈母娘，但是论岁数比平城还小，小丈母娘看女婿越看越有趣，看着看着就看到床上去了。当时的桓武天皇知道自己的儿子跟丈母娘私通后勃然大怒，当即下令把叶子逐出宫外。但这就跟武则天和唐高宗似的，越是偷不着越想偷，两人反而断不了。等到桓武天皇驾崩，平城一继位立刻安排叶子入宫成为宫中的常侍，跟丈母娘重温旧爱。

叶子出生于藤原家族，从小耳濡目染，对政治十分热衷，非常善弄权术。这一下成了天皇的尚侍，机不可失，时不再来，就把自己的哥哥藤原仲成提拔成了日本版的"杨国忠"。兄妹俩狼狈为奸，借着平城天皇不爱理朝政的机会，把持朝政，矫诏行事，秽乱宫闱，把日本上上下下弄得乌烟瘴气。

可惜的是，平城做了三年天皇就闹病了。平城一闹病就担心是他叔叔早良亲王的怨灵要索命，再加上他本身就不爱理朝政，整天想的就是跟自己的丈母娘泡在一块儿。所以，他干脆禅位，把皇位让给自己的弟弟，就是嵯峨天皇，自己做了太上皇，然后把自己的长子立为皇太子。

对于自己的女婿兼情人禅位，叶子是极力反对的，退了休的天皇就不值钱了。但是由于平城立场坚定，非要禅位不可，叶子也没辙，眼睁睁地看着平城禅位，嵯峨登基。

叶子之乱是闹剧

嵯峨登基后，下诏更改平城时期的很多劣政，这就得罪了叶子。

叶子和她的哥哥本来就仗着平城的势力敛财，现在敛不成了，就在上皇枕边大肆吹风，离间上皇和天皇的手足情义，希望能够恢复上皇原有的大权。

说来非常凑巧，上皇禅位了以后，身体一天比一天好了，身体一好，人就闲不住了。他非常怀念手中有大权的日子，再加上自己的政策都被弟弟给推翻了，所以被自己的丈母娘情人一游说，就下定决心，迁都到了旧都平城京（也就是现在的奈良），准备另立中央和自己的弟弟分庭抗礼。

非常有意思的是，当平城上皇一天天好起来的时候，嵯峨天皇却病了，病到连元旦的大朝会都不能举行了。趁此良机，平城上皇就在旧京平城发号施令。一国之内有了两个朝廷，这就是日本历史上著名的二所朝廷。

但这样的局面不可能太久，嵯峨天皇虽在病中，对上皇复辟的事儿也是忍无可忍。他召集心腹组织了一个特务机关叫藏人所，以藤原冬嗣为藏人头目，专门侦察上皇的行动。

藤原冬嗣是名门之后，精通汉学，武艺高强。他把平城和叶子的一举一动，调查得十分清楚。嵯峨天皇听取了藤原冬嗣的意见，诏告天下，拒绝迁都，并且把叶子的长兄藤原仲成交兵卫府拘禁，然后遣密使把旧京里跟随上皇的大臣全部召回，派遣得力老将率领人马准备攻击上皇。

上皇得知天皇派军来攻，亲自领兵出征，和叶子同乘凤辇向平安京进发。没料到大队人马走出去没多远，士族们就纷纷逃散。因为大家都以平安京为正统，认为平城京是复辟。

上皇一看大势已去，只好退回旧京，削发为僧。叶子没什么本事还到处玩火，事到如今，只得仰药自尽。机关算尽太聪明，反误了卿卿性命，叶子死的时候才三十四岁。

嵯峨天皇对于上皇倒是没有太追究，只不过把原来册立的皇太子，也就是上皇的儿子废为了庶人，令其出家做了和尚，然后封自己的弟弟为皇太弟，将来承继大统。

也就是在嵯峨的时候，因为子女太多，天皇家也没有余粮，养不起这么多子女，只好把庶民出身的妃嫔所生的子女不列为皇族，降入臣籍，长大之后让他们自谋生活。但是为了区别于普通的臣民，这些皇室的后代一一赐姓。源、平二氏就是这么诞生的，这两姓以后在历史上是大出风头。

嵯峨和淳和是哥儿俩，相继做了天皇。兄弟俩虽非一母同胞，但是手足情深，跟前辈还真不一样。嵯峨把自己的女儿嫁给了淳和，当了弟弟的老丈人。当然，在日本皇室之中，这样的通婚也是见怪不怪的。

淳和天皇感恩图报，当了十年天皇之后，让位给自己的舅爷，也是自己的侄子，这就是仁明天皇。仁明天皇继位，又立了淳和叔叔和姐姐生的儿子为皇太子。

嵯峨上皇面对此情此景，觉得自己的人生非常美满，儿子做了天皇，外孙又被立为皇太子，可称得上是福寿双全了。但是没想到，很快又祸起萧墙。

世代都做天皇的老丈人

嵯峨上皇死后不到三天，就起变乱。因为仁明天皇立的皇太子是自己的叔叔淳和和自己的姐姐所生的恒贞亲王，论辈分是自己的堂弟。从母系的辈分上论，恒贞亲王是嵯峨的外孙。这个人是很得嵯峨上皇宠爱的。

可是仁明天皇有亲儿子，他的亲儿子道康亲王是藤原冬嗣的女儿所生。当初嵯峨平定叶子之乱，藤原冬嗣功不可没，升任右大臣。日本古代官职最高的是太政大臣，再往下是左右大臣。这都是正一位的高官，相当于中国古代的正一品。嵯峨为了酬报藤原冬嗣的功劳，除了把藤原冬嗣的女儿变成了自己的儿媳妇之外，还把自己的闺女下嫁给了藤原冬嗣的儿子藤原良房。

在日本历史上，藤原良房是第一个非皇室出身的驸马，也就是说在他之前，日本的皇女专供皇族、兄妹之间通婚，外人不得染指，甭管是不是肥水，不得流入外人田。藤原良房开了日本皇女外嫁之先河。

仁明天皇虽然立了自己的堂弟兼外甥做皇太子，但是毕竟有亲生儿子，心中十分不甘。皇后顺子也一直在耳边吹风。而除了藤原良房之外，藤原氏的子孙还有五六人在朝中身居要职。

说起藤原氏那是赫赫有名，藤原氏第一代就是著名的中臣镰足。中臣镰足因为辅佐中大兄皇子发动政变，诛杀苏我氏，开创大化改新，成为日本唐化的始祖，在临死前被赐姓藤原。藤原镰足死后，他的儿子藤原不比等继承了父亲的位子。藤原不比等是日本古代一等一的大政治家，他制定律令、编撰史书。他的女儿藤原宫子是文武天皇的妃子，外孙成了圣武天皇，后妻所生之子成了光明皇后，外孙女阿倍内亲王就是后来的孝谦—称德女帝。这些咱们前面都讲过。

在藤原不比等的构想中，日本天皇持有权威，藤原氏握有权力，藤原氏通过把女儿送进宫中去做皇后，世世代代做现任天皇的老丈人，下任天皇的外祖父，以此来掌握权力。藤原不比等不但构想了这个政治构架体制，而且在他手里就开始实行了。

藤原不比等死后，以他四个儿子为代表的四家开始内斗，最后胜出的是藤原北家。到了平安时代，藤原北家开始出任摄政和关白，成了天皇家的外戚。

平安时代的后期，正是藤原氏权力最大的时候。他们一致认为仁明天皇的长子道康应该承继大统，而淳和天皇的儿子恒贞亲王被立为太子有僭越之嫌。藤原氏意欲废恒贞而立道康，恒贞焉有不知之理，只是苦于没有什么对策，只得如坐针毡，度日如年。

藤原氏的摄关政治

太子东宫的带刀舍人，自然不愿意自己的主子被废掉太子之位，于是联合当时日本的另一位名臣橘逸势，准备起兵强行拥立太子继位。橘逸势与嵯峨天皇和高僧空海，号称日本的"三笔"，是日本著名的书法家，但是政治经验不够丰富。

带刀舍人和橘逸势几番谋划之后，制订了强迫仁明退位、拥立恒贞继位的计划，但是谋事不周，消息走漏，被一网打尽。皇太子恒贞亲王也被废为庶人，道康亲王被立为太子。

道康亲王被立为太子，藤原良房功劳最大，因此被晋升为大纳言，地位仅次于右大臣，又兼任右近卫大将和民部卿。这些官职既有文职又有武职，此时的藤原良房既是文官又是武将，既是中央大员又是封疆大吏，大权在握，位极人臣。但是藤原氏有一个必须坚守的底线——绝不做太政大臣。当官不当到最大，但是权力一定要握到自己的手里。当官当到最大的话，容易成为大家攻击的靶子。

藤原良房虽然做了驸马，但是他还是想做皇帝的老丈人，趁着道康亲王还没有册立正妃之际，就把他和公主生的女儿明子送过去为妃，来个亲上加亲，变成了皇太子的老丈人。

后来，再经过藤原良房的接班人——养子藤原基经的苦心经营，藤原氏一族就完全掌握了日本的国家权力。在天皇幼小的时候，他们出任摄政。

在日本历史上摄政有两种，一种是皇族摄政，一种是人臣摄政。比如说，推古天皇时代的圣德太子，齐明天皇时代的中大兄皇子，都属于皇族摄政。如果天皇年幼的时候由皇族以外的人摄政，就叫作人臣摄政。从第五十六代清和天皇开始，藤原良房开了人臣摄政的先河，一直延续到第一百二十二代明治天皇为止。

小天皇成人之后不需要摄政了，怎么办呢？藤原氏担任关白，继续把持朝政。关白的任务是要统帅太政官和上层贵族，说白了就是要挟持天皇家。日本历史上的第一位关白是藤原基经，从此摄政和关白的职位都由藤原基经的子孙藤原北家的嫡流世袭。最后一位关白是第一百二十一代孝明天皇时期的二条斋敬。

自从摄政、关白这个职位诞生之日起，天皇就成了权臣手中的玩偶。

当然了，并不是所有藤原氏家族的人都可以出任摄政和关白，必须出自五摄家，也就是近卫、鹰司、一条、二条、九条，必须是藤原氏这五家出身的人才能做摄政和关白。

在日本，皇族以外的人叫臣下，臣下中位置最高的人被称之为阁下。天皇称之为陛下，除此之外的皇族都叫殿下，比如皇太子殿下、亲王殿下。但是唯一的例外就是摄政和关白，关白就被称为关白殿下。可见，关白和天皇家虽然没有血缘关系，但是从严格意义上讲又不属于臣下，而是代天皇行政的人。

疯子当天皇，天皇当和尚

特别有意思的是，日本第六十三代冷泉天皇继位的时候就是一个疯子，为什么选个疯子当天皇呢？可见天皇这个位子根本就没有什么用，谁来都行。再加上藤原氏愿意让疯子当天皇，因为疯子当了天皇根本就不会管事儿。

那这个疯子到底疯到什么程度呢？除了男女之事他还懂，别的什么事儿都不懂，傻头傻脑，语无伦次。所以，藤原家非常喜欢这个疯子。这个疯子最喜欢干的事儿是放火，每逢有火灾的时候就高兴得大唱大跳。藤原家就告诉天皇的左右，你们看着点儿天皇，他要放火你们就由着他，让他放，只放小火，别弄大火，别把京城整个儿给烧了，别的地儿你就让他放去吧。

冷泉疯疯癫癫的，一直到六十二岁才死。他死了之后两传到了第六十五代花山天皇。花山天皇是个才子，精通汉诗，对政事特别关心，非常希望能够以

忽悠天皇当和尚

天皇的身份亲政。

想亲政，显然是藤原家不愿意看到的。当时藤原家的家主是右大臣藤原兼家，藤原氏的女儿也充满了花山天皇的后宫，可惜花山天皇并没有子嗣。本来有一位藤原家的女儿怀孕了，八个月以后却流产了，花山天皇哀痛异常，茶不思、饭不想。兼家一看，机会来了，派自己的儿子道兼去劝天皇，要天皇信佛，修行忏悔。

道兼给天皇讲：您这个爱妃流产，可能是您的前世有孽障。陛下必须要在佛前忏悔，最好的办法就是能够出家，如果陛下要出家，小臣愿意追随。

道兼再三给天皇讲因果报应、人世无常，三寸不烂之舌居然就把天皇给游说动了。天皇下决心去做和尚，计划与道兼夜里从宫中秘密出发，到郊外的寺庙去剃度。

出发的这天晚上，月明星稀，夜色甚好。天皇刚出门，有点儿后悔，舍不得锦绣江山，跟道兼讲：月光太亮了，朕怕有人看见。

道兼就怕天皇心生悔意，心想我的任务就是忽悠您出家，眼看就要大功告成了，哪能就这么功亏一篑呢？于是急忙说：给您约好的剃度师傅在那儿等着呢，您堂堂天皇，怎么能食言呢？您不去不合适，更何况三件神器都已经转移到东宫了，陛下快去吧。

道兼说完，不由分说牵住天皇的手就走出宫门。君臣二人赶到庙里，皇上一到，老和尚就取出剃刀，给皇上落发。袈裟一披，皇上就成了一个小和尚。

这个时候，道兼忽然跪地向皇上告别：微臣出发的时候没跟父母说，本来我应该陪您一起出家的，但是我要不禀告父母就此出家就是不孝，我回去跟父母说一声，跟双亲告别再回来陪您出家。

道兼这一走，黄鹤一去不复返，再也不见踪影了。花山这个时候才十九岁，在位不满两年，就被权臣忽悠得出家当了和尚。不过他出家之后一心修行，很有成就，而且是一位苦行的高僧，四十一岁的时候安详地圆寂了。

9. 日本第一恶人平将门

六亲不认杀伯父

日本国自打藤原基经开始摄政以来，接连几代天皇都是藤原氏以外戚的身份摄政。藤原氏自己家的享用，甭管是车马服饰还是宫殿园囿，和天皇没有什么区别。不过藤原氏倒也从来没有想过篡夺天皇的皇位，严守着天皇有权威、藤原氏掌实权的既定规则。天皇是礼仪方面的象征，是最高精神领袖，藤原氏是日本实际行政的总负责人。但是到了朱雀天皇在位的时候，日本的一位武将发动了叛乱，自立为天皇，这种事儿在日本历史上还就只发生过这么一次。

这个叛乱的武将叫平将门，也是皇族出身，祖父是桓武天皇的曾孙高望王。咱们讲过，天皇养不起那么多孩子，就把他们降为臣籍赐姓，高望王被任命为上总国的国司。日本在大化改新之后，取法中国，地方上也实行三级行政制度。中国是州郡县，日本是国郡司，国是地方最高一级行政机构。从此，平家就到了上总国。

高望王担任上总国司之后，名字就改成了平高望，成了上总地区的豪门。他有七个儿子，其中长子和三子地位最高，都担任过日本陆奥镇守府的将军，相当于日本北部的方面大员。他的大儿子生了一子叫作平贞盛，老三生了一子叫平将门。这两位大少爷不但是皇族之后，还是将军苗裔，骑马射箭样样精通。平将门更是武勇过人，据传全身都如同钢铁一般刀枪不入，是个天不怕地不怕的人物。

这哥俩虽然都出自平家，却生瑜亮情结，两个人都很优秀，都很出色，所以互相嫉妒，不能互容。后来两个人都到京城去谋个一官半职。平贞盛钻营有方，当了个从七位的左马允，担负着为皇家饲养和训练御马的重任，相当于弼马温。而平将门点儿背，正准备当官的时候，父亲死了。

当时的日本已经唐化，父亲死后，也要回家去守孝，就跟咱们中国一样。平将门不得已，只好返回了上总国老家去守孝。这样一来，他当官的路就算是中断了。他回到家中料理完了父丧之后，继承了父亲的遗产，也继承了父亲在地方上的权力，加上他曾经在朝中当过几天太政大臣的随从，所以就成了地方一霸。

但是在他的领地里还有一家豪族源护。这源护恰恰是平将门的对头——堂兄平贞盛的外祖父。本来一山不容二虎，何况源护还属于对头的一方，所以平将门平日看源护就十分不忿。借着土地继承问题和争夺一位侍女，他就跟源护打起来了。

平将门的大伯父平国香是源护的女婿，而且对自己这个凶悍的侄子十分气愤，决定要给他一点儿教训，亲自带兵跟源护联合起来，准备讨伐平将门。没想到平将门非常生猛，骁勇异常，一马当先，挥动大刀，把源护和平国香的联军杀得是七零八落。这个家伙本来就是一个天生浑蛋，六亲不认，混战当中杀得兴起，把亲伯父平国香和源护的三个儿子都杀了，而且把源护领地内的五百余户人家烧为了一片白地。

当时平将门的二伯父平良兼官居下总国司，负责地方治安，职责所在，义不容辞，看到侄子叛乱，就起兵前来镇压，结果又被平将门打得大败。幸亏平良兼腿快，逃脱了平将门的追击，一溜烟儿逃回了自己的领地。

平良兼回到领地，越想越气，就写了一封状子到朝廷把平将门给告了。

自称天皇扯反旗

平安京的朝廷收到这一封状纸之后，下诏让源护和平将门到京城来对质。

平将门一介武夫不敢违抗朝廷的旨意，到了京都被朝廷的威严所震慑，吓得战战兢兢。没想到当时正赶上朱雀天皇的成年大典，所以他并没有受到追究，被恩赦返乡。而且他在京都的时候，朝中的很多公卿大臣还夸耀他的武勇：你真牛，人家兵力比你强，你居然还把你的伯父和你对手的仨儿子全宰了。

诚惶诚恐的平将门不但没有受到任何处罚，还得到武勇的赞誉，更是得意扬扬。他的二伯父平良兼以及他的堂兄平贞盛，本来以为平将门到了京都必被朝廷处罚，没想到他什么事儿都没有，大摇大摆地又要回到东国。两个人非常生气，决定在平将门回去的路上把他给宰了。没想到平将门真是天生神力，武勇过人，在二伯父和大堂兄的围攻之下愣是杀开了一条血路，毫发无伤地逃走，回到自己的领地之后，整备兵马来跟二伯父和大堂兄决一死战。

平将门为报偷袭之仇，此战更是一马当先，冲入敌营当中，如虎入羊群一般，势不可当，大获全胜。

平贞盛觉得仅仅凭借自己和二伯父无法解决平将门，但杀父之仇不能不报，只好再次进京告御状。平贞盛行至中途，被平将门拦截，手下的一百多名骑士全部被歼。幸亏平贞盛武艺还算高强，只身逃离。

平贞盛到了京都向朝廷控诉了平将门的恶行，朝廷赐给他一道兵符，让他到地方上征调兵马，征讨平将门。但万万没想到的是，这个时候关东五国的国司被平将门的威严震慑，根本就不敢去讨伐平将门，反而纷纷上书朝廷给平将门说好话。眼看报仇雪恨无门，二伯父平良兼忧恨而死，平贞盛也只能躲藏起来等待时机。

此时的平将门志得意满，看到朝廷拿我都没辙，关东五国都听我的，野心就越来越大。他袒护朝廷要抓的常陆地区的豪强，因此常陆国司藤原维几率领三千大军前来追捕，但被他打得落花流水，连藤原维几也被活捉了。这一仗平将门大显威风，逞了一时之快，可是性质发生了变化，这就不是私斗了，而是公开反叛朝廷。

平将门一看大错已然铸成，干脆一不做，二不休，索性反了。正式打出反旗之后，平将门由常陆转攻下野国，势如破竹，然后攻取上野国，一时间，好不得意。他在上野国司的官厅里大宴诸将，席间谁也没注意，一个女巫突然闯了进来，走到平将门的座前就开始浑身哆嗦，然后倒地不省人事。

平将门跟众将面面相觑，这个娘儿们怎么回事儿？此时，女巫站起来说：我是八幡大菩萨的神使，代大菩萨传旨，平将门是皇孙嫡系，现在天皇无道，藤原氏弄权，民生疾苦，令平将门承袭皇位，另外派右大臣菅原道真为帅，统兵八万相助平将门。

菅原道真是著名的儒臣，为官清正，深得老百姓爱戴。在宇多天皇时代，天皇为了抗衡推行摄关政治的外戚藤原氏，对道真任以要职，却让道真成为藤原氏的眼中钉，最后横遭陷害，流放冤死。他死后不久，日食、月食、彗星、地震、落雷、旱灾、豪雨、大火、疫病等重大灾难接连爆发。紧接着，陷害他的主谋藤原时平死了，藤原清贯也在清凉殿被雷劈死。总之一句话，凡是当初参与陷害菅原道真的人，一个都没好下场，不是出游时被雷击死，就是无故暴病身亡。

当时的人们认为这一切都是菅原道真的怨灵诅咒所致，因此，菅原道真也被列为日本四大怨灵之首。后来日本又把菅原道真奉为雷神，奉为学问之神。直到今天，日本全国各地都有祭祀菅原道真的天满宫，每年年初，学生们都会来祈愿道真保佑考试顺利。

平将门与众将一听女巫所言，联想到当今把持朝廷的太政大臣藤原忠平就是当年陷害菅原道真的藤原氏之后，于是都信以为真。在座的诸将朝拜平将门，推举他为新天皇。

平将门非常高兴，自号新皇，仿照京都朝廷设立文武百官，把辅佐他的兄弟叔侄一帮人全封为大臣，然后率领大军西上，准备推翻天皇政权，改朝换代。

怨灵作祟很离奇

由于事发突然，当时摄政的藤原忠平和小天皇朱雀吓得是魂不附体。日本好几十年没打仗了，文恬武嬉，现在出了平将门这么一个刺儿头，大军浩浩荡荡杀向京都，可怎么办？朝廷赶紧起用平将门的死对头平贞盛，并且请出了一位老参议——六十七岁的藤原忠文，拜他为征东大将军去讨伐平将门。

平贞盛这个时候仍然流落在东国，四处躲藏，生怕落在平将门手里。得到朝廷讨伐平将门的圣旨，平贞盛喜不自胜，可算是等到今天了。平贞盛报仇心切，很快就联络下野国的藤原秀乡，召集人手去袭击平将门的部队，展开了游击战。

朱雀天皇天庆三年（940年），平贞盛、藤原秀乡的部队跟平将门的部队展开了混战。平将门的部队一开始进展顺利，因为风势是吹向对方的。平将门的部队顺着风势，就像平添了千军万马一般，大肆砍杀平贞盛和藤原秀乡的联军。平将门杀得正顺手的时候，风向突然发生了变化。虽然还是狂风大作，飞沙走石，但此刻轮到平将门叫苦了，方才的优势一下变成了劣势。

平贞盛在溃逃之中掉转马头，反攻平将门。平贞盛远远望见平将门单骑在前，搭弓扣箭，一箭射去，正中平将门面门。平将门应弦坠马，藤原秀乡赶上去补了一刀，把平将门枭首。平将门的新皇美梦前后只做了七十多天，比袁世凯还短。从京都出发的以藤原忠文为首的讨伐军，还没有进入战场就收到了平将门已被枭首的捷报。

可是杀死平将门之后，平贞盛和藤原秀乡在当天晚上就遇到了非常奇怪的事儿，看守平将门遗体的士兵来报告，平将门的遗体不见了。当平贞盛和藤原秀乡去看示众的平将门首级之时，平将门的首级突然睁开眼，对着两个人大笑，说你们不过就是砍我一个脑袋罢了，你们别得意，我不会就这样死的，我要永远诅咒你们的子孙，之后自然会有人找你们报仇雪恨。

俩人吓得是面面相觑。平将门的首级被快递到京都，呈朱雀天皇龙目御览。他的首级是装在木盒里的，一打开木盒，天皇和文武公卿当时就吓瘫了，胆小的更是吓得大小便失禁，为什么呢？因为木盒里的平将门首级一脸愤怒，睁着双眼，嘴里发出牙齿咬合咯吱咯吱的声音。

更为恐怖的是，藤原忠平命人把平将门的首级拿到京都示众，没几天京都就开始闹鬼，不断有人看到很多身穿铠甲的武士出没在平将门首级周围，凡是看到的，回去都发病，还有人说听见平将门的首级发出很大的笑声。

半个月之后的一个白天，正在很多人围着平将门的首级观看的时候，首级突然发出了一声咆哮，冲天飞起，一路向东，好像要跟自己的身子会合，最后飞到武藏国的鸟越附近落了下来。

朝廷为了安抚平将门的怨灵，在今天东京都千代田区的大手町建立了平将门的首冢。几百年之后，德川氏入主江户城的时候，又在江户的神田修复重建了神田明神神社来祭祀平将门。

据说一直到千年之后，平将门的怨灵仍然在显灵。明治初期都城迁到了东京，当年的武藏国此时已经在东京的范围内了，明治天皇也承认祭祀平将门的神社是得到皇室的认可和尊崇的。但是后来平将门的首冢被拆除，上边建了大藏省的官厅，而住进官厅的官员很多都莫名其妙地死去了。

一直到二战胜利日本投降，美军在东京的指挥部恰好设在平将门首冢附近。当时美军看中了这一片废墟，准备在这个地方扩建指挥部，操作推土机跟挖掘机的工人突然暴毙，指挥工程的美军军官也突然死在两公里之外的住所，现场指挥的美国陆军工兵的指挥官第二天就发生了车祸。老东京人就此想起了传说中的平将门怨灵作祟的事儿，这件事儿甚至惊动了美军高层，最终不得不取消了在这里动工的计划。

后来东京的一个民间团体购入了这块地，重修了平将门的首冢，并且举行了慰灵祭。到了昭和后期，日本文部省又出资重新修复了平将门首冢。直到现在，日本东京仍然流传着平将门怨灵作祟的一些故事。

平将门虽然被称为日本第一大恶人，但是他的事迹流传了一千多年，留下了许多说不清道不明的故事。

世界历史很有趣

袁腾飞 讲日本史

第二讲

武家天下共争雄

（从镰仓幕府到室町幕府）

1. 武士的时代，到了

源平二姓遍天下

藤原家掌握日本大权两百多年，后来政权逐渐转移到了日本武人的手中，这是怎么回事儿呢？

前面说过自从日本第五十二代嵯峨天皇开始，历代天皇后裔太多，京城里安插不下去，就把平民出身的嫔妃生的皇子赐姓降为臣籍，让他们到地方上去谋生。几百年之后，源平二姓几乎遍布日本全国。

这帮人很多都是膏粱子弟，手不能提篮，肩不能担担，到地方上顶着一官半职，耀武扬威，仗着皇室子孙的身份鱼肉百姓。但是也有些人闲来无事，舞刀弄剑，成为精壮的武士。同时为了保护自己的家产，壮大实力，他们开始蓄养家丁，称霸一方，甚至抗拒官粮，不给朝廷交税。

朱雀天皇时期，平将门发动叛乱，攻陷关东八州自称天皇。平将门被平定之后九十年，他的铁杆粉丝——胞侄平忠常，也学着他举兵叛乱。平忠常叛乱之后，势力也是非常强大，朝廷只好派遣老将源赖信出兵平叛。从此，拉开了源平二氏在疆场上你死我活争斗的序幕。

源赖信出兵之后旗开得胜，大败平忠常，并且把平忠常俘虏了。平忠常在被押解回朝的途中病死，首级被砍下，传首京师。源赖信和他的儿子源赖义都受到了封赏。尤其是源赖义精于骑射，在朝中陪伴亲王，博得京中显贵的赞誉。源赖义生了三个儿子，分别叫源义家、源义纲、源义光，个个都是弓马娴熟，武艺超群，奠定了源家武将的传统。

源赖信死的时候，留下了一篇颂词，感谢八幡大菩萨帮他平定顽寇平忠常，而且他自称是八幡大菩萨之后，蒙远祖神灵呵护，得建奇功，希望菩萨保佑一家长享荣华。自此以后，日本的武将出征都以八幡大菩萨作为他们的保护神。

源赖信死后两年，日本北部的虾夷又发动了叛乱。当时虾夷的酋长安倍氏大败朝廷的地方官。朝廷起用源赖信的儿子源赖义，率军平定虾夷。赖义到了虾夷，经过了九年的战争，中间屡有挫折，靠着另一路虾夷酋长的配合，总算是打败了安倍氏。

安倍氏的酋长安倍贞任被赖义军杀得大败，单骑落荒逃走。赖义的儿子神箭手源义家紧追不舍。眼看着安倍贞任正要过衣川水，义家弯弓搭箭，准备把贞任射死。他厉声喝住贞任：待会儿再走！日本武将很喜欢附庸风雅，在战场上对个诗啥的，义家喝住贞任之后就吟了一句诗：褴褛衣衫破绽多。

你听这叫什么诗啊？根本就是打油诗！但以日本人当时的汉学修养，尤其是武将，能吟出这样的诗已经不容易了。

义家喝住贞任的目的是什么呢？我不但在武艺上胜过你，现在一箭就能射死你，而且我在文才上也比你强，我来这么一句"褴褛衣衫破绽多"，然后再射死你，就是嘲笑临死的对手。

没想到贞任也不含糊，死到临头了，输什么也不能输气势，马上接道：堪悲线老皆寸断。义家一听，行啊，真爷们儿！死到临头了还有心情跟我对诗。英雄惜英雄，义家觉得把这样有胆识、有文采的敌人射死，于心不忍，于是把箭收起，放贞任走了。但是贞任也没活几天，后来官军大举攻入，贞任死于乱军之中。虾夷的安倍氏就这样灭亡了。这就是日本历史上所谓的虾夷前九年之战。

之后，源赖义、源义家父子都因功受封。源赖义升任伊予郡的郡守，源义家留在京都，执掌京都的守卫。

宁可背叛朝廷，也不背叛源家

当时的日本自从宇多天皇以来，一百七十多年间所有的天皇没有一个不是藤原家的女婿、藤原家的外甥、藤原家的外孙子，只有当时的皇太子尊仁亲王是个例外，他妈不是藤原家的姑娘，藤原家也当他是个外人。他的父亲是后朱雀天皇，哥哥是后冷泉天皇。后冷泉天皇是藤原家姑娘生的儿子，但他继位之后再生不出儿子来了，藤原氏送进宫里的姑娘，肚皮不争气，一个个比着给藤原家生外孙女。

在这种情况下，后冷泉天皇没办法，只好立同父异母的弟弟尊仁亲王为皇太子。可是尊仁亲王这个皇太子当得是战战兢兢，因为哥哥随时有可能生出儿子来，只要哥哥一生出儿子，就意味着他被废，弄不好还有性命之忧。甚至太子宫中的侍从看到御林军进宫捉贼都吓得大惊失色，以为太子要被废，每个人就要作鸟兽散。

在这样战战兢兢地过了二十多年后，后冷泉驾崩，尊仁亲王终于继位，这就是后三条天皇。后三条天皇不愧为一代贤君，因为他和藤原家没有瓜葛，而且从他做皇子的时候开始就饱受藤原家的迫害，朝不保夕，所以他非常想把政权从藤原家手里夺回来。但是藤原家出任摄关将近两百年，掌握大权，根深蒂固，不是那么容易夺的，方法必须要巧妙。

后三条苦思冥想，想出了一个非常好的办法。当时藤原家担任关白的是藤原赖通。藤原家子孙很多，有些人和藤原赖通并不和，后三条天皇就大量起用跟藤原赖通不和的藤原贵族，让藤原赖通哑巴吃黄连有苦说不出。同时他又刻意培养源氏子孙，因为源氏是天皇同族，让源氏子孙去分藤原氏的权力，最后他的杀手锏就是禅位。禅位给自己的儿子白河天皇，自己当了太上皇。

但是后三条当了太上皇跟以往的太上皇不一样。以往的太上皇是真的退位了，甩手大掌柜，什么也不管，而后三条在退位之后立刻就组织了一个小型的朝廷，称为院厅，发号施令。只不过他这个院厅不是正式的行政系统，但也恰恰因为院厅不是正式的行政系统，也就避开了藤原氏所掌握的摄政和关白的羁绊。

上皇是天皇的爹，他的旨意谁敢不遵呢？从此开始了日本的院政时代。上皇可以颁布院宣，否定天皇的旨意，上皇的院宣和天皇的诏旨具有同等的法律效力，日本从此就有了两处最高行政机构。

藤原赖通当然不高兴，但是他当时毕竟已经八十一岁高龄了，没有精力去阻止上皇的意图。所以，院政就顺利地推行了下来。可惜，开创院政的后三条天皇英年早逝，刚刚四十岁就病死了。他病死的时候，在别墅中静养的赖通正在吃饭，听说后三条上皇病死，赖通居然感觉非常可惜，叹息说："本朝没有好运气，好不容易有了一位贤明君主，这么年轻就驾崩了。"

后三条天皇一门心思对付藤原氏一族，到他死的时候，藤原氏还为他感到叹息，可见后三条天皇心思缜密，无为而为，手段非常高明。

白河天皇继位之后，也就是前九年之役后过了二十年，日本的虾夷又出事了。当时统领当地的虾夷酋长清原真衡的弟弟清原清衡和清原家衡又发动了叛乱，朝廷又只好派源义家前去镇压。源义家历时三年总算平定了虾夷之乱，本来想进一步把虾夷彻底荡平，但是朝廷不肯用兵，不但不准他去追讨，不给报销军费，而且手下的武士打了胜仗也没有封赏。

源义家只好自认倒霉，变卖家产，赏赐下属。俗话说财聚人散，财散人聚，从此关东一带对于源家是死心塌地。宁可背叛朝廷，也绝不背叛源家，成为当时关东武士的口号。后来源家争夺天下，都是以关东为根据地。

2. 天皇家的荒唐事儿

我是天皇他爹我怕谁

后三条天皇是日本院政制度的开创者，但是真正把院政发展成体系、发展出理论的是他的儿子——日本第七十二代白河天皇。

白河天皇继位的时候二十岁，父亲后三条上皇当时还健在，白河奉父命立自己的弟弟实仁亲王为东宫，后三条对自己的第三个儿子辅仁亲王期望更高，希望将来由辅仁亲王承继大统。但是白河可没有雅量，不像伯夷叔齐似的争相让位，更不像吴太伯似的三让天下。他不想让自己的三弟继位，当了天皇之后就熬着熬着熬着一直熬到十四年之后二弟东宫实仁亲王去世，二弟一死他马上立自己的儿子为东宫，同日他就退位内禅，让自己的病秧子儿子继位当了堀河天皇。

堀河天皇继位之后，白河就成了太上皇，把办公地点转移到了院厅，如果说天皇的办公室是朝廷的话，上皇的办公室就是院厅，这也是"院政"这个词的来历。

从行政办公的合法性来看，院厅是比不过朝廷的，但是白河上皇有恃无恐，我是天皇他爹我怕谁，天皇都得听我的，你们这些天皇的下属更得听我的。一直到第一百一十九代光格上皇于1840年驾崩为止，院政制度在日本持续了整整七百五十四年之久。也就是说，从白河天皇开始，日本的政体多了一个体制外的存在——上皇院政。

理论上说天皇是行政机构的中心，但他想干的事儿，只要关白反对就没法干，因为太政大臣、左大臣、右大臣、内大臣都是藤原氏的人，只要关白反对，大家就随声唱和，导致的直接后果就是天皇想干什么都干不了。但是上皇和天皇不一样，他是个体制外的存在，可以无视体制内以关白为首的朝廷群臣反对的声音，他的院宣可以代替天皇的诏敕。天皇的诏敕要经过大臣的合议才能发出去，这是一条原则，而上皇的院宣跟大臣们的意见没有任何直接的联系，上皇的周围有很多忠实的拥趸，对上皇的言行没有抵触感，院宣能够顺利地发出去，院政的运转系统比天皇的运转系统要灵便得多。

这样，白河上皇就成了治天之君。打那儿以后，日本的天皇凡是要掌握权力、摆脱摄关政治就必须得退位当上皇。在位掌不了权，退位才能掌权，这在世界君主制史上也是一个奇观。

白河上皇不但巩固了院政，他还创建了武装集团——上皇禁卫军——北面武士用来护卫院厅，后来这个武装集团就成为平家崛起的先遣部队。

把亲妹妹嫁给亲儿子

白河上皇虽然巩固了院政体制，夺回了皇家的权力，但他并不像他父皇那样能够选贤任能，励精图治，也不是一位有道之君。

他当了上皇以后，他的三弟辅仁亲王还在，而且辅仁亲王仪表堂堂，才学出众，天生就是一副帝王相，朝臣们称之为三宫。而白河自己的儿子堀河天皇继位的时候只有八岁，瘦小多病，一看就是早夭之相，一旦堀河驾崩，朝廷上上下下都希望三宫继位。

白河内心只想让自己的直系子孙持续皇统，对继位呼声很高的眼中钉、肉中刺三宫辅仁亲王是怎么看怎么不顺眼。再说了，病秧子也不是完全就没用了，他还能生孩子，给自己生个孙子，孙子继承皇位也是合乎情理的。为了早日得到孙子，白河竟然把自己三十多岁的亲妹妹笃子嫁给了十三岁的儿子，等于是侄子堀河天皇娶了自己的亲姑姑，这为日本皇室乱伦史又增添了浓墨重彩的一笔。

为什么要把妹妹嫁给儿子呢？按照白河的想法，成熟健康的妹妹更能给自己生孙子。问题是这完全不符合优生学，姑姑嫁给了侄子，虽然能体贴照料，但是乱伦之花结不出果来，等了好几年，妹子的肚子也不见动静。

儿子是眼瞅着一天不如一天，白河天皇只好到处去庙里祈祷，给儿子广纳妃嫔，好不容易终于有一位妃嫔生下了皇子，上皇抱着小孙子激动得泪流满面，说十年来朕朝夕盼望的事儿终于实现了。

生个儿子叫叔叔

孙子出生四年，体弱多病的堀河天皇就驾崩了，然后由上皇做主，四岁的小屁孩儿继位，这就是鸟羽天皇。

白河精打细算，成功地断绝了辅仁亲王继位的念想，但白河还是不放心辅仁亲王，索性找了个参与作乱的借口，把他囚禁，这样就为自己这一支承继天皇大统扫清了障碍。

白河上皇为了能够握住手中的权力，无所不用其极。他不但亲自安排儿子乱伦，自己更是以身作则，将日本皇室乱伦的传统继承、发扬、实践到了一个新的高度，竟然染指孙媳妇。就算日本皇室再富有乱伦的传统，但与自己的孙媳妇不干不净，也是令人发指的。

白河上皇自从皇后贤子英年早亡之后就开始胡来了，不放过任何一个身边的女人，到了晚年六十多岁的时候更是遇到了一位尤物——大纳言藤原公实的女儿藤原璋子。璋子是一代佳人，生性轻浮，上皇一见倾心，就把她拉入帷帐。但是年龄差距太大了，璋子比白河上皇小五十多岁。上皇不好意思把她纳入后宫为妃，只好先认作义女，等到孙子鸟羽天皇十六岁的时候，就把她嫁给了鸟羽做皇后。

但实际上鸟羽和璋子新婚之夜啥也没发生，替鸟羽当新郎的却是白河。到了第二年爷爷替孙子生了个儿子，白河是老来得子啊，这个实际的亲儿子、名义上的曾孙子简直就是他的心肝宝贝。鸟羽对此十分愤怒，孩子出生的时候，根本就没有去看望，当侍从向他禀报说皇后生子之时，鸟羽气愤地把头上的乌帽子扔在了地上，然后喊道："非寡人之子！"并且他公开管皇后生的这个儿子叫"叔父子"，名义上是子，实际上是叔叔。

等到鸟羽名义上的儿子、实际上的叔叔长到五岁，白河就逼迫鸟羽让位。只有二十一岁的孙子，此时正是年轻力壮，虽然老大不情愿，但迫于祖父的严命不敢抗拒，于是这个五岁小儿就登上了宝座，号称崇德天皇，鸟羽就成了鸟羽上皇。白河这个时候皈依佛门，但是并不剃发，也不起法号，自称为法皇，继续干涉朝廷的政治。于是，在日本的历史上就出现了天皇、上皇、法皇三皇并立的奇特现象。

1129年7月，白河天皇染病，在七十七岁高龄一命归西。在整个日本历史上，白河算是真正执掌政权的一位君主，在他死后马上就洪水滔天了。

复仇的机会来了

白河法皇一死，鸟羽上皇等的机会就来了，复仇开始了。

鸟羽上皇的一位妃子叫得子，也出自藤原氏，为他生下了一个皇子。鸟羽看到崇德和皇后还没有生下儿子，就把自己这个皇子塞给崇德做养子，崇德没办法，只好接受了这个异母弟。实际上这不是弟弟，按辈分讲是他侄孙子。但是不久，崇德自己有儿子了。

鸟羽以祖父为榜样，以彼之道，还施彼身，强迫崇德天皇退位，让位于自己的儿子，也就是崇德名义上的养子。他的儿子当时只有三岁，这就是日本第七十六代近卫天皇。崇德虽然也不情愿，但是没办法，谁让当年自己亲爹太缺德了，摆了人一道，现在三十年河东、三十年河西，天道好还，报应在自己身上了，崇德天皇只好做了崇德上皇。

如果近卫天皇要一直当着，这事儿也就这么过去了。可惜他是短命鬼，三岁登基，十七岁驾崩，没来得及留下后代就死了。崇德内心升起了无限的希望，看到了机会，希望自己能够复位，再不济也得让自己的亲儿子继位。但是白河和崇德给鸟羽留下的心理阴影太深了，而且鸟羽这时候已经是多年的媳妇熬成了婆，长了毛比猴精，去了毛比人精，是老奸巨猾的一个人。他既没有让崇德复位，也没有让崇德的儿子继位，而是让崇德的同母弟弟继位，这就是日本第七十七代后白河天皇。

后白河天皇的母亲就是日本历史上著名的淫乱皇后璋子，这个小姑娘很不检点，跟自己名分上的法皇爷爷私通。但是她跟法皇就只生下了崇德一个儿子，其他儿子，包括后白河天皇还真都是跟亲老公鸟羽生的。也就是说鸟羽让璋子给自己生的亲儿子后白河天皇继位。虽然是一个妈，但是爹不一样，同母异父。在鸟羽看来，后白河是亲的了，而崇德非寡人之子，是"叔父子"，当然他得让自己的亲儿子继位。

尽管崇德很不服气，咱俩都是上皇，凭什么你能指定你儿子继位，我不能让我儿子继位呢？但是崇德斗不过鸟羽，他没有他名义上的爹、实际上的侄有实力，尽管心里不服气，可是也没辙，就好像当年鸟羽屈从于白河一样，不得已屈从了鸟羽。

天皇变成大天狗

公元1156年，鸟羽上皇死了，崇德上皇觉得机会来了，在左大臣藤原赖长和大将源为朝配合之下，决定起事，意图一举夺取政权。1156年是后白河天皇保元元年，所以日本历史上称这次战乱为保元之乱。

后白河天皇起用源义朝为将，不出几日便平定了叛乱，活捉了崇德上皇。后白河天皇下令将其流放。崇德的七十多位支持者，一律处死。

在日本历史上，上皇被发配，这可是开天辟地头一遭。崇德被发配之后，肯定是心怀怨恨，但是事已至此，回天无力。流放的日子是无聊的，善于诗歌的他渐渐倾心于佛教，并且用舌血工楷手抄《法华》《严华》《涅槃》等五部大经（也有墨抄之说）。这五部大经正常人通读一遍都很困难，因为卷帙浩繁，阅读量太大。但是崇德硬是足足用了三年的时间，得以完成。

大功告成之日，崇德一刻也没耽误，立即派人送往京城。作为他对战死者的供养，想让朝廷供奉于寺庙。没料到同母异父的弟弟后白河天皇却说这里边藏着崇德的诅咒，不由分说，粗暴地把抄本退了回去。

崇德一片虔诚忏悔之心，万万没想到竟是如此结局，一时勃然大怒，破口大骂，非常不甘心。他说："在天竺和唐国（也就是印度和中国），兄弟争皇位的事儿也不少，我争皇位有什么错？我怀着赎罪的心情完成了海量的抄经，这五部大经你们谁抄过？竟然还受到这种待遇！那好，我就要把经文供献给魔道，供给地狱，我自己也化身为魔王，我要发泄我的愤怒。"

说完之后，崇德上皇咬破自己的舌头，用鲜血在自己手抄的大经上写下四个大字——天下灭亡！以此诅咒后白河天皇。并说"从此变成日本国的大魔缘，取皇为民，使民为皇"，然后把经文投入大海。

此后，崇德每天朝着京都方向诅咒，并且发誓，要让仇敌全部葬身海底。崇德指甲也不剪，毛发也不剃，看起来活像日本传说中三大妖怪之一的大天狗。崇德用血书写在经书上的"取皇为民，取民为皇"意思就是让天皇家没落，让天皇家以外的人成为国家的王。

这跟日本的立国精神是根本对立的，日本的立国精神就是天壤无穷，天皇家永远繁盛。自从日本的首任天皇神武天皇统治人间伊始，日本立国的规则就是天皇万世一系。现在崇德天皇公开诅咒天皇家，在日本历史上前无古人，后无来者。

过了九年悲惨的流放生活后，崇德在满腔愤恨之中闭上了双眼，终年四十六岁。他亲生儿子在父亲被流放之后出家为僧，父亲死后两年也悲惨地病死。崇德上皇父子，下场都非常凄惨，白河法皇当年的风流孽债，报应到了子孙身上。

又是一个大怨灵

崇德一死，天下的怪事层出不穷。

首先是延历寺的僧兵开始暴动。日本历史上几大寺院都有僧兵，而且势力很大。白河上皇当年号称"治天之君",但是他认为自己还有三样东西控制不了：加茂川（京都附近一条河）的水、赌博用的骰子和延历寺的僧兵，可见延历寺僧兵势力之大。势力越大，暴动的危害也越大，再加上接连饥荒、洪水，一时间天灾人祸不断，社会动荡不安。

仅仅三个月的工夫，后白河上皇周边的人——皇后、妹妹、儿媳妇纷纷死去。京都频发火灾，奇珍异宝全数化为灰烬。二条上皇也病死了。

崇德上皇死后二十天，按照朝廷的指示，被葬在赞岐的一座山上，但是抬着棺椁登山途中，天降大雨。抬棺人把棺椁放在路边石块上避雨的时候，棺椁里竟然流出了大量的血，把石头都染红了，大家吓得四散奔逃。这块被染红的石头就被当作神体，建小寺供奉，称为血宫。

人们纷纷传说这一切的一切全是崇德的怨灵作祟。后白河朝廷大为惊恐，先是给崇德追加封号，将祭祀崇德的赞岐院改奉为崇德院，然后又修了两座神殿，不过混乱一直没有停息的意思。

崇德化身的大天狗，在后世也名列日本三大妖怪之一。崇德院在日本相继经历了平清盛掌权、源平合战、镰仓幕府、室町幕府和德川幕府，看着天皇家彻底大权旁落。

镰仓幕府时期，后鸟羽上皇被臣下治罪流放，标志着崇德上皇取民为皇、取皇为民的诅咒真的应验了。从此历代天皇都很重视对崇德怨灵的镇魂，一直到明治时期。

明治天皇继位之前，先派人到崇德陵前去做怨灵镇魂的使者，讨崇德天皇的欢心，怕崇德给自己捣乱。等到镇魂的使者到崇德天皇陵前宣读完敕令的第二天，明治天皇才继位。在明治天皇和朝廷中的公卿大臣看来，明治帝的继位以及随后的改元，如果没有崇德天皇的认可，恐怕干不成。

可见日本人的怨灵信仰，即便是到了近代，也是深入人心的。明治天皇正式登基之后不久，在京都又建了神庙隆重地祭祀崇德天皇的怨灵。而这一举措已经是在崇德死后七百零五年了。

3. 源平两家结梁子

处决老爹不手软

保元之乱虽然是后白河和崇德俩人争夺皇位之战，但是天皇家都是文人，手里没有兵，平时腰里插的是扇子，而不是刀剑，交战双方依靠的都是忠于自己的一批武士。

崇德一方依靠的武士主要是源氏的一支。这支源氏的祖先是日本第五十六代清和天皇。也就是从清和天皇开始，日本皇室男子的名字后面大都有个"仁"字。这种命名方法，从9世纪到现在，将近一千二百多年，还在沿用。

源氏当年的首领是老将源为义，源为义虽然年岁已高，但是他的下一代，年轻的源家将个个勇武超群，忠义无双。源为义的第八子源义朝，因为曾深受鸟羽上皇赏赐之恩，所以没有追随父亲在崇德一方，而是投到后白河一方。

双方对阵前夕，崇德阵营里的源为义的儿子、源义朝的哥哥源为朝，久经战阵，他分析一旦打起来，后白河肯定是起用自己的弟弟源义朝做主帅，而源义朝必然会采取夜袭的战术，因此建议先下手为强，出兵夜袭。话音刚落，就被左大臣藤原赖长给否了。藤原赖长说："现在是两位天子争天下，应该用堂堂之阵，正正之旗，堂堂正正地见个高下，哪能半夜偷偷摸摸地去讨便宜呢，咱又不是贼，天子之争，得有天子样。"迂腐书生的一段话断送了良机，这哥们儿整个就一个日本版"宋襄公"。

事实的发展果然不出源为朝所料，源义朝被后白河起用为帅之后，果断地采取了夜袭战略。趁月黑风高，三路人马直扑崇德驻扎的宫殿，顺风纵火。源家将虽然拼死抵抗，但是崇德没见过这阵势，吓得手忙脚乱，慌了阵脚，以致全军溃散。

藤原赖长被流箭所伤，落荒而走，其他人纷纷投降。支持崇德的源家将，一家七武士都被斩首了，连老将源为义也被自己的亲生儿子源义朝亲手处决了。看来日本武士没有什么父子亲情，眼里只有权力地位。

平定保元之乱，立首功的还是源家，相当于源家父子兄弟内斗。当时以平清盛为首的平家武士也出了力，但功劳远远不及源义朝。

保元之乱以后，武士的气焰就越发嚣张了，文官越来越靠边站了。在武力能决定一切的时候，耍嘴的当然干不过耍刀的，连天皇都少不了要武士们的支持。

日本开始重武轻文，逐渐进入武家时代。此后一直到明治维新，将近七百多年的时间，日本武人掌握国家政权，国家大政方针都是武人说了算。

被宠臣连着扇嘴巴

保元之乱后，后白河天皇的位子算是坐稳了。坐了几年，他觉得天皇的权力受到摄政关白和武士的制约，不能算是治天下之君，不如像自己的曾祖白河天皇那样做上皇，真正地掌握权力。于是，他让位给自己的儿子二条天皇，退位做了上皇。

后白河上皇最宠爱两位大臣，一位叫信西，一位叫信赖，但这两个人不和。信西一介翩翩文士，满腹经纶，王佐之才。相比之下，信赖有点儿心浮气躁。信赖一心想当近卫大将，却被信西力谏阻止，没能当上，从此信赖更是恨得牙根痒痒，图谋除掉信西。

信赖选中了对信西最不满的源义朝。源义朝在平定保元之乱中，论战功应该是第一，但是因为源家跟摄政藤原氏关系很深，而信西为了打击藤原家的气焰，故意压低源家，只给了源义朝一个从五位下左马头的官职。这个官很低，相当于弼马温。而平清盛论平乱之功远不及源义朝，封的官却比源义朝大，确实有点儿不公正。

源义朝为了巴结信西，想把自己的女儿嫁给信西的儿子，但信西说文官之子不娶武士之女，拒绝了这门亲事。然而信西说归说，做归做，很快让儿子娶了同样是武士的平清盛的女儿，等于扇了源义朝一个大嘴巴子。

源义朝堂堂武士，经此连番侮辱，哪能忍得下去？恰好信赖来勾搭源义朝，俩人一拍即合。俩人考虑到此时平家势力已经很大，忌惮如果发动政变除掉信西，平家不好对付，只好暂时隐忍不发，静候佳机。

平治元年（1159年），平清盛带着一家五十多口到熊野去参拜神社。源义朝和信赖等得花儿都谢了，哪里肯放过这么好的机会，马上率兵发动政变，除掉了信西。

信赖俨然觉得自己是清君侧的功臣，自封为大臣大将，任命源义朝为从四位播磨太守，源义朝的儿子源赖朝为右兵卫佐，源氏一门个个加官晋爵。日本史称此次政变为"平治之乱"。

别看不起初中生

事变爆发的第二天，还在赶赴熊野途中的平清盛父子接到了京都使者的急报。

平清盛大惊失色，他原本打算到了熊野之后再做打算，但是长子平重盛才识不凡，力劝父亲说："武臣的职责在赴天子之急，应该立刻赴难，不要赶着去熊野了。"好在这帮人都是武士，日常携带的行李里面就有盔甲兵器。于是披挂整齐，拨转马头，回到京城三下五除二，果断地平定了信赖之乱。

信赖被活捉之后，听说上皇在仁和寺，就赶去想祈求上皇的宽免。但是二条天皇不答应，平清盛更是不答应，首恶必办，胁从可以不究。这时候武臣的一句话，分量相当重，信赖就被兵士拖出去宰了。

源家将在保元、平治两次战乱中几乎全军覆没。保元之乱就是源家将互相残杀，到平治之乱，更是平家打败了源家。源家主帅源义朝出逃，一路之上不断地遭到通缉和拦阻，最后被部下杀害，首级送到京师。

长子源义平本来已经逃脱，听到老父被害的消息，哀痛欲绝，乔装改扮，潜回京都，到了平家居住的六波罗附近，准备刺杀平清盛，为父报仇。结果被发觉了，父仇未报，自己先身首异处了。

源赖朝被俘的时候只有十三岁，眉清目秀，气宇不凡，押到平清盛面前的时候，毫无惧色。平清盛下令把源赖朝处死。也是源赖朝命不该绝，平清盛的继母——出家的池禅尼一见源赖朝，心生怜悯，就跟平清盛讲，源赖朝的长相很像你夭折的弟弟，你看在我的面上，饶他一命，别杀他了。

平清盛一看，继母一把鼻涕一把眼泪地给源赖朝求情，不好意思再说啥了，觉得源赖朝不过初中生的年纪，也翻不起什么大浪，就同意把源赖朝由死刑改为流放。这样一来，源赖朝捡了一条命。平清盛放虎归山，再要擒虎，可就难了。

平清盛绝对没有想到自己当年一念之仁，留下的阶下囚日后竟能成为平家灭亡的掘墓人。二十二年之后，当平清盛得知源赖朝举兵反叛、攻打平家时，后悔不已。平清盛死的时候，唯一遗嘱就是斩下源赖朝之头，到我的坟前祭奠我。

当然这是后话了。当年四十三岁的平清盛放了十三岁的源赖朝一马，从此改写了日本历史。

也是白河留的种

保元、平治之乱后，源家将基本上被打垮了，身为武家的平家一家独大，再无敌手了。

当时的后白河上皇，自从信西、信赖两位谋臣互相争斗，致使信西被杀、信赖被斩首，身边也缺乏能人辅佐。此时的二条天皇羽翼越来越丰满，要从上皇手中分权。

后白河上皇觉得儿子不听话，越来越难对付，身边急需一个辅佐的人，只能重用平清盛。平治之乱被平定后十个月，平清盛就被起用为正三位参议。在等级森严的日本，做官要当到三位以上才算是公卿，三位以下只能算是中层贵族，不算公卿。

平清盛以武家身份做到参议，这是空前的创举。在此之前，武将地位很低，主要担任天皇和朝廷要员的警卫职责，连升殿的资格都很少有，不能上殿朝见天皇，更别说位列公卿。

平清盛做了公卿之后是要武力有武力，要官职有官职，根本就没人能管制他。再往后，他更是以火箭速度升官，做了参议还兼任检非违使，这个官职权力很大，相当于监察部长，他可以利用职权，把异己一网打尽。后来，他又升任中纳言、大纳言、兵部卿、内大臣，然后直接跳过了左右大臣，升到了人臣的顶峰——太政大臣。

平清盛从平治元年出任参议到位极人臣，不过短短八年，五十岁就做了太政大臣。平清盛官运亨通的原因，一个是他很会做人，在没做大官的时候极力巴结权贵，又舍得花钱，仗义疏财。特别是他看破了法皇跟天皇之间为了权力钩心斗角，坚决地站在了法皇一边。

当时的小天皇二条也不争气，看上自己新寡的婶娘（也就是近卫天皇的皇后），非要把婶娘搞到手。虽然此举在乱伦频发的日本皇室也不新鲜，但是毕竟不是什么光彩的事儿，让平清盛抓住了机会。他以不能规正小天皇行为为借口，把小天皇身边的人全部抓起来处分，剪除了小天皇的羽翼。小天皇眼看大势已去，觉得无颜见人，把皇位传给了儿子六条天皇，退位成了二条上皇，没过多久就驾崩了。

平清盛除了会做人之外，能够做到太政大臣据说还有一个重要原因。在日本历史上，从天智天皇的儿子大友皇子初任太政大臣到平清盛为止，一共是五百年。这五百年中，担任太政大臣的只有三十个人左右，平均十六年才产生一位。而且除了孝谦天皇的情夫道镜和尚之外，剩下的都是皇族，或者是摄关家藤原氏。武将出身的只有平清盛一人，实在是开了日本历史先河。道镜和尚好歹还是天皇的情夫，平清盛跟天皇有啥关系呢？

平清盛是平忠盛的长子，平忠盛曾经得到白河上皇的重用。白河上皇是日本历史上最淫乱的君主之一。一天夜晚，平忠盛作为上皇的警卫，来到京都的一个神社，因为上皇要跟住在祇园里面的情人会面。当晚天降大雨，伸手不见五指。突然间一个嘴里吐着火、披着长长白发的"妖怪"向上皇奔跑过来，把上皇吓得三魂出窍，急忙对警卫平忠盛大喊："爱卿，赶紧给我砍死这个妖怪。"

平忠盛并没有遵旨拔刀，而是仔细观察了这个"妖怪"之后，跟上皇说："陛下勿惊，您再仔细看看。"白河上皇仔细一看，这个所谓的妖怪只是一名神社的神官，披着防雨的蓑衣，手里拿着灯笼，怕被雨水淋了，就不停地吹，好像是嘴里喷火，让人看着像是个妖怪。

平忠盛冷静应对，避免了冤杀。白河上皇觉得平忠盛不错，有谋有胆。一高兴，就把情人的妹妹介绍给了平忠盛。有人说其实上皇看着母狗都发情，情人的妹妹也被上皇染指过了，已经怀上了上皇的孩子。但是上皇养不起，孩子太多了，天皇家也没余粮，又弄出一孩子怎么办？顺手连情人带情人肚子里的孩子都赏给了平忠盛。平忠盛揣着明白装糊涂，甭管怎么说，这个女人是"治天之君"上皇赏给咱的，如果肚子里怀着他的种，也就把这个孩子认作自己的儿子。这个孩子就是平清盛。

如此看来，平清盛实际上是白河上皇的儿子，跟崇德平辈，是鸟羽上皇的叔叔，后白河上皇爷爷辈的人了。原本就是天皇家的人，所以才能够出任太政大臣。

平清盛位极人臣

平清盛一路荣升，当时的贵族中没有人提出异议，可能他们都知道平清盛身上流的是白河法皇的血。

平清盛位极人臣，一门一族鸡犬飞升，在朝廷上有十六位公卿，三十多位殿上人。他的长子平重盛，是内大臣兼左大将；次子平宗盛，是中纳言兼右大将；三子平知盛是正三位近卫中将；长孙平维盛，是四位少将。另外，还有国厅各官厅的官员六十多人，权倾朝野。平清盛的八个女儿，个个嫁入豪门。十七岁的女儿德子嫁给了十一岁的高仓天皇，生下的皇子成了安德天皇。

当时日本分六十六国，归平家管辖的有三十三国，超过日本全部国土的一半。平家还跟中国宋朝做贸易，财富滚滚，金山银山永远用不完。当时平家人说了这么一句话：凡不属于我们这一门的人，都是非人。非人就是没出息的人。平家当时的势力之大足以让朝野侧目。

平清盛已经权倾朝野、位极人臣了，但是他觉得自己比不上当年的藤原家，因为没跟天皇攀上亲戚。正巧他的小姨子跟法皇生的孩子长到了五岁，平清盛就把这个小子抱上龙座，胁迫小六条天皇退位。如此一来，平清盛的外甥就变成了高仓天皇。为了亲上加亲，平清盛把自己的女儿嫁给了高仓天皇，后来让高仓天皇退位，他的外孙子继位，这就是安德天皇。

平清盛整天独断专行，为所欲为，也不管天皇家同意不同意，想把天皇变外甥就变外甥，想变孙子就变孙子，弄得天皇家非常难堪。平清盛曾经得病，为养病辞职出家做了和尚，还起了法号，因此又被称为相国入道，但实际上照样独掌大权。

后白河上皇看到平家势力一天比一天大，越来越不拿自己当回事儿，非常生气，但是苦于一时没有什么好策略能够压制平家的气焰。平清盛出家后，上皇也出家了，改称法皇，当然，酒色财气一样不落，吃喝嫖赌百无禁忌。

日本皇室的传统外戚藤原家更是被平家打压得一天不如一天，为了自保，藤原家联合后白河，想要除掉平家。得到后白河首肯之后，藤原家就找到了一位源氏门中的武将，让他去找源家余党起兵讨伐平氏。但是这位源氏后人毫不犹豫地就把法皇的密谋报告给了平清盛。

平清盛闻言大怒，当即召集族中子弟，浩浩荡荡直达法皇寓所。法皇大惊失色，不知道该怎么办。好在法皇手下参与此次计划的西光，还算是条汉子。他被平清盛逮捕之后，把过错都揽到了自己身上，说就是爷干的，爷就要弄死你，你怎么着吧？平清盛狂怒之下抬脚猛踹他的脸，下令将他的嘴撕烂，拖到刑场杀头。

此后，平家一门更是骄横跋扈，只有平清盛的长子平重盛很识大体，平时能对法皇维持君臣礼仪，觉得父亲如此骄矜自傲，迟早要给平家引来祸事，可惜平清盛听不进去。

平重盛因此忧心忡忡，得了重病。平清盛最看重这位长子，赶紧请名医给他瞧病。但是平重盛坚决不肯让医生治病，他实在不忍心看到平氏一门灭亡，实际上是在求速死。平重盛病了几个月之后，就去世了，只活了四十二岁。

把法皇给幽禁了

朝廷中的公卿大臣，早就看不惯平家鸡犬飞升。武士家族进朝为官，特别是升为公卿，已经完全打破了平安时代的官场规则。很多大臣都觉得武士的子孙成了太政大臣，太过分了，以跟武士同朝为官为耻辱，只不过他们慑于平家的势力，不敢说话。

治承二年（1178年），平清盛的闺女、高仓天皇的皇后平德子怀孕了。平家上上下下都非常欢喜，如果生下儿子，将来很有可能继位做天皇，平家就成了天皇的姥爷了。

后白河法皇对儿媳妇怀孕这件事也很重视，而且亲自到神社去给儿媳妇祈祷。孩子出世了，果然是很健康的一个男婴。平清盛抱着新出生的婴儿，喜极而泣，终于等到自己当天皇姥爷的这一天了。他也想跟法皇缓和一下矛盾，于是给法皇贡献了很多金帛之物。

没想到法皇犯小心眼儿了，十分生气：怎么着？给我赏钱啊？我是专门给你们家干祈祷的啊？断然拒绝了平清盛的贡献。平清盛一番好意，不但没能缓解矛盾，而且双方的矛盾更深了。平清盛的长子平重盛过世之后，平清盛跟法皇之间的调停人也没有了，矛盾越来越深。

平清盛常常不在京里，法皇周围的人老在法皇面前搬三弄四，使得法皇一而再、再而三，干出得罪平清盛的事儿来。平清盛忍无可忍，率领数千武士，从他的据点福原（就是今天的日本神户）起兵，浩浩荡荡杀奔京都。

法皇非常害怕，赶紧派使者到平清盛那儿打探口风。使者被平清盛晾在那儿，很长时间不见，后来接见的时候，平清盛对着使者一通狂批，把法皇臭骂了一顿，给法皇罗列了四大罪状。平清盛说得是情绪激昂，唾沫星子乱溅，就差把使者揍一顿了。

使者这个时候也明白平清盛想干啥了，搁下了一句：你这么干，可不是君臣的礼节。但是平清盛什么也不顾了，所谓的治天之君，不过是我手里的玩意儿。平清盛列出一张长长的名单，四十三名公卿大臣全部要解职，京都周围领国的国司也全部要解职，许多大臣要被流放。这样大规模地清洗朝廷，在日本历史上是闻所未闻的。

处理完公卿大臣和各地国司之后，平清盛意犹未尽，还想惩罚处处与平家作对的法皇。他出动军队，把后白河法皇的住殿团团围住，让后白河法皇移居，实际上就是把法皇幽禁起来。任何人，没有平清盛的同意都不得面见法皇，法皇的院政政治基本就宣告覆灭了。

这件事发生在治承三年（1179年），这次政变，平清盛清洗朝堂，囚禁法皇，以前任何一个日本人都不敢干的事儿，平清盛全干出来了。这标志着贵族公卿集团算是彻底完蛋了，根本无法跟武士势力对抗。

治承四年（1180年），也就是后白河法皇院政结束的第二年，平清盛强迫高仓天皇退位，把皇位让给了自己的外孙子——平德子所生的安德天皇。安德天皇才两岁，高仓上皇在平家的支持下，另组了院厅，但是这个院厅不像原来的院政那么有实权了，不过是平家手里的傀儡。日本又进入法皇、上皇、天皇三皇并立的时代。

此时的平清盛，达到了自己人生中的顶峰，根本看不到自己已是四面楚歌，皇室贵族、朝廷公卿、南都的佛教寺院，所有人都对平清盛非常不满。

4. 第一牛人源赖朝

号召天下讨国贼

治承四年的一天夜里，后白河法皇之子以仁王的住所来了一个神秘的拜访者。

以仁王聪慧，善于音律，尤其精于吹笛，非常有才气，早在二条天皇在位的时候，就被视为皇位的最佳继承人。但是，他并不是后白河法皇的宠妃平滋子所生，后来平滋子的儿子继位，做了高仓天皇，断绝了以仁王的登基之路。

平滋子为了彻底断绝以仁王的念想，甚至不允许以仁王获得亲王的尊号。按照日本皇室的规矩，直系三代以内的皇子皇孙都称亲王，女孩称内亲王。现在日本明仁天皇的大皇子和二皇子，分别是德仁亲王和文仁亲王，三女儿是纪宫亲子内亲王。血亲超过三代的就只能叫王和女王，至于皇太子、皇太孙、皇后、皇太后、太妃等都跟中国古代的称呼一样。

以仁王是后白河法皇的儿子，嫡系血亲，按说称亲王一点儿问题也没有。但是平家阻挠他，不给他亲王封号。以仁王甚至惨到只能到隐蔽之所，偷偷举行成人礼，然后隐居起来不问政事。幸亏他投靠了自己的姑妈——后白河法皇的妹妹，获得了庞大庄园的继承权，才保证了衣食无忧。

这天夜里，前来拜访他的人，叫源赖政。他在平治之乱的关键时刻投靠了平家，深受平清盛的喜爱，成为平氏政权当中少有的源家人，而且一路飞黄腾达，已经升到从三位，位列公卿了。

源赖政毕竟是源家人，对平氏一族的飞扬跋扈，非常看不惯。但苦于自己势单力孤，讨贼无名，这一次他来忽悠以仁王说："只要殿下您振臂一呼，发出讨伐平家的令旨。各地和平家有不共戴天之仇的源氏武士必然响应，灭掉平氏根本不在话下。"

以仁王本来就与平家有不共戴天之仇，没有平家，自己不至于混得连个亲王都封不上。听了源赖政的话，以仁王立刻动心了。两人找到了源氏的另一名潜伏者——源义朝的十弟源行家。他在源家兵败之后隐居熊野，应源赖政之邀，朝见了以仁王，然后拿着以仁王的密令前去联络各地的源氏武士，准备讨伐平家。

世上没有不透风的墙，消息很快走漏了，平清盛立刻派出大军来围捕以仁王和源赖政。平家人多势众，激战当中，源赖政父子三人全部被杀。侥幸出逃的以仁王也被平家军一路追到光明山，一时间乱箭齐发，把这位堂堂的皇亲贵胄射成了刺猬，然后斩首示众。

以仁王和源赖政起兵讨伐平家，短短几天就失败了。但是，他完成了自己的历史使命——以天皇家的名义发出了讨伐平家的令旨。从此之后，源家武士讨伐平家，就有了合法的依据。

一再使出美男计

漏网之鱼源行家拿着以仁王的令旨，到处去联络源氏残余力量，第一个找到就是平治之乱后被流放到伊豆半岛的源赖朝。

源赖朝是源氏的嫡系，也是源氏的首领，相当于宗主。他是平治之乱中兵败身亡的源义朝的儿子，虽然不是长子，但是他妈是尾张国热田神社大神官藤原季范之女。而藤原季范出身于藤原南家，是公卿之后。虽然藤原氏一直都是北家掌权，但是藤原南家也是藤原氏的正宗血脉。源义朝作为一介武士，能跟这样的世家大族攀上姻亲，倍感荣耀。子以母贵，源义朝一直想把源赖朝培养成自己的接班人。源义朝兵败之后，源赖朝被俘，幸亏平清盛的母亲池禅尼求情，他才得以苟全性命，被流放伊豆。这一流放，就在伊豆待了二十年。

源赖朝流放期间，一直念念不忘要恢复父兄基业，向平家复仇。但是身为囚犯，跟林冲的境遇差不多，很难有所作为。况且平家下令关东两大豪强监视他，一个叫伊东佑亲，还有一个叫北条时政。源赖朝要想有所作为，首先要做的事，就是打动伊东佑亲和北条时政。如果这两个人肯听命于自己，那么起兵反平氏就大有可为。

源赖朝身为囚犯，靠什么打动两位看守呢？源赖朝自然有他的本钱，就是色相。源赖朝长得很俊美，当年也正是因为他长相俊美，打动了池禅尼，才得以保全性命。源赖朝简直就是一个师奶杀手，你想啊，老太太都能被打动，小姑娘能受得了诱惑吗？

源赖朝先去勾引伊东佑亲的闺女，勾引成功，把没见过世面的傻妞弄上了床。源赖朝毕竟是京城阔公子出身嘛，那风度样貌不是关东地区土头土脑的武士比得了的，伊东佑亲的闺女还给源赖朝生了个儿子。

没想到伊东佑亲不吃这一套，坚决不认这个上门女婿。他把自己的闺女迅速嫁掉，把私生子丢进湖里淹死，同时准备攻杀源赖朝。

源赖朝一看美男计没成功，就急忙逃到另一个监视人北条时政那儿。北条时政其实也是平氏后人，在当地算是一方豪族，要钱有钱，要兵有兵，要粮有粮。源赖朝逃到北条时政那儿，故技重施，勾引北条时政的女儿北条政子，很顺利地又把政子搞上了床。

政子不像伊东家闺女那样是个无知少女，她很有政治眼光，很有野心，看出来源赖朝奇货可居，是个绩优股，所以主动委身。与其说是源赖朝勾引她，不如说是她勾引源赖朝，或者说是俩人互相勾引。

俩人生米做成了熟饭，北条时政莫名其妙地当了岳父。北条时政也比伊东佑亲聪明得多，装聋作哑，任由两个年轻人明铺暗盖，假装把北条政子嫁给了当地的一个豪族叫平兼隆。结婚当晚，北条政子就逃了出来，跟随源赖朝私奔到了山中，由当地僧兵保护。平兼隆虽然震怒，但是无计可施。

后来，政子跟源赖朝生了个闺女，两人公开以夫妻相称。这样一来，北条家就成了源赖朝的坚实后盾。

凤凰男对阵富二代

接到源行家传来的以仁王令旨之后，源赖朝认为时机已到，在北条家的支持下，就在伊豆举起了反旗。

源赖朝首先干掉了自己的政敌兼情敌平兼隆。平兼隆真是比窦娥都冤，媳妇被人尝了鲜，还害得自己把命都丢了。源赖朝首战告捷，信心大增，急欲扩大战果。在当地豪族的支持下，率领几百名骑兵准备大干一场。

当时的平家势力还很强，联合支持平家的豪族武士，迅速组成大军，以图一举歼灭源赖朝。到了8月，源赖朝以三百骑兵在石桥山跟平家将领率领的三千人对阵。源赖朝手下这帮人，都是当地野武士，街头打架还行，没怎么经历过正规阵仗；而平家的兵将都是久经沙场之人，兵力又是源赖朝的十倍。双方一交手，形势就是一边倒。源赖朝大败，幸亏对方阵营中有人反水，再加上随行武士拼死奋战，才保着他侥幸逃脱。

源赖朝逃脱之后，仰天大笑，说我活着就是最大的胜利。果然，源赖朝石桥山失败之后，逃到了安房，得到了两位平氏贵族相助。这两位平氏贵族，虽然是平氏，却是源赖朝的父亲源义朝的郎党[1]，一直支持源氏。两个人归顺了源赖朝之后，源赖朝手下就拥有了两万人马，后来又得到上总国国司的相助。在石桥山失败之后七天，源赖朝就已经坐拥三万大军，并且拥有上总、下总、安房三国，进入了祖先发迹之地——镰仓。

源赖朝跟三国时的刘备似的，打了败仗，势力反而得以扩大，石桥山之战的时候他只有三百人，七天之后竟然拥有了三万军队。平家对此目瞪口呆，太匪夷所思了，不由得恼羞成怒。

---

[1] 郎党：在上级武士的随从中，与主君有血缘关系者称家子，与主君无血缘关系者称郎党。

平清盛面见女婿高仓上皇，要求发布院宣，拿到讨伐源氏的上皇圣旨，然后任命自己的嫡孙——平重盛的长子平维盛为总大将，统帅大军，出兵平叛。可惜此时的平家子孙早已贵族化了，沉浸于京都公卿的优雅生活，空顶着一个武士的名头，未经战阵，武艺稀松，既不知兵，也不善战。

平维盛一介纨绔子弟，凭借一腔激情，背负着爷爷巨大的期望走马上任。他完全不懂得兵贵神速的道理，接令之后二十天才从平家的根据地福原率领大军开拔，来到京都，等待出师的黄道吉日。这些纨绔子弟到了京都甚至还幽会情人，逛妓院，一再延误战机。

源赖朝利用这一个月的时间，联合一切可以联合的势力，一度将兵力发展到了四万人，在以镰仓为核心的关东站稳了脚跟。

源氏另一支甲斐源氏，就是后来在战国时代大放异彩的武田氏，也及时南下配合源赖朝作战。等到平维盛大军进入源赖朝的地盘，源氏大军早已摆好了迎敌阵势，沿着富士川一线，源氏旌旗漫山遍野。

富士川之战

平维盛不知道对手有多少兵力，抓了一个源氏的信使询问。这个信使也是吹牛不上税，为了长己方的威风，张嘴就报了一个吓死人的数字，说源家有二十万人马。

日本小国寡民，历史上打仗，军队人数基本上都是以千为单位，上了万就不得了了，几乎没有上过十万。二十万这个数字简直吓死人！

即使这个数字含有水分，平维盛也是叫苦不迭。他又叫来一个曾在关东混过的武士，问他关东武士的战斗力到底怎么样。这个武士跟平维盛说："像我这样的人，在关东要多少有多少。他们用的强弓，五六个人才能拉得开；两三领铠甲，一箭能射穿；一个部下最少的大名，手下也有五百个骑兵；再险恶的地方，他们的马也能通过。打起仗来，父亲死了儿子上，哥哥死了兄弟上，只知向前，不知后退！"

听完这番话，平家武士三魂七魄吓丢了两魂六魄。以平家为代表的西国武士，在平治之乱后，其实是走上了一条与京都朝廷公卿相融合的道路，早已失去了原有的生机和活力。很多人甚至和朝廷公卿一样，拉不开弓，挥不动刀，对于关东武士是既鄙视又害怕。

平家军一听关东武士这么能打仗，又有二十万人马，顿时士气低落，开始开小差了。10月23日晚上，富士川沼泽里栖息的水鸟群因为遭到了惊动，一起飞起，发出了很大的响声。人心惶惶的平家大军误以为是源氏大军来袭，昏暗之中陷入一片混乱。很多人连马鞍子都没放上，骑着光背马就跑了。有的人甚至连拴马的缰绳都没解开，急得骑在马上一圈圈地转。

平维盛一看约束不住部下，只好下令全军撤退。平家大军还未与源家军交阵，仅仅是听闻水鸟惊飞，便全军溃散，未战先败，丢尽了平家武士的脸。从此之后，平家再也阻止不了源赖朝在关东地区壮大势力。

平维盛败退回福原，爷爷平清盛勃然大怒，大骂自己的孙子："你奉命为总大将的那一天，就应该把性命交给天皇，马革裹尸。但是你现在没跟敌人交兵就全军覆没，竟然还有脸回来？"平清盛气恼归气恼，毕竟面对的是自己的嫡孙，也没有给任何处分。

富士川之战后，源赖朝的势力越来越大。他定下策略，先经营关东，不急于向京都进军。按照计划，源赖朝一步一步平定了关东八国，获得了关东大批的土地。他把这些土地分配给效忠他的武士，使得这些武士紧密地团结在以镰仓为核心的源氏政权周围，成为源赖朝的御家人[①]。

为了管理这些御家人，源赖朝专门设立了一个叫侍所的机构，任命亲信为最高长官。实际上从这时开始，镰仓幕府的雏形就已经形成了。

平清盛火烧三大寺

源赖朝崛起之后，平家已经是危机四伏。平清盛英雄暮年，更是昏着迭出，完全不顾源氏武士、皇室、公卿贵族、南都佛教都反对他的不利局面，非得弄得连老百姓也反对他不可。

据说平清盛为了巩固自己的地位，挑了三百多个半大小子，潜入大街小

---

① 御家人：指镰仓时代与将军直接保持主从关系的武士。以后虽沿用这个词，但词义多有改变。

巷，专门搞舆论监督，探听有没有人在说平家坏话。这些半大小子仗着平清盛的威风，披着短发，穿着奇装异服，每人手里拿枝梅花，胳膊上架着一只鸟，甚至出入皇宫都不报姓名，在街上更是横行霸道。不论是谁，一旦被他们抓住一点儿把柄，就会被抓去拷问，简直跟明朝的东厂和西厂有些类似。

一时间，京都鸡飞狗跳，老百姓个个惶恐不安，惹得京都民怨四起。富士川之战后一个月，平清盛下令迁都，要把京都迁到他的老根据地福原。后白河法皇、高仓上皇和安德天皇都接到了强迁令。

平清盛跟宋朝的贸易，就是以福原为主要港口，护佑平家的严岛神社也在这个地方。平清盛考虑如果跟源氏决战，必须依靠福原提供给养。更为重要的是，福原是天然良港，平家海上势力强大，而源家陆军强大。平家善乘舟，源家善骑马。迁都福原更能发挥平家的海上军事优势。

这个设想虽然不算太离谱，但是具体操作起来谈何容易。天皇家毫无思想准备，莫名其妙地被平家武士驱赶着，放弃了花团锦簇的京都，一路远去萧瑟荒凉的福原。更何况事出仓促，匆忙迁都，以至于天皇的宫殿都还没有建造好，只能暂用平清盛在福原的住所代替。

由于福原的基础设施建设跟不上，再加上比叡山延历寺的和尚施加了压力，要求把都城迁回来。于是，迁都半年之后，首都又迁回了京都，劳民伤财，引起了上上下下很大的不满。一般看日本历史的人，以为从公元794年桓武天皇迁都平安，到1868年明治天皇定都东京，其间将近一千一百年，日本的首都都在京都，其实有半年在福原。

回到京都之后，平清盛又把矛头对准了他的一个心腹大患。当初以仁王举兵的时候，奈良的三井寺、兴福寺这些南都的寺院，曾经大力支持过以仁王。兴福寺势力庞大，平清盛本来是希望能够和平解决。没想到寺里的僧兵抓了平清盛手下六十多人，还砍了脑袋。

平清盛一怒之下，派平重衡为总大将，率军四万杀气腾腾直奔兴福寺。兴福寺僧兵集中了七千多人抵抗。平家军人多势众，占了上风，南都僧兵虽然尸横遍野，但是信仰坚定，死战不退。为了打破僵局，平重衡下令火攻，大火一起，把东福寺、东大寺、兴福寺全部烧毁，东大寺和兴福寺甚至烧成了一片白地，总共烧死了三千五百多人。

这在日本历史上是前无古人、无法无天的行为。佛教自从传入日本之后，一直非常受重视。桓武天皇之后更是以佛教为国教，一直到明治维新，一千多年以来，日本的公卿贵族包括老百姓都是把斋茹素的，顶多吃点儿海产品，只有猎户之类从事贱业的人才吃肉。即便是在战场上杀人不眨眼的武士，平时也是吃素的。平家现在竟然胆敢火烧寺庙，行如此人神共愤之事，当时的很多人认为平家必然会遭到报应。

果然，火烧南都寺庙之后，报应就来了。治承五年（1181年）初，平清盛的女婿、一向支持平家的高仓上皇去世。过了一个月，平清盛也得了重病，临死时留下遗言："我自从保元、平治以来，屡次荡平朝敌，作为天子的外祖父，进位为太政大臣，位极人臣，荣华富贵延及子孙，我没有遗恨。唯一的不足之事，就是没有见到伊豆国的流放者源赖朝的首级。我死之后，不要给我建造坟塔，也不要给我供养，只要派讨伐军斩了赖朝的首级，挂在我的坟前，就是最好的贡献了。"

交代完这件事之后，一代枭雄平清盛在京都去世，享年六十四岁。

放弃京都去西国

平清盛死后，平家进入灭亡倒计时。

给平家第一场重大打击的不是源赖朝，而是源赖朝的一个堂兄弟源义仲。源义仲在源家战败之后，潜伏到木曾的山谷里，躲避平家的追杀。他的父亲是源赖朝的叔叔源义贤，源义贤被自己的亲侄子、号称恶源太的源义平所杀。由此可见，源家一直以来就有骨肉相残的传统，一直到镰仓幕府建立之后，依然保留着这一特点。

源义仲在山里隐姓埋名过了二十年，最终还是暴露了身份，索性一不做二不休，纠合乡党，明目张胆地奉了以仁王的令旨，响应堂兄源赖朝，正式拉起了反旗。二十七岁的小伙子源义仲，勇不可当，由木曾出发之后，所向披靡。

第二年6月，平家派了大军前来征讨，结果横田河原一战，被源义仲杀得几乎片甲不留。平家当时能够领兵上阵的大将已经不多了。平维盛再次出任总大将，调集各地大军十余万，浩浩荡荡开进北陆道，意欲一举荡平源义仲，重振平家威风，继而剿灭源赖朝，以雪富士川战败之耻。

源义仲在俱利伽罗山麓接战，利用夜袭，使用中国战国名将田单的火牛战术，直捣平家大营，杀得平家军鬼哭狼嚎，跌落到山涧中摔死的不计其数。十余万大军损失了三分之一，平家很多勇将也丧生于此役。

平维盛旧耻未雪，又添新败，中兴平家之梦，断灭俱利伽罗山麓，只好再次使出看家本领，一路溃逃。源义仲带领五万大军，紧追不舍，追至筱原，再破平军，一路乘胜直捣京都。京都附近的僧兵们，为了报复当年平家的烧杀，纷纷响应，义仲的声势更是浩大。

满朝文武公卿十分震恐，后白河法皇紧急召集会议，商讨对策。源赖朝早在占据了镰仓之后，就曾经给平清盛的弟弟平赖盛写了一封信，向平家求和。同时也上了一道奏折，希望天皇能主持源平二家讲和，共同辅佐王室。可惜平家把源赖朝的乞和看作是软弱，一口回绝了。到了此时，法皇只好旧话重提，源义仲要打过来了，咱们怎么办？唯一可行之道就是赦免源氏的罪恶，源平讲和，共佐王室。

但是平家咽不下这口气，此议再次作罢。源义仲大军直奔京都郊外的比叡山下，眼瞅着京都不保。此时平家的主心骨平宗盛一看大势已去，召集族人，表示要带着后白河法皇和安德天皇一同到西国避难，徐图再举。平宗盛的弟弟平知盛劝哥哥说："万万不可如此，我们平氏本来就是皇族后裔，八世为武臣，不能退让，宁可决战于此，刀折矢尽而后已。"平宗盛的两位叔叔也认为不能放弃京都。

平宗盛一意孤行，执意退守自己的总根据地西国。行前派人去请法皇，不想法皇狡诈，早已不知所踪。他只好带着小天皇、皇太后——也就是自己的妹妹平德子，带着三件神器和族人西去了。

攘外必先火拼

源义仲率领他的东国武士在平家撤退之后大摇大摆地进入了京都。

源义仲是在木曾山沟里长大的，是一个不折不扣的土老帽儿。他来到京都，看到花花世界，锦绣乾坤，眼珠子都掉地下了，觉得这才是人过的日子。他手下的东国兵将也跟他一样粗野，没有受过什么教育，缺乏教养，进都之后大发兽性，奸淫掳掠，无所不为。

京都百姓被这帮人骚扰得不堪忍受，大家两厢一比较，源义仲还不如平家，两害相权取其轻，所以开始怀念平氏把持京都的日子。

法皇成功地逃脱平家的绑架，万万没想到来了个更狠的，也是惊慌失措，给源义仲不断地封官，后来更擢升他为征夷大将军，就是武将的最高职位了，并且赐给他大量的领地，希望他能够约束部下，不要再胡作非为。

可怜朝廷虽然用尽了办法，可是源义仲油盐不进，软硬不吃，朝廷拿他束手无策。光军纪败坏倒还是小事，关键是源义仲特别执拗，他觉得自己劳苦功高，也想插手皇室内部事务。安德天皇远逃西国，现在国中无主，源义仲就想立以仁王的儿子做新天皇。

对于源义仲插手皇室的事情，后白河法皇和朝中公卿十分愤恨。他们不顾源义仲的反对，先下手为强，抢先立了高仓天皇的另一个儿子继位，这就是后鸟羽天皇。源义仲原本一介粗暴武夫，谋立之事没能成功，愤恨之余，行为更加凶暴。

法皇坐卧不安，只好诱骗他出师西国去攻打平军。西国是平氏的根据地，祖宗世代基业所在，人脉很广，又可发挥平家水师优势，所以源义仲出师不利。

此时，源义仲的堂兄源赖朝派两个弟弟源范赖、源义经率领大军西进。源义仲与源赖朝两个人虽然都是源氏，但是早有仇恨，源义仲的父亲就是被源赖朝的哥哥杀死的。源氏内斗非常激烈，根本不和。源赖朝耳目甚众，把源义仲跟皇室之间闹别扭的事儿打听得一清二楚，而且拿到了后白河法皇讨伐源义仲的院宣。

源义仲讨伐西国不利，回京之后正窝着一肚子火，又听说源赖朝起兵，怀疑是法皇暗中指使。他一怒之下，放了一把大火，烧了法皇住的殿堂，还将卫成法皇的武士僧兵六百多人全部砍头，四十九个公卿撤职，公开囚禁了法皇和天皇。

源义仲如此倒行逆施，更是众叛亲离。很快，源范赖和源义经的大军逼近京都，源义仲仓皇应战，一败再败，最终落了个身首异处的下场，脑袋被挂在京都御门前。

一代猛将，其兴也勃焉，其亡也忽焉，死的时候只有三十一岁。

源范赖、源义经兄弟平定了同胞手足源义仲之后，下一步就是要对平家发动总攻击。平家的丧钟敲响了。

5. 九郎判官源义经

天狗传授的功夫

在灭亡平氏的战争当中，源赖朝同父异母的九弟——九郎源义经在战斗中大放异彩。

源义朝儿子众多，老大源朝长在平治之乱中受了重伤，不能行动，为了避免被俘，曾经央告父亲杀了他，父亲一横心，一刀把他剁了；老二就是著名的恶源太，也就是杀了源义仲父亲的源义平，父亲死后，他想到京都暗杀平清盛，被捕处死了；老三是源赖朝；老四源范赖，是妓女所生；老五是源义门，死得早；老六源希义被俘；剩下三个都是一母所生。

源义经的母亲常盘，据说原本是近卫天皇皇后的侍女，皇后入宫的时候，从京都上千美女中海选，最后挑中进入总决赛的十个女孩，陪侍入宫。常盘是其中最漂亮的一个，后来嫁给源义朝为妾，生下的今若、乙若、牛若三个孩子，牛若就是源义经的小名。

丈夫死的时候，常盘才二十出头，不得已带着三个孩子逃亡。无奈平清盛当时一手遮天，常盘母子不管逃到哪儿，都逃不出平清盛的势力范围。当得知自己的母亲被抓的消息后，常盘就去平清盛府邸自首，说把我和我的孩子处死都没关系，但是请你放了我的母亲。可见常盘是很有孝心的人。

看到这么一个娇滴滴的美人儿低声哀告，一般人谁也受不了，更何况平清盛也是一个花心大萝卜。他答应不杀常盘的母亲和孩子，条件是常盘必须做妾。人在矮檐下，常盘只能曲从平清盛，后来还给平清盛生了一个女儿。这三个孩子因此才得以保全性命。平清盛强令他们出家做和尚，今若和乙若后来都投奔了哥哥源赖朝，牛若因为年纪尚小，一开始还是由母亲常盘抚养，生活在平清盛家中。

牛若七岁的时候，被送到了京都的鞍马寺出家，法名遮那王。鞍马寺很早就流传着天狗的传说，传说中的天狗是一种妖怪，可以幻化成不同的形象，有神秘的法术。传说源义经在鞍马山中习武的时候就遇到了山中的天狗，天狗教会了他很多功夫，而且这些功夫日后被他用在了战场上。

幼年的源义经在京都期间最著名的故事就是跟武藏坊弁庆的相遇。武藏坊弁庆是所有源义经的故事中，仅次于主角源义经的人物。他是源义经手下最得力的一个家臣，原来是比叡山中的一个僧侣，脾气暴躁，不守清规，被寺里和尚轰了出去，有点儿跟鲁智深似的。他在京都五条大桥进行"刀狩"，就是跟过路的武士比武，如果对方输了，就要把佩刀交给他。一时之间，这个叛逆和尚成了京都武士的克星。据说在遇到源义经之前，他已经成功夺下了九百九十九把佩刀。身材矮小、弱不禁风的源义经，使出天狗传授的功夫，打得武藏坊弁庆心服口服。从此之后，武藏坊弁庆就拜到源义经帐下，成为跟他生死与共的郎党。

源义经十一岁的时候，在鞍马寺中看到了自己的家族谱系图，知道了自己是世代武士栋梁源家的后代，不想今天流落到这步田地，深感对不起祖先，发誓一定要灭了平家，为源家雪耻。

源义经的个人秀

十六岁的时候，源义经给自己举行了成人仪式，正式取名源义经，并且到陆奥国投奔了奥州藤原氏。

藤原氏统治奥州，到此已历经三世。藤原氏辖居的平泉城成为仅次于平安

源义经奇袭一之谷

京的繁华大都市，藤原氏更号称是北方天王。此时陆奥藤原氏的当家人叫藤原秀衡，号称带甲十七万。藤原秀衡是爱才之人，不但收留了义经，而且教养他成人。

源义经听说源赖朝起兵的消息之后，立即决定前往辅助。藤原秀衡又派了佐藤继信和佐藤忠信两兄弟跟随源义经，加上武藏坊弁庆，义经也算有了自己的一套班子。

源义经跟源赖朝兄弟相见之后，赖朝十分看重义经，义经也不负赖朝厚望，消灭平氏的战斗简直就成了义经的个人秀。

在源义仲灭亡之后，源范赖、源义经兄弟各领大军杀向平氏，先后经历了三场大战，分别在一之谷、屋岛和坛浦。

一之谷从地形上看，南面是濑户内海，背靠常人无法翻越、陡峭无比的山脉；两翼地形狭窄，不利于大军发动进攻。平家依仗水师强大，在南面部署了坚固的防卫线。源氏没有水军，海战根本就不可能是平家的对手。因此，平家对自己的防线是非常有信心的。

可惜源义经是个战争天才，传说他跟天狗学的兵书战策，不按常理出牌。他跟源范赖的主力分头进军，只率七十骑精锐，急行军上百公里，向一之谷背后的阵地发动奇袭。

当时正值早春二月，山上残雪斑驳，寒风凛冽，道路难寻。义经找来一个猎人询问，人马能不能翻过这座山？猎人连连摇头说，不可能的，人都过不去，更何况马？义经又问，人和马过不去，鹿能不能过去？得到肯定的答复之后，义经笑了，鹿有四条腿，马也四条腿，鹿能过的地方，马就能过。然后命令部下：放马下去，看能不能冲下悬崖。一共放下去七匹马，三匹摔断了腿，四匹没事，成功到达崖底。义经一看实验成功，身先士卒，率领七十名骑兵从悬崖上骑马冲了下去，从敌人背后发动猛攻。

平家认为根本不可能有人翻过这座大山，所以没在山上布防一兵一卒。平家军人数虽多，但是没有料到义经突破了骑兵只能在平原作战的局限，更没想到来的只是区区七十骑，误以为源家大军已至，顿时大乱，心生胆怯，士气崩溃，已无恋战之心，纷纷逃往海边平家战船。

源义经乘势掩杀，斩首无数，血流成河。这时候主力部队也赶来跟义经汇合。平家军许多武士战死，被割掉首级的有两千多人。

再惨你有敦盛惨吗?

平家丧生的武士中，最令人叹惋的一位叫平敦盛，年仅十五岁，容貌俊秀，才艺俱佳，尤其精通音乐，擅吹横笛。

此次是平敦盛生平第一次上阵。本来他已经跨马跃入水中，正要登上战船，一路追杀残敌至海边的源家虎将熊谷直实，远远看到平敦盛铠甲华丽，器宇不凡，必是平家大将，苦于追赶不及，便大声喝骂："前面的武将，为何如丧家之犬？何不掉转马头，与我大战一场，不负武家之名。"

敦盛闻听此言，放弃登船，拨马回岸，抽出刀来，直奔熊谷直实。

熊谷直实乃是关东有名的猛将，绝非徒有虚名之辈，几个回合，便将敦盛打落马下。直实急于割取敌将首级，当他掀开头盔，看到敦盛容貌如此稚嫩，眉清目秀，风雅俊朗，年轻的脸上并无恐惧之色，再看敦盛腰间所插的一支横笛，回想起昨夜敌阵那清澈悠扬、感人心腑的笛声，若非如此英俊风雅之士，谁人又能在大战前夕，坦然吹奏如此清澈动人、丝毫不见浑浊紊乱之音？

直实放开敦盛，让他赶快逃走，敦盛却说："我身为平家武士，既然上得阵来，岂能贪生怕死，源平两家，世代为仇，你我各为其主，怎能对敌人心存怜悯之心，你武艺高强，既打败了我，当割下我的首级领功，死在你的手下，也是我的光荣。"

无论熊谷直实如何反复劝说，敦盛死志已决，眼见源家后续兵将渐渐赶到，直实为免敦盛受他人屈辱，咬牙割下了敦盛的首级。

熊谷直实历经沙场数十年，杀人无数，此时忍不住潸然泪下，眼见风雅清秀的俊颜少年，顷刻间化作离魂，备感人生无常，恍如梦幻。直实拔出敦盛腰间的横笛，吹奏一曲，然后一声不响地离开了战场，落发出家，从此终老山林。

平敦盛未及成年，初次上阵便身首分离，就像日本的樱花，瞬间绽放和凄然凋零，才成就了樱花之美。

后来，战国时代的风云人物织田信长，每逢出征，最爱唱的一首歌就是《敦盛》，歌词讲的就是平敦盛的故事。咱们活过十五岁，以后每天都是赚的了，战死沙场没有什么可悲惨的，再惨你有敦盛惨吗？

百骑取屋岛

平家这一战虽然惨败，可是总帅平宗盛带着不到七岁的安德天皇和象征日本传国的三件神器坐船跑了。源家没有水军，根本不可能追上平家军。

一之谷之战虽然平家元气大伤，但是首领尚在，并没有全军覆没。随即，双方展开了屋岛之战。

屋岛位于四国的东北部，是一个向濑户内海突出的半岛，在屋岛跟陆地之间有一片浅水，退潮的时候骑马就能过去。平家认为，源氏要进攻屋岛，必须从濑户内海过来，因此将主力军分布在屋岛北面的海面上防备源军，而对屋岛南面又放松了防御。四国地形多山，整个四国岛又四面环水。平家认为源氏不可能先走水路到四国，再翻过山来从背后进攻屋岛。由此来看，一之谷没有把平氏打疼，平氏并没有吸取教训。

义经是专抄敌人后路的大师，他联络了熊野的水军，准备把源氏大军运过海去。源赖朝的亲信梶原景时提出在船头和船尾都安装上船橹，便于进退。源义经对这个意见不以为然，嗤之以鼻，说只有胆小鬼才老想着退路。梶原景时在镰仓是有头有脸的人物，被义经当面羞辱，立刻暴跳如雷，斥责义经就是一头莽撞的野猪。日本国内没有什么猛兽，野猪已经算是最凶猛的野兽了，相当于中国的豺狼虎豹。二战的时候，日本军队还把敢死冲锋叫作"猪突攻击"。

源义经绝对不是有勇无谋的野猪，他分析了敌我双方的实力，分析了气象水文之后，认为此时出击，正在其时。他只率领五艘船、一百多名武士就出海了，在四国岛顺利登陆后，翻越崇山峻岭，到达了屋岛平家水军的面前。平家守军这个时候已经四散出去攻击源范赖率领的源军主力，没有想到源义经只带着一百多人，就敢向他们发动进攻。平家武士象征性地抵抗了几下，纷纷败退到了海上的船只上。

惊魂稍定之后，平家武士才发现前来挑衅的源军不过一百余人。可惜平家的首领平宗盛为人十分胆怯，他认为义经带来的这点儿人马只是先头部队，要实行诱敌之策。所以即便看到义经只有一百来人，他也不敢让平家武士上岸去跟源军厮杀。但是又不甘心就此被源家羞辱，怎么办呢？他派了一艘小船，船上坐着个美女，举着一把红底折扇，扇子上画着个金色的太阳。什么意思呢？就是向源义经挑战，你牛你就射中这个扇子上的太阳。

当时双方的距离大概在一百米左右，再加上海上颠簸不定，目标小，距离远，箭射出去之后又会被海风吹偏，这得是神射手才能射准。如果源军射不准，平军就会扳回一点儿面子，士气大振。

源义经岂能忍受这种侮辱？立刻召集神射手，看看谁能把这扇子射落。当时有人推荐了一个叫那须与一的武士，他也没有把握，策马向海中奔行几步，距离目标七八十米远的时候，趁风势较弱，抽出长箭，拉开硬弓，一箭射去，就把这扇子射飞了。

扇子飞起来落到海中，源氏武士顿时一起发出了胜利的呼声。平家武士则大为沮丧。那须与一一箭得中，兴奋之余，又搭弓一箭射死了一名平家武士。这下子惹恼了平家人，他们从船上杀上滩头。平家武士上了滩头之后只能步战，海滩上泥沙又软，深一脚浅一脚，跟源氏骑兵对抗，明显落了下风，不得已又退到海上。

眼见胜利无望，平宗盛只好下令退却，放弃屋岛。四国地区就被源义经平定了。

屋岛战败，平家已成丧家之犬。源义经和源范赖会师之后，向平家最后的据点合围，准备决一死战，了结源平两家数十年的恩怨。

平家政权灰飞烟灭

决战的地点选在坛浦，就是今天日本的下关。

决战开始之前，源赖朝派来的监军梶原景时申请打头阵，源义经不干，要自己打头阵，两人越吵越凶。大战还没爆发，总大将和监军就要火并，幸亏周围的武士劝住了，俩人才没打起来。

源军在兵力上有优势，战斗刚一爆发，义经就下令射杀平家战船上的艄公和舵手，使敌船失去机动能力。这种打法在今天是非常正常的，但是在当时的日本是很不符合战争规则的。因为艄公和舵手不是水兵，而是请来帮忙划船的非战斗人员，在战场上是不能杀害非战斗人员的。义经打破了规则，不管三七二十一，只要对取胜有帮助，就这么干了。

很快，平家战船上的水手——被源氏武士射倒，平家的战船失去了控制。再加上这个时候水流方向发生了变化，不利于平家，平家军节节败退。主将平知盛一看大势已去，就来到了平清盛的夫人和安德天皇坐的御船上说："看来大势已去，必将受害的人，还是让他们跳海自尽吧。"平清盛的夫人把三件神器之一的八坂琼勾玉夹在肋下，腰里插着草薙剑，抱起了八岁的安德天皇。她跟小天皇讲："陛下不要害怕，波涛汹涌之下的大海，也有我们金碧辉煌的帝都。"然后投海自尽。这一幕像极了九十四年之后，在中国发生的陆秀夫背负南宋幼帝自尽。

安德天皇的母亲平德子也投海自尽，但是被源氏武士用挠钩抓住头发拖了上来，捡回了一条性命。另外一名平家贵妇抱着三件神器之一的八咫镜想跳海，被源氏士兵阻止，抢下了八咫镜。

平家武士当中，有头有脸的纷纷投海自尽。不甘心自杀的平家猛将平教经决定最后一搏，挥舞大刀向源氏的船上跳去，见到穿着华贵铠甲的就砍，直奔源义经杀去。源义经被迫从一艘船上跳到另一艘船上，一共连跳了八艘船，才躲开了平教经同归于尽的打法。平教经一看实在追不上源义经，就一只手抓起一个源氏武士，跳进滚滚波涛中，跟敌人同归于尽了。

这次战役平家的总指挥——平清盛的儿子平知盛，穿上两套铠甲，跳进了波涛当中，很快沉没在大海之中。平家宗主平宗盛畏惧投海，跟儿子平清宗一起做了源义经的俘虏，被押到京都游街示众。想当年他们在京都过着天上人间的日子，这个时候身为囚徒，故地重"游"，心中也是感慨万千！后来平宗盛父子被押到镰仓，源赖朝以胜利者的姿态接待了这位败军之将。在源赖朝面前，平宗盛气节尽丧，低声下气，乞求活命，可是源赖朝心狠手辣，绝对不会犯当年平清盛犯下的错误。如果当年平清盛不放自己，那么平家一门焉有今日？平宗盛被就地斩首，长子平清宗，幼子平能宗，也被处死，平家一脉就此断绝。

自平治之乱以来，统治日本二十多年的平家武士政权，在坛浦的战火中灰飞烟灭。

> 祇园精舍的钟声，有诸行无常的声响。娑罗双树的花色，显盛者必衰的道理。骄奢者难久长，正如春夜的一梦。强梁者终将败亡，恰似风前的尘土。

《平家物语》卷首的这首诗，千百年来为日本人所咏唱，诉说的其实不仅仅是平氏一门的昙花一现。

谁也没见过的三件神器

前面讲过，每一次平氏出逃的时候，都是带着天皇和三件神器一起出逃。那么这三件神器是什么东西？为什么在日本这么神圣？

三件神器指的是八咫镜、草薙剑和八坂琼勾玉，简称剑、镜、玉，是保证皇位的宝物，天皇代代传承。有点儿像中国的大禹划天下为九州时铸的九鼎，成为夏商周三代代代相传的王权象征。当年楚国强大，楚庄王派人问鼎之轻重，表示有取而代之的野心，留下"问鼎中原"的成语。中国的九鼎传到秦末就失传了，而日本的剑、镜、玉一直传到今天。

根据日本古书《古事记》的记载，太阳神天照大神躲在天岩屋户里，宇宙没有了太阳。为了引诱她出来，一位大神用天金山的铁制作了八咫镜，对着天照大神照射，镜中照出了天照大神的神体，感到好奇的天照大神就露出了身姿。由于天照大神的身姿在镜中出现，镜子里就存有了她的魂，八咫镜就变成了天照大神的神体，在三种神器当中是最尊贵的宝物。

天照大神派自己的天孙琼琼杵尊降临到人间统治日本国的时候，把八咫镜交给了琼琼杵尊，神镜由此落入人间，一直到第十代崇神天皇为止。从此之后，八咫镜就成了代替天照大神神体的标志，真品被供奉在伊势神宫，复制品放在皇宫里。历代天皇继位的时候，用的镜子都是山寨版。

八咫镜到底什么样？按照古书的记载，直径两尺，内径一尺六寸三分，大概四十九厘米左右。但是这面镜子谁都没有见过，镜子的本体直到今天都不让目睹，就连神宫里的神官们都不能看，据说偷看者眼睛要瞎掉。八咫镜的镜盒每年更换一次，但都在半夜进行，替换者必须闭上眼睛，摸黑作业，弄得神神道道、鬼鬼祟祟的。

另一件神器草薙剑是天照大神的弟弟须佐之男命降临到人间的时候，碰上一位呼喊救命的美少女，说有一条大蛇，每年要吃一个美丽的姑娘，今年轮到她了。须佐之男命英雄救美，斩杀了大蛇。斩蛇的时候，从蛇尾掉出了一把剑，须佐之男命就把这把剑供献给了姐姐天照大神。

后来天孙降临人世，这把剑就被带到了人间，到第十二代景行天皇的时候，开始供奉在热田神社。与神镜相同，没有任何人见到这把剑的真容。据说在德川幕府时期，热田神社的大宫司和其他神职人员出于好奇，偷窥了草薙剑，不久这些人相继死去，只有一个人没死，将剑的体貌特征记录了下来。据他说草薙剑全长八十五厘米，刀柄上刻有鱼的背脊骨，刀身中央部分较厚，整个草薙剑形如菖蒲叶，呈白色，应该属于白铜剑。

至于八坂琼勾玉，传说是天照大神在天岩屋里的时候，八百万神命令玉祖制作的，形状好像动物的牙，又好像人的心脏，所以叫八坂琼勾玉。坂是尺度的意思，表示玉的大小。

根据日本第九十五代花园天皇的日记记载，勾玉跟日本皇室关系很深，一直存放在日本皇宫之中。放置勾玉的木箱上着锁，用青绢包裹，四角扎有紫色的丝带。如果包裹木箱的青绢旧了，不能将其更换，必须用一块新的丝绢重新裹盖在旧绢之上。木箱放置的时候，绝不允许倾斜。

据说日本第六十三代冷泉天皇，就是疯疯癫癫到处放火的那位，什么缺心眼儿的事儿都想干，出于好奇，曾经想打开木箱看看。当他解开丝带的时候，包裹勾玉的木箱突然冒出一股白烟，吓得疯子天皇惊慌失措，当即放弃了偷看勾玉的念头。

神武天皇继位之后，作为日本传国至宝的三种神器，先是存放在宫中，后来神镜被转到了伊势神宫保存，神剑存放在热田神宫，皇宫中仅有玉的真身。崇神天皇时代，复制了神镜和神剑，与真玉一起存放在皇宫。

平家逃离京都的时候，把三件神器全带走了。后鸟羽天皇继位，是在没有三种神器的情况下举行的仪式，这在日本天皇家也是第一次。

坛浦海战，平家全军覆没，平清盛的夫人抱着八岁的安德天皇和三件神器跳入大海，为的就是不让神器落入源氏手中，使得源氏支持的后鸟羽天皇没有合法性。但存放玉的箱子落入海中之后，由于浮力的作用，漂浮于海面，被源氏的军队捞起。神镜也被打捞出海，只有宝剑不见了踪影。宝剑本身的重量已是不轻，再加上剑鞘的重量，一入海可能直接沉到海底了。虽然源家花费了大量的人力物力，进行了长时间的搜寻，无奈大海捞针，谈何容易。

天皇家一直到1189年，也就是坛浦之战后四年才放弃了寻找宝剑。从此神剑真身就不见了踪影。三件神器缺了一个，天皇家遭遇了非常严重的问题，后代天皇怎么继位呢？无奈之下，朝廷只好决定，退而求其次，用天皇宝座边上放置的御座之剑为草薙剑的替代品，这也是个没有办法的办法。

以前朝廷举行仪式的时候，都是剑在先、玉在后。宝剑丢失之后，就变成了玉在先、剑在后。

打了胜仗却不受待见

坛浦海战之后，源义经派人到镰仓，给哥哥源赖朝送了一份战果报告。内容主要有这么几点：首先报告安德天皇跳海自尽了，其次详列了平家被俘和跳海者的名单，最后说草薙剑丢了。

这份报告令源赖朝非常不满。源赖朝对平家动武的最大目标，是要夺回安德天皇拥有的剑、镜、玉三件神器。为此，赖朝下了死令，如果在平家灭亡和三件神器之间二选一的话，宁可不要平家灭亡，也要三件神器。没有三件神器，就没法控制天皇，没法建立他的关东武士国。

可惜，源义经没有理解哥哥的这一份苦心，把宝剑弄丢了。面对坛浦海战如此辉煌的胜利，源赖朝只评价了一句话，这傻家伙根本就不知道最重要的东西是什么。

源赖朝对弟弟的不满不是从遗失了草薙剑开始的。一之谷大战后，源义经得胜回到京都，后白河法皇非常高兴，封义经为左卫门少尉，加检非违使。检非违使又被称为判官，源义经从此被日本人称作源九郎判官义经。对于源义经不经请示、擅自接受法皇厚封之事，赖朝勃然大怒。

源赖朝虽然非常生气，只是当时源平两家鹿死谁手尚无定论，还需仰仗能征善战的义经带兵打仗。于是赖朝强压怒火，暗暗忍了下来。如今平家已灭，岂能再容源义经？坛浦海战后一个月，赖朝下令，东国武士不许听从义经指挥，实际上把源义经的官给罢了。紧接着，赖朝收回了赏赐给义经的原本属于平家的二十四块领地。

义经刹那间变得无权无财，却不明白是怎么回事儿，根本不了解哥哥的心思，于是亲自押解抓获的平宗盛等平家俘虏赶往镰仓，幻想见到哥哥，一切美好如旧。

结果，赖朝连镰仓幕府的大门都不让义经进，把他撵到相模国的腰越驿安置。义经觉得很委屈，写了一封言辞恳切的信，向赖朝表功的同时，诉说自己的委屈，这就是日本历史上有名的"腰越状"。

但是赖朝这个时候已经对功高盖主的弟弟动了杀心，在赖朝的眼中，威胁到自己地位的人必须死。

名将如花般凋零

义经不能进入镰仓大门，只好返回京都。

在返京途中，义经得知平宗盛父子被斩首。这个时候，义经看出来哥哥有敲山震虎、威胁自己的意思。回到京都之后，义经就准备公开跟哥哥决裂了。

赖朝为了置义经于死地，召集手下武士问计：我弟弟现在名头这么响亮，粉丝比我还多，怎么办？你们谁敢去杀义经？

源氏武将都沉默不语。虽然镰仓公待我等恩重如山，但是毕竟九郎是灭平氏的首功之人，要去杀他，大家觉得于心不忍。只有与义经早生嫌隙的梶原景时，给源赖朝出主意，让他派一个叫土佐坊昌俊的和尚到京都去谋杀义经。

土佐坊昌俊来到京都，意图刺杀之时，被义经识破，写下悔过书，宣誓不再刺杀义经。但等到他返回京都居所，竟然出尔反尔，率领六十多名骑兵，偷袭义经居所。结果被义经的手下七骑以一当十，打得大败。土佐坊昌俊也被义经活捉。

义经非常生气，指责土佐坊昌俊违背誓言，应该受到惩罚。土佐坊昌俊肉烂嘴不烂："是镰仓公让我杀你的，我不算违背誓言。"义经一生气，给他一大嘴巴。土佐坊昌俊又说："你打的不是我的脸，是赖朝将军的脸。"义经一听这话，心里也是一激灵。两国相争，各为其主，土佐坊昌俊倒也算条汉子。义经问他："你想不想回镰仓？"土佐坊昌俊说："我既然不幸被擒，你就赶紧把我杀了吧。"义经只好亲手杀掉了土佐坊昌俊。

随后，义经就向后白河法皇讨得了征讨哥哥源赖朝的院宣。赖朝听说之后，率领源家诸将，出兵讨伐义经。法皇这个时候是两边都不敢得罪，给了义经讨伐源赖朝的院宣之后，怕赖朝生气，又下达了让西国武士追讨义经的院宣。

义经率两百多骑郎党出行，不幸在扬帆去九州的途中遇上暴风，船只沉没，两百多一骑当千的勇士全部葬身大海，义经这下彻底没咒念了。

义经走投无路，只好带领数名郎党亡命到了奥州，投奔藤原氏。此时的藤原氏已经传到第四代藤原泰衡的手里。泰衡收留了义经之后，经不住赖朝不断施加压力，加上内心害怕源义经有朝一日"鸠占鹊巢"，遂于文治五年（1189年），亲率五百人包围了义经主从居住的衣川馆。

义经手下只有十余人，虽拼死抵抗，终究寡不敌众。义经麾下第一大将武藏坊弁庆手持大刀，跟奥州兵缠斗许久，最后被乱箭射成了刺猬，死尸立而不倒。义经眼见郎党纷纷阵亡，心知大势已去，于是杀死正妻和年方四岁的女儿，在火中自尽身亡，享年只有三十岁。

日本人把擅长偷袭、以少胜多的军事天才义经形容成"战场之花"，也许就是因为源义经壮丽而短暂的一生就像花儿一样，一经绽放便迅速凋谢。

源义经死后，头颅被浸泡在酒中，装入黑漆匣子送往镰仓。梶原景时检查了首级，确认无误之后，上报源赖朝。

源义经悲惨的遭遇，非常符合日本人崇拜悲剧英雄的情怀。在日本人的心目中，源义经变成了一个神话，很快民间就出现了不少义经没死的传说故事。最离谱的是，到了明治时期，日本的一位政治家通过自己的所谓"考察"，把传说进一步发展成了源义经就是成吉思汗的论点，认为源义经没有自尽，而是逃出生天，渡过大海，经北海道前往大陆，最后变成了成吉思汗。他的这个所谓的"学术成果"，特别符合当时日本向中国大陆扩张的需要，轰动一时。但是在今天看来，简直就是一个笑话。

6. 源赖朝没有笑到最后

开创镰仓幕府

藤原泰衡杀义经的目的是为了自保，他以为只要交出义经，源赖朝就没有对奥州动兵的口实。他没想过如果义经还在，源赖朝还会对奥州顾忌三分，现在义经一死，源赖朝再不犹豫，出动号称二十八万的大军，向奥州发动了猛烈进攻。短短一个月之内，奥州藤原氏四代基业土崩瓦解。日本国北部的六郡全部被平定，归入赖朝帐下。

随着奥州被平定，自治承四年源赖朝起兵讨伐平氏以来，延续十年的日本战乱宣告结束。源赖朝成为最后的赢家，他的镰仓政权也成了全国的武家中心。

建久元年（1190年），源赖朝率军进京，住进了当年平清盛在京城的住所六波罗邸。源赖朝入京有两大目的，第一是炫耀武力，第二是希望捞取政治资本，进一步巩固镰仓政权。

可是朝廷不好对付，特别是老奸巨滑、被源赖朝称为日本第一大天狗的后白河法皇，他希望能够把武士集团牢牢控制在自己手里。源赖朝希望得到征夷大将军的封号，但是后白河法皇偏偏不给他，而是授予源赖朝权大纳言兼右近卫大将的官职。虽然右近卫大将是日本律令制下的武官最高职务，但是还得受兵部卿的管辖，而征夷大将军是非常设的令外官，只有国家有兵事的时候，才会任命征夷大将军统帅军队。源赖朝想当征夷大将军，就是要剥夺朝廷的兵权。法皇非常聪明，坚决要把源赖朝限制在体制内，不能让他到体制外胡作非为。

源赖朝出任了权大纳言兼右近卫大将不足一个月就宣布辞官，表示自己不愿意在体制内混，要另立山头，准备单干。朝廷没办法，只好封源赖朝为天下总追捕使，赋予他维持天下治安的权力。源赖朝得到这个官职之后还不满足，但是他的特点就是能忍耐。他对当时的摄政九条兼实说：“等到法皇万岁之后，就该你我共同掌握政权了。”

建久三年（1192年），源赖朝最头疼的政敌后白河法皇驾崩，时年六十六岁。他一死，在朝中亲镰仓派的运作下，朝廷正式任命源赖朝为征夷大将军。镰仓幕府隆重成立。

镰仓幕府是日本第一个幕府政权，源赖朝是镰仓幕府的开创者，也就成为日本幕府政权的开创者。

镰仓幕府下属的武士被称为御家人，御家人们称呼源赖朝为镰仓殿。幕府设立三大机构：侍所，管理全国的御家人，行使治安权；公文所，处理政务和财政；问住所，管理刑事诉讼。

源赖朝建立了一个完全不同于平家政权的武家政权，抛弃昔日朝廷的公家体系，另起炉灶。这在日本历史上是开天辟地的头一回。

可惜，源赖朝当上将军之后没几年就死了，而且死得非常蹊跷。

为他人做嫁衣裳

源赖朝为人刻薄寡恩，凡是可能对他构成威胁的人都难逃他的毒手。

源赖朝的弟弟们基本上凋零殆尽，只有四弟源范赖一直对他小心翼翼、忠心耿耿，极尽谄媚之能事。但有一次赖朝外出打猎，遇到了袭击，部下两个人替他送了命。消息传到镰仓，误传成赖朝身死，赖朝的夫人北条政子十分惊慌。这个时候源范赖说了一句："不要害怕，有范赖在。"其实这句话是好意，意思说我罩着你，你别害怕。

等到源赖朝一回来，认为源范赖此话暗含夺权之意，怎么着？我死了，有你在？你想夺权是吧？开始对范赖起了疑心。范赖这个时候也不能犯赖了，据说写了一千张悔过状，向哥哥表示自己的悔过之情。但是哥哥仍然不依不饶，可怜源范赖因为一句话，前功尽弃，被逼无奈，只好自尽了。

源赖朝对兄弟们这么刻薄，自己也没得到好下场。1199年，他在一次骑马的时候，坠马身死。源赖朝之死，在日本历史上也是一个谜。他的死因有各种说法，有人认为他是被害死的。

源赖朝死后，他的两个儿子，长子赖家和次子实朝相继继位，两个人也都没得到好下场。二代将军赖家，妻子家和母亲家发生了争执，以致赖家被杀，死的时候只有二十三岁。三代将军实朝，作为赖家的弟弟继位，被赖家的次子、也就是赖朝的孙子公晓杀害。公晓杀了实朝之后的第二天，也被杀害了。源赖家的其他三个儿子也都先后非正常死亡。而三代将军实朝并没有生下一男半女。

源家三代将军在位一共二十七年，镰仓幕府创立者源赖朝的男系血统就此全部灭绝。即便从旁系血统上来看，适合担任将军职位的人一个也没有了。从此，镰仓幕府的将军一职只能从京都迎请公卿贵族甚至由皇族来担任。但是将军也被架空，不掌实权，跟天皇一样，由源氏的外戚北条一族担任幕府的执权，成了幕府实际上的领导者。

源赖朝辛苦半生，为他人做了嫁衣裳，最后政权落入岳父一族手中。源家人能自相残杀了，平家灭亡是战死在疆场上，源家灭亡却是因为骨肉之争，下场比平家更为悲惨。

上皇想夺权

镰仓幕府第三代将军源实朝被暗杀的消息传到京都已经是承久元年（1219年）了，当时日本皇室实际上的当家人是后鸟羽上皇。

后鸟羽上皇接到第三代将军被杀的消息之后，悲喜至极，百感交集。在他看来，镰仓政权对皇室威胁很大。特别是镰仓政权实行的守护和地头制度，把朝廷的大权完全剥夺了。镰仓派到京都来的守护，表面上是护卫，实际上是监视。堂堂天皇之尊，竟然受到陪臣的监视，简直是奇耻大辱。

实朝在位的时候，跟天皇还讲点儿君臣之礼，实朝一死，天皇觉得镰仓剩下的那帮关东武士，浑身马粪味的粗人，根本就没法控制。这帮粗人有权有势，有刀有兵，怎么对付？这让上皇很费脑筋。

后鸟羽上皇是高仓天皇的次子，是在平家政权覆灭之后，才由源氏扶持登上皇位的，也是日本第一位少了传国神剑的天皇。他多才多艺，诗歌方面很有成就，也好耍刀弄剑。

在镰仓幕府成立之后，他屡受镰仓幕府的嫌弃。当时的摄政九条兼实跟镰仓幕府一个鼻孔出气，很让天皇不爽。后鸟羽觉得，要想改变自己的命运，必须学习关东。因为关西的公卿贵族，包括民风都太柔弱了，不如关东武士骁勇善斗。

为了能把权力从幕府手里夺回来，后鸟羽带头示范，勤习武艺，还亲手铸造刀剑，并在上面刻上菊花纹，赏赐给随从。从此菊花纹成了日本皇室特有的纹章，只有皇室才能用这种纹章。二次大战时的日本军舰上、靖国神社的大门上都有这种皇家专属的纹章。

另外，他大量蓄养武士。除了父祖时期设立的北面武士之外，又招纳了很多西面武士。他罢免了与幕府关系密切的九条兼实，大量启用反幕府人士。可惜的是，天皇专政早已经消散在历史的云烟里，天皇时代已经过去了。后鸟羽上皇不明时势，还梦想着有朝一日天皇家能够掌权。

实朝一死，源氏的男性血脉断绝。当时幕府的执权北条家派人上奏天皇，要求派一位皇子东来做将军。后鸟羽上皇没有答应，而是派了使者去镰仓吊丧。同时，他提出要罢免两位镰仓幕府的地头。

当时，北条当家人北条义时特地派人率精兵来到京都，准备迎皇子东来做将军。但是上皇坚持，先得罢免地头，才给派皇子，双方僵持不下。源赖朝的遗孀北条政子做主，让藤原氏的后人继位为征夷大将军，政子夫人继续在幕后垂帘听政，由北条义时来辅佐这位将军。

上皇勃然大怒，认为暴力是幕府唯一听得懂的语言，要想让幕府听话，只有起兵对抗幕府。手下的公卿大臣纷纷劝阻上皇，幕府的势力太大了，以天皇家目前的实力根本不足以对抗幕府，您千万不能轻举妄动。但是上皇非常坚决，他觉得长子土御门天皇才干平平，不足以担当讨幕大业，于是强迫长子退位，让位给次子顺德天皇。为了保证顺德天皇专心主管军事，又让顺德让位给仲恭天皇。这一下，朝廷中就出现了三位上皇，一位天皇。

当时上皇最宠幸的西面武士头叫藤原秀康，他跟上皇拍胸脯，一定能够讨幕成功。另外，镰仓派到京都来卫戍的武士三浦胤义也倒向了天皇一方。

陪陛下打战玩儿

承久三年（1221年）五月，后鸟羽上皇认为时机成熟，抢先发动攻击，把京都中亲镰仓的人一个个拘禁起来，还把幕府的代表招来囚禁斩杀。然后上皇下诏，要求五畿七道讨伐幕府。

当时上皇大会诸将，问关东到底有多少人是北条义时的死党。三浦胤义跟上皇说顶多千把号人。上皇一番比较，自己手下有两万人马，觉得讨伐幕府定能成功。于是派出使者携带诏书到镰仓，呼吁关东豪杰起兵反抗北条氏，归顺朝廷。一时间，关东豪杰人心惶惶，毕竟朝廷占据着道义的上风。天皇要讨伐谁，谁就是朝敌。

值此幕府危急时刻，源赖朝的遗孀北条政子挺身而出，聚集关东诸将，发表了一场演说，给大家做了个战前动员：大将军源赖朝征伐朝敌，草创关东，你们今天能有这个官位俸禄，是赖朝公的恩惠，赖朝公对你们的恩惠比山高，情义比海深。你们是要忘记赖朝公的恩惠投靠朝廷，还是感念赖朝公的恩德在镰仓奉公，你们今天决定吧。

大小武士听了北条政子的一番话，无不流泪伤感，纷纷宣誓，要效忠镰仓，跟京都决战。

幕府派出十九万大军从镰仓出发进攻京都，幕府军总大将是北条政子的外甥北条泰时。大军出发后，执权北条义时将上皇派来的使者放回京都给上皇回奏：臣本无罪，既然被讨伐，不敢逃避。听说陛下您好战，我先派我两个儿子带领十几万人来，跟陛下打一打，让陛下您瞧个乐。如果您觉得打十几万人不过瘾，臣还准备了二十万人，届时臣将亲自率领，陪陛下您打着玩儿。

上皇一开始还很乐观，认为幕府内部必然会生变，关东武士一定有忠义之人背叛幕府、投效朝廷。可惜这只是他的一厢情愿。双方一接战，上皇最信任的武士首领藤原秀康先跑了。主帅一跑，官军中虽然还有忠勇之士，但是根本不经打，全作鸟兽散，幕府军一路冲进了京都。

北条泰实在进攻京都的路上，接到了上皇的侍臣带来的谕旨，意思是讨幕一事不是我干的，跟我没关系，是臣僚所为。如果你要问罪，找臣僚问罪，千万别骚扰我。

上皇一封诏书将自己的责任推得干干净净，也不管属下的死活。上皇手下的大将山田重忠和三浦胤义在激战中突围，逃到皇城，夜叩宫门，以求庇护，上皇竟然闭门不纳。气得山田重忠敲着宫门大骂：懦主误我！追随上皇讨幕的一干大将武士只好全部自尽了。

幕府宣布了对皇室的处分，虽然天皇是不能杀的，但必须受到严惩，后鸟羽上皇、土御门上皇、顺德上皇全部充军；后鸟羽上皇的两位皇子——雅成亲王和赖仁亲王也被充军；刚刚继位七十天的仲恭天皇被废，由幕府另立后堀河天皇。

这就是日本历史上著名的"承久之乱"。皇室经此变乱，尊严丧尽，三位上皇都充了军，天皇被废，虽然保全性命，但是威信无存，政治重心彻底被幕府取代。

从此日本皇室在政坛上隐退，幕府成了日本真正的政治权力中心。从此以后，即便是英明的天皇想要复辟，在老百姓的心目当中，也会认为是天皇叛逆不道，称之为"天皇御谋叛"。

这种观念形成以后，维持了将近六百年，一直到明治维新的时候，才有了转变。

7. 忽必烈远征日本

给日本人上了一课

镰仓幕府建立几十年之后，到了龟山天皇文永五年（1268年），也就是蒙古和南宋对峙的时期，蒙古大汗忽必烈派遣两个使臣出使日本。

可是忽必烈的使臣途经高丽，看到海面波涛汹涌，心生畏惧。今天我们看朝鲜海峡，狭窄极了，在那个年代却被人视为畏途，尤其蒙古使臣是骑惯了马的，根本不敢过海，就让高丽国派遣使臣把国书送到了日本。

国书到日本后，在日本国引起了巨大的震动。自平清盛以来宋日之间贸易非常频繁，而宋朝来的商人会把蒙古人的情况告诉日本人，包括蒙古人怎么攻城略地，怎么野蛮，怎么杀人……日本对蒙古是个什么样的国家，应该是很清楚的。接到蒙古国书，上到后嵯峨上皇、后深草上皇、龟山天皇，下到公卿大臣，一时间都乱成了一团。

讨论了许久之后，日本朝廷给蒙古国写了一封回书。但此时日本天皇并不掌权，权力在幕府手里，而幕府的权力又在执权北条氏手里。当时幕府执权北条时宗是个十八九岁的翩翩少年，别看他年纪小，但这个小孩不寻常，智谋广远，心机很成熟。朝廷的回书送到执权手里之后，执权不屑一顾地讲："蒙古国无礼，没有回书的必要，甭搭理他。"以这种方式处理了蒙古的来书。

此后，蒙古数次遣使，甚至蒙古使臣赵良弼亲自到了日本国，但也只能到九州，根本就不被允许去京都，更别说去镰仓面见幕府将军。忽必烈几次遣使日本全失败了，日本国拒绝接见来使，而且也拒复蒙古国书。

日本人为什么会这样做？这缘于日本受中国文化影响很深，也有华夷之辨的思想。在日本人看来，自己深受唐朝文化影响，又跟宋朝贸易往来频繁，自己也是小中华，而蒙古是游牧的野蛮民族。对于野蛮民族，日本根本不屑搭理，因此拒绝了蒙古来书。

公元1274年时，忽必烈已经是元朝皇帝。恼羞成怒的忽必烈派出两万五千由蒙、汉、女真人组成的元军，加上八千高丽军配合，浩浩荡荡杀向日本，准备武力讨伐。

日本几百年间，虽然也没少打仗，但是自从白江口一战败给唐朝以后，从没有遇到外敌入侵。国内虽然战乱不休，但都是日本人打日本人，耗子扛枪窝里横，内战内行，外战外行，根本不了解外部世界军事水平发展到了什么程度。

公元1019年，一支来历不明的军队袭击了日本的小岛，他们三千多人、五十艘战船，采用日本人从来没见过的集团战法，把日本人打得落花流水。

当时的日本人用文字记载下了这支军队的模样：每一队七八十人，一共一二十队，一队一队地作战，不像日本人的一骑打，武士之间单打独斗。这支军队战斗力太强了，日本人甚至没有抓获俘虏，只抓了几个为这支军队带路的高丽水手。一审问，才知道这支军队是他们从来没见过的一个陌生民族，日本人管他们叫刀伊人，实际上就是中国古代的契丹人。

契丹人只是给日本人上了一课，并没有进一步进行大规模征服日本的军事行动。这一战之后，契丹人得胜班师。这对日本来讲既是幸运也是不幸，日本人在自己单打独斗的落后战法中又沉浸了两百年，直到遇到真正的对手。

武士打仗很好玩

小时候听评书演义，觉得古代打仗都是大将之间的单挑。评书里这样说，两员将领拨马出阵，一员将领问："来将通名，本帅刀下不死无名之鬼。"对面这个就说了："我乃大将颜良，你是何人？""我乃汉寿亭侯关羽。"两人一照面，关羽把颜良弄死，对方的士兵就好像是来打酱油的，一看主帅被弄死了，一哄而散。甭管双方人多人少，只要主帅一死就全散了。

这种情节只出现在小说里，实际上中国古代打仗绝没有这么浪漫，打仗最重要的是士兵要排成阵，集体作战，阵形一乱基本上这个仗就没戏了。电视剧里那不叫打仗，整个儿一个打群架。有没有像中国评书演义里说的那样打仗的呢？还真有，日本人就是这么打。

日本武士必须信奉武士道精神，他们打仗非常有意思。平安时代日本武士在战场上先是远距离弓箭对射，而且双方要遵守一定的战争规则，不许射对方大将的马，只能射马上的人。你说我射他的马让他掉下来摔死，这不行！因为在日本，马是很宝贵的东西，养马必须得有草原草场，日本国土狭小，哪儿有草原？所以能够捕获战马是很拉风的事儿。

等到所有的箭射完了之后，武士们冲到一起进行肉搏战，但是必须是捉对厮杀。什么叫作捉对厮杀呢？就是找跟自己身份相同的武士厮杀，上校打上校，大校打大校，既不能大校打少校，也不能大校打中将，你的身份高了、低了都不行，一定要找和自己身份相同的人。很像我们今天的相亲现场。

武士纵马出战，先是向对方高喊：我祖宗是某某某，干过什么什么大事，官拜啥啥啥；我爸爸是某某某，干过什么什么大事，官拜啥啥啥；我是某某某，干过什么什么大事，官拜啥啥啥。

这么长的词儿一口气得念下来，而且还念不错，他们念的这个东西把老祖宗打过什么仗，自己打过什么仗，都杀过哪些人，在阵前全报一遍，没有个几分钟完不了事儿，不知道的还以为两家相亲，正在交换个人资料呢！而这个时候对方必须得耐心听着，因为一会儿你也得这么念，你如果对对方表示出不尊重，到时候你念的时候对方也不尊重。

这一长串都念完了以后，两个人互相打量，觉得身份级别都配得上，这才能开打。如果一方把另一方打下了马，胜利者会用肋差①割掉对方的脑袋，当然这个脑袋不能随便割，割之前有修养的武士会对对方说一句"得罪了"，这才能下刀子。

日本武士之间的战法在中国人看来绝对是二百五。当然战场情况是瞬息万变的，为了不使自己变成无名之鬼，也为了让对手能够看清自己的身份，很多武士都把自己的名号写在长方形的白布条上，系在头盔后面，或者别在大铠的袖子上。因此一场战争打完，满地的尸体都顶着姓名，跟现在玩的电子游戏

---

① 肋差：日本武士随身携带的短刀，通常用来破甲或室内战斗，也常用来切腹和割取敌人首级。

似的。

后来日本的浮世绘连环画就是据此而来。浮世绘中每个出场的人物上方都有一个方块写着姓名，不像中国的古画，画面上几个人物如果不经过解释，不知道谁是谁。看日本画不存在不知道人物的问题，它有这个传统，一定要让自己留名。

在两个武士对打的过程中，双方的士兵都不许帮忙，谁要是帮忙谁就坏了规矩。眼看自家主将要落败了，你上去帮一把，把对方弄死，你的主将不但不会赏你，还会把你宰了。因为你让自己的主将丢脸了，你坏了他的名誉，以后他都没法见人了。

更有意思的是两个武士战斗，一方战死，脑袋丢了，割他脑袋的武士得意扬扬，而被割掉脑袋的武士家也不会垂头丧气，因为武士最好的归宿就是战死沙场。

唯一的例外是，如果高级武士被下级武士割了脑袋，这是奇耻大辱，割脑袋的下级武士从此之后平步青云得意扬扬，被割脑袋的一方可就现眼现大了。

被蒙古人狂虐了一通

元军在日本博多湾一登陆，就给日本人上了一课，日本人终于知道刀是铁打的了。

日本人从来就没有见识过各种部队统一配合的作战。当时元军用的兵器也比日军先进得多。元军使用的弓箭，射程能达到二百二十米，而日军的弓箭射程只有一百米。元军甚至还使用了名叫震天雷的火器。有一个日本武士叫竹崎季长，参加了讨伐元军的战斗。后来他让人把自己的战斗经历用连环画的形式画了下来，就是《蒙古袭来绘词》，在这个绘卷中保留了很多生动的一手资料，和今天的照片和录像差不多，里面清楚地描绘了震天雷爆炸的场面。

元军进退是以锣鼓为号令，击鼓向前，鸣金收兵。日本人从来没有使用过，马匹也不习惯，往往听见元军的锣鼓就惊退了。元军都是集团作战，摆成阵法。日本人仍然是一骑打，来将通名。

跟元军激战了一天，日军大败。虽然日本武士个人军事素质可能优于元军，毕竟元军不都是蒙古人，还有汉人、女真人、高丽人，这些人出身并不是战士，而是农民，日本参战的都是职业武士。但是，元军在战法上的优势弥补了单兵素质上的差距。梦想扬名立万的日本武士，面对元军的集团战法，遭到了惨重的损失。

人类学研究表明，镰仓时代，日本成年男性身高也就一米五左右，而且体形偏瘦，甚至到了战国时代，织田信长只有一米六九，就是日本国罕见的巨汉了，丰臣秀吉只有一米五四。日本国的马，生长在海岛上，没有草原可以驰骋。马的块头，据说也就跟中国的毛驴差不多，比蒙古马矮小得多。中国人称日本人为倭人，倭就是矮的意思。身材矮小的日本人、日本马，跟体型壮硕的蒙古人、高大强健的蒙古马比起来，不管在哪个方面都处于劣势。

日本的武士如果跟元军比赛射箭的话，好比拿手枪跟步枪对射，肯定落下风。据说元军还在箭头上涂了毒药，只要箭一射中日本武士，哪怕不是射中要害，也会让日本武士伸腿瞪眼，吹灯拔蜡。日本武士只能大骂元军卑鄙，不符合武士道精神，军人的不是，武士的不是，却没有任何破解的办法。

给日本人留下最深刻印象的，并不是元军甲胄武器的先进，而是元军讲究集体配合的协同战法。当武士们乱哄哄地冲向元军阵营的时候，首先迎接日本武士的是密集的箭雨。即便有人侥幸没被箭雨射中，毫发无损地冲到元军阵前，元军弓箭手迅速后撤，用盾牌保护的长矛大刀手冲上前来。任何敢于和这个铜墙铁壁单挑的武士，不是被戳成筛子，就是被剁成肉酱。

日本没有国家军队，武士都是私人部曲。而这些武士发动进攻的目的，只是为了捞点儿战利品，日后能得到幕府的封赏，改善家里贫困的生活。一小股一小股的日本武士，仨一群，俩一伙，顶多十个八个就冲向元军大队。

元军一看，一帮小个子骑在比驴大不了多少的马上冲着他们叽里呱啦地怪叫。蒙古人听不懂日语，更没有耐心听你说你老祖宗是谁，你打过什么仗，乱箭齐发，一下子就把吱哇乱叫的日本武士射成了刺猬。这些武士就跟飞蛾扑火一样，就像小小的浪花拍在巨岩上，摔得粉碎，然后再上来一拨，再摔得粉碎，周而复始。

一天下来，日军惨败！但是日本武士唯一的优势，就是不要命的狠劲，无脑拼命。像竹崎季长这样的人，带着五六个人就敢向元军发动进攻，第一次跟元军拼命的时候被射下马来。一共带了五个郎党被射死了俩，他在地上趴着，等元军过去之后，又爬上马继续跟元军格斗。

日本就是靠这种玩儿命的精神，弥补了他们战术的不足，横的怕不要命的，元军占领的滩头阵地并不稳固。

豆腐渣工程救了日本

元军虽然在战斗中占了上风，但是到了晚上便退回船上休息。

不想夜里台风降临，元军战船被吹散，大量的士卒落水溺毙。强悍可怕的元军竟然毁于一场台风，日本武士欣喜若狂，早知道白天就不打了，白死了那么多人。

元军第一次东征日本失利之后，转过年来，忽必烈仍然派遣使臣出使日本，对日本进行威胁。东征军虽然打了败仗，回国后并不敢跟忽必烈实言相告，而是讳败为胜，侵入了日本国，大败日本军队。这倒不是完全说瞎话，确实侵入了日本国，确实大败了日本军队，但是没有向忽必烈汇报战胜之后遇到台风，几乎全军覆没。

忽必烈也没到过前线，不了解前线的实际情况，非常得意，很快派遣吏部侍郎、兵部郎中等外交使臣出使日本。这次使团没有走原来出使的老路，而是直接在日本的本州岛登陆，准备强行到京都面见天皇。

这一次他们到了镰仓，也就是日本幕府所在地。但是元朝使节也不知道自家军队实际上在前线是败了。一路之上趾高气扬，对于日本人颐指气使，告诉日本：只有投降才是你唯一的出路。

日本幕府勃然大怒，把四个元使、一个陪着来的高丽使臣全部处斩，他们的墓地今天仍然在日本镰仓的一座寺庙内。因为当时的通信手段不发达，直到四年之后，也就是至元十七年（1280年），忽必烈才得到情报，日本人毁书斩使，从而引发了忽必烈第二次东征日本。

1279年，元世祖至元十六年，南宋最后一支抵抗力量在崖山覆灭，中国大陆已经被大元完全统治。至元十八年（1281年），也即日本后宇多天皇弘安四年，元军在时隔六年之后再一次登陆日本。

这次元军是兵分两路来袭，北路军仍然是由蒙古将领统帅，南路军是南宋降军，两路合兵，总兵力十四万人。可能是元军杀戮太重，老天爷也看不过眼，这一次元军没怎么经过像样的战斗，又遭遇了台风，船毁人亡，日本人白捡了一个便宜。

据说元军被日本人俘虏了两三万人，日本人对这些俘虏加以甄别，蒙古人、高丽人、女真人、北方汉人被斩首，南路军中的南宋降人被收为奴隶。

战前，日本的朝廷和幕府四处求神拜佛，一帮小个子，跪在地上跟鸡啄米似的，不停地磕头，祈祷一国祥瑞。而这两次元军攻打日本，竟然都因为遭遇台风而落败，日本人认为这两场台风是挽救了日本国的神风。

弘安之役的胜利，更是助长了日本人的神国情结。他们认为，只要有外敌胆敢入侵日本，就会遭到神风的惩罚。这种思维一直延续到二战晚期，美军迫近日本本土，日本飞行员还组成神风特攻队，想用自杀式袭击阻止美军的前进。

当时的日本幕府执权北条时宗，已经从十八九岁的翩翩少年成为年近三十的成熟男子了。由于他不顾死活，冒险犯难，两次打退了元军的进攻，就成了日本的民族英雄。

实际上今天很多历史学家和考古学家，通过对博多湾战场的考古，发现神风并不像日本人吹嘘得那么神，因为那个地方经常会出现飓风。有人认为，元军覆亡的最主要原因是——战船是高丽人打造的。

高丽是附属国，元朝给高丽施加了很大的压力，让高丽在半年之内打造数千艘战船，所以这些战船都是豆腐渣工程。该用钉子的地方用了胶水，该用胶水的地方也是随便糊弄。这样的劣质战船经不起风浪，风平浪静的时候航海没问题，一遇风浪就吹散了。这些豆腐渣战船毁了忽必烈的东征梦，也使得日本躲过了危险。

经此一役，日本人也见识到了元军的厉害，对于元军的再次进攻常备不懈，丝毫不敢大意，不断地派御家人轮流到西国去加强守卫，从而加重了御家人武士的负担。繁重的军役负担，引起了日本武士极大的不满。

另外，由于跟蒙古作战是防御之战，把蒙古人打跑就完了，并没有缴获战利品，更没有获得土地。打了胜仗的御家人并没有得到任何封赏。竹崎季长为什么要把自己战斗的场面画成连环画？不是为了给后世看，而是为了向上级上访，说明我不容易，我在战斗当中立了大功，我有画为证，是为了跟上级要封赏。他还不错，下了这么大血本，总算要到了。但大多数日本武士没要到。

日本武士认为：作为武士，必须服从上级，为上级卖命，但同样作为武士的上级，更应该对卖命的武士赐予相应的恩赏。你不仁就别怪我不义。蒙古来袭没有占领日本，镰仓幕府取得了胜利，但是遗留下来的问题，最后导致了镰仓幕府的灭亡。

8. 镰仓幕府烟消云散

天皇要造反

日本打败了元军，本来应该过上太平日子了，但是很快日本国就乱套了。先是幕府乱套，北条家人口众多，也不是铁板一块儿，争权夺位引发了混乱。

北条家乱完，天皇家乱，出现了两统争位的局面。而幕府对于朝廷乱成一团的情况非常高兴，他们希望朝廷越乱越好，由此可以从中渔利，进一步控制朝廷。幕府干扰皇室继位，引起了皇室内部的强烈不满。

对幕府最感不满的是后醍醐天皇，他是日本两次打败元军时在位的后宇多天皇之子。后醍醐早年喜好研究学术，尤其是对中国传来的宋学十分感兴趣，对朱子学说更是推崇，特别喜欢朱子学中大义名分的理论，希望在日本也能讲究君臣有别，上下之分。不像现在，天皇与幕府之间，君臣混乱，以下克上。倒幕便成了后醍醐天皇终生的理想。

后醍醐天皇元弘元年（1331年），天皇跟幕府之间正式决裂。后醍醐派自己的儿子、官居兵部卿的护良亲王，去联合京都附近各庙宇的僧侣，准备反抗幕府。不想谋事不密，被当时由幕府派出监督京都的官员——六波罗探题，探听到了消息。

依照当时日本的普遍认识，天皇要想把政权从幕府手里夺回来，叫作天皇御谋叛。知道天皇要谋反，朝廷里还有一位"大义凛然"的公卿挺身而出，主动向幕府告发了后醍醐。

幕府准备派兵去逮捕天皇，并且要处决所有参与这件事的公卿。虽然幕府嗅觉灵敏，但是天皇也不傻，在得知幕府的六波罗探题准备动手的消息后，抢先一步带着象征皇权的三件神器，化装从宫中溜走了。六波罗探题带领的幕府军队扑了个空。

后醍醐天皇一路向京都附近的山中逃跑。为了逃脱幕府追击，他让亲信坐了天皇的玉辇，堂而皇之进入比叡山，而他本人却逃到了笠置山，纠集了三千人举起了倒幕大旗。天皇的皇子护良亲王也举旗响应。

楠木正成出山了

据说后醍醐天皇到笠置山的时候，临时居住在山中一座寺庙里。

天皇因为幕府军重重围困，自己手下就这么点儿人，对于倒幕大业能不能成功，自己的下场如何，十分忧虑。由他本人亲自下诏，号召四方起兵勤王，好像也不太灵。因此后醍醐天皇茶不思，饭不想，简直不知道怎么办才好。

正在此时，天皇做了一个梦，梦见自己在京都的紫宸殿上，殿前有一棵大树，树上的枝杈向南延伸，形成了一个很大的树冠。树冠下面，朝廷百官列席而坐，席间一个面南背北的座位却是空的。天皇正在疑惑的时候，忽然来了两个童子跪在天皇面前，跟天皇说："天底下，没有陛下容身之处，只有此树下向南坐可供陛下暂息。"

天皇一惊之下就醒了，想来想去，得解梦，就把寺里和尚叫来问："这个梦是什么意思？"寺僧告诉天皇："木往南伸，合起来就一个楠木的楠字。梦的意思就是必须有一个姓楠的武士前来辅佐您，您才能得以成功。"

天皇一想，楠姓可是个生僻的姓啊！没几个人姓这个姓。他问寺僧："地方豪杰里，有姓楠的吗？"寺僧回答说："有啊，金刚山以西有一个叫楠正成的人。"天皇一听大喜，马上派人把楠正成请来。

楠正成来了之后，后醍醐天皇就问楠正成："你愿意辅佐朕，讨伐幕府吗？"

楠正成是武士出身，平定过土匪，当了一个小官。也有人说他是恶党出身，相当于绿林好汉。楠正成一看，万圣之尊对自己这么重视，问自己怎么讨贼，武士的忠义血性就被激发出来了，感动得不得了，跪在地上跟天皇讲："关东的武士有勇无谋，如果以武力死拼，咱们打不过他们。但是这帮人缺心眼儿，没有智谋。如果斗智，他斗不过咱们，咱们跟他玩儿心眼儿，玩儿死他们。只要陛下您信我楠正成，只要我楠正成没有咽气，我一定不放弃讨贼大任。"

天皇听完后龙颜大悦，跟楠正成讲："讨贼之事，朕一以托汝。"并且给楠正成改名为楠木正成，楠木正成就成了天皇手下最受宠爱的武士，后来也成为日本武士道的象征。

今天日本皇居的前面，仍然树立着一尊楠木正成骑马的高大塑像。这尊像建于明治维新时期，推翻江户幕府之后建立起来的明治政权，仍然希望这位忠勇之臣能够继续庇护皇室。

日本人又把武士道精神称为大楠公精神。楠木正成终其一生，实践了自己一句掷地有声的格言：臣一人在，圣运可保无虑。不管在什么时候，什么形势，始终追随后醍醐天皇，死而后已，有点儿像中国的诸葛亮。

墙倒众人推

楠木正成受天皇重托，先是占领了一个叫赤坂的小城，作为讨幕的前哨据点。

幕府此时也发现追错人了，一看楠木正成在赤坂举兵，幕府就认为天皇在赤坂，于是率军来攻赤坂。当时楠木正成只有五百人，而幕府大将足利高氏率领着东国武士十余万。在幕府看来，小小的赤坂城，根本不堪一击，扬言一只胳膊就能把这个小城拎走。

万万没想到，楠木正成智勇双全，仅以数百人守护赤坂城，居然屡次大败幕府攻城大军。幕府军最多的时候号称有一百万，这当然是吹牛了，当时日本全国人口也就几百万，但是几万人是肯定有的。每当幕府军来攻赤坂城，楠木正成就拿出他的三板斧：乱石、檑木、弓箭，打得幕府军哭爹叫娘。

赤坂是个小山城，楠木正成居高临下，十分有利于他挥舞三板斧。山上又有水源，楠木正成不愁吃，不愁喝。甚至在后醍醐天皇被幕府军擒获流放的情况下，楠木正成仍然高举讨幕大旗。为了激励手下，他大打谶纬牌，让寺僧编了一段预言："当人皇九十五代，天下一乱，而主不安，此时东鱼来吞四海，日没西天三百七十日，西鸟来食东鱼，海内归一。"

这段话什么意思呢？人皇就是指后醍醐天皇；东鱼来吞四海，就是发迹于关东的幕府要吞并天下；西鸟来食东鱼，就是西面的朝廷要灭掉关东的幕府；日没西天三百七十日，就是指一年以后，后醍醐天皇要从流放地回来倒幕。

楠木正成的这段预言大大地激励了倒幕派的信心，当时后醍醐天皇虽然被流放，但他拒绝交出三种神器，而且也不肯落发为僧，一直以天皇自居，幕府也不敢把他怎么着。随着幕府军在赤坂的惨败，使得楠木正成势力越来越大，各地倒幕势力也渐渐壮大起来。

赤坂城虽然坚守数月，但楠木正成看到城中只剩几天粮食，不能久守，就在城里挖了个假坟，立了个假碑，假装自己死了，趁风雨乔装突围出城。从此虎啸山林，龙归大海，幕府军就更拿他没办法了。

在楠木正成的鼓舞下，众叛亲离的幕府接连遭到一系列致命的打击。被幕府赋予讨伐楠木正成重任的大将足利高氏反了，加入到天皇的倒幕大军之中，给了幕府致命一击。

足利高氏为什么会反呢？足利高氏是源义家的后人，是正宗的河内源氏。他对于源氏幕府政权被北条氏掌握非常不满。北条氏出于平氏，实际上等于源平争斗一直没有结束。幕府是源赖朝建立的，凭什么你们平家人一直担任执权？足利高氏眼看幕府墙倒众人推，破鼓万人捶，所谓识时务者为俊杰，倒转枪头，改旗易帜，举兵造反了。

不久，对幕府更大的打击到了——上野国的新田义贞是镰仓幕府的又一个催命鬼。新田义贞在关东横空出世，一路大破幕府军，直逼幕府老巢镰仓。经过数日激战，幕府军大败，幕府末代执权在阵地上剖腹自尽，镰仓陷入一片火海。

元弘三年，也就是公元1333年，日本历史上荣耀一时的北条家彻底灭亡。自从源赖朝于建久三年建立幕府政权，统治日本一百四十多年的镰仓幕府，在新田义贞起兵后短短半个月就烟消云散了。

9. 日本进入南北朝

把功臣给得罪光了

镰仓幕府灭亡之后，后醍醐天皇得意扬扬，回到了京都，开始了天皇的亲政。

后醍醐天皇元弘四年（1334年），也就是镰仓幕府灭亡的第二年，天皇把年号改成了建武，开始了日本历史上著名的建武新政。为什么取这么个年号呢？因为这是中国东汉光武帝刘秀的年号。当时王莽篡汉，天下大乱，刘秀以远支皇族身份，起于微末，纵横八荒，终于推翻新莽，再延汉祚两百年。后醍醐天皇以中国东汉光武帝的年号为自己的年号，表示要效法光武帝，光复先代天皇的遗业，也就是由天皇自己掌握政权。

后醍醐天皇首先立自己的儿子为皇太子，引起了其他皇族的不满。然后废除了存在几百年的摄政关白制度，由天皇亲政，把公卿阶层也得罪了。由于推翻镰仓幕府的过程中，公卿也没出多大力，出力的多是武士，所以很多武士被封官。公卿看到原来出身低贱的人现在居然跟自己平起平坐，心里很不平衡。

按道理讲，这个时候天皇主要依靠的力量应该是武士了，可没想到天皇得罪最深的就是武士。武士打仗为的就是保护或者更大地扩充土地财产，而天皇下令，原来的土地所有权一概不算数，要把全国的土地收回来，重新分配。等于所有的武士白忙活了一场，武士阶层对天皇恨得牙根儿痒痒。其中对天皇最不满意的是两个人，一个是足利高氏，一个是新田义贞。

天皇在取得政权之后，认为足利高氏功勋第一，册封他为三国守护、镇守府将军、正三位参议。后醍醐天皇的名字叫尊治，天皇把自己名讳中的"尊"字赐给了他，改他的名字为足利尊氏。

按道理讲，足利尊氏应该没有什么不满意的，可是足利尊氏是源氏后裔，他的先人源义家曾经留下一封誓文，誓文里面说：自我以后七代子孙必取天下。到了足利尊氏祖父的时候，这封誓文被翻了出来，足利尊氏的爷爷一瞅，源义家之后七代正是自己，老爷子就觉得该轮到自己取天下了。可巧了，老爷子当时跟别人打官司争夺土地所有权，被幕府判了败诉，非常生气。于是又在八幡大菩萨面前写了一段誓文，说自我以后三代子孙必取天下。到了足利尊氏，正好是三代了。

足利尊氏觉得幕府被推翻并不是幕府制度不好，而是北条家的幕府不好，而自己是源氏嫡流，应该由自己来建立幕府。足利尊氏非常想出任征夷大将军，但是天皇却想建立一个天皇专制的政权，绝不允许再有幕府出现。天皇任命自己的儿子护良亲王做征夷大将军，征夷大将军不再是天下武士的头领，而只是朝廷的一个最高武职，归兵部卿管理。这就断绝了足利尊氏建立幕府的希望，足利尊氏对天皇很是失望。

另外一个对天皇不满的是新田义贞。新田义贞在消灭幕府的过程中，功劳应该不亚于足利尊氏。实际上直接导致镰仓幕府灭亡的是新田义贞起兵，半个月就灭了镰仓幕府。但是新田义贞得到的赏赐，只是一个从四位上左马助，大概在天皇家眼中，武士只配当弼马温吧。新田义贞跟足利尊氏同样属于源氏后人，也希望建立一个源氏的幕府。因此武士阶层以足利尊氏和新田义贞为首对后醍醐天皇都非常不满。

这样一来，等于天皇家皇族被得罪了，公卿被得罪了，武士也被得罪了。

两边都是官军

后醍醐天皇对当时日本国的形势完全不了解，只有楠木正成看得清楚，这个国家在当时就是一个武士社会，国家掌权的人必须是武士，整个国家依靠武士来推动。

所以，当时最好的统治方式就是武士掌握实权，天皇临朝不理政，就像以前镰仓幕府时代、藤原氏摄关政治时代一样。后醍醐天皇却看不明白，在最不应该得罪人的时候，把能得罪的人都得罪了，恰恰跟清朝末年清政府干的蠢事一样。

武士们在幕府被消灭之后，群龙无首，恩赏没能实现，土地所有权又不被天皇承认。建武新政实行了仅仅一年，镰仓幕府的余党就发动了叛乱，席卷关东各州。足利尊氏和他的弟弟足利直义，不待天皇旨意，私自以平叛为名杀回关东，很快平定了北条氏的余党，然后以镰仓为根据地，不经天皇同意，事实上建立了日本历史上的第二个幕府——室町幕府。

室町幕府建立之后，足利尊氏自封为征夷大将军，管理东国，公开跟天皇叫板了。天皇也无计可施，只能静观待变。而新田义贞除了对天皇不满，更不满的是足利尊氏。他觉得足利尊氏没有他的功劳大，反而比他位置高，对足利尊氏羡慕嫉妒恨。看到足利尊氏公开反叛朝廷，他向天皇表示愿意出兵讨伐足利尊氏。

天皇非常高兴，任用新田义贞为御前近臣。不料新田义贞色胆包天，竟然去勾引天皇宫中的女侍。天皇发现后，并未加罪，还把这个女侍做了个顺水人情，赏给了新田义贞。女人如衣衫，兄弟如手足，这个时候需要的是大将，不能因为女人伤了和气，新田义贞对天皇更加感恩戴德。

天皇任命新田义贞为主将率兵征讨镰仓地区的足利尊氏，被足利尊氏打得大败。足利尊氏为了取得合法地位，找到了被后醍醐天皇废掉的光严上皇，要求光严上皇下达讨伐新田义贞的院宣。光严上皇乐得如此，下了院宣。这样一来，足利尊氏就不再是朝敌了，而变成了官军。

两边都是官军，互相宣布开除对方朝籍，互相宣布对方是叛匪。

楠木正成以死报国

足利尊氏率领大军直抵京都，后醍醐天皇只好逃到比叡山里投奔僧兵去了。好在后醍醐天皇逃离京都是轻车熟路，这事儿他干了不止一回两回。这是建武三年（1336年），天皇新政搞了不到三年，就被手下大将打到山里去了。

后来新田义贞和楠木正成合兵，总算是打败了足利尊氏，把足利尊氏逐出了京都。后醍醐天皇又回宫了，双方展开了拉锯战。

在拉锯过程中，楠木正成跟天皇讲："足利尊氏新募兵将，连连得胜，其锋甚锐。我方如果以疲惫之师去格斗，没有胜算。所以不如请陛下退到比叡山中，让贼众占据京都，我到河内国去断绝贼兵粮道。这样的话，贼兵日散，我兵日聚，可以夹攻敌人，一举破敌。"楠木正成毕竟是百战名将，提出的主张非常可行。可惜后醍醐天皇不懂军事，听了一个酸腐公卿的话，认为王师有天助，要求跟敌人堂堂正正展开决战，命令楠木正成去援助新田义贞跟足利尊氏决战。

楠木正成万般无奈，拜别天皇之后，跟他十一岁的儿子楠木正行讲："你现在已经超过十岁了，你要记住我的话，这次战役系天下之安危。恐怕我再也看不到你了，倘若我战死，那一定就是足利氏的天下，你千万不要降敌。咱们族中只要还有一个男子，你就带着他们到金刚山去反叛足利氏，以身殉国，有死无他。"

楠木正成解下天皇御赐的宝刀，交给自己十一岁的儿子。儿子要跟他同去，被他拒绝了。楠木正成到了前线，跟新田义贞汇合，俩人知道己方兵微将寡，与足利尊氏正面对抗，乃是求死之道，所以俩人喝了一夜的诀别酒。

第二天，新田义贞率三万人马抵抗足利水军。正成更可怜，手里只有七百人马，却要面对足利号称五十万的陆军，很快被敌军包围。正成勇武绝伦，跟常山赵子龙一样，浑身是胆，在敌军中七进七出，几次冲到足利尊氏的弟弟足利直义马前，但是都被敌兵打散。

正成兄弟只剩下七十三骑，本来可以突围逃走，但是正成决心以死报国，报效天皇，根本不想走。兄弟俩走入民宅，解开身上的甲胄。正成问弟弟正

楠木正成殉国

季："你死后有什么打算？"正季回答："我愿意七生人间，以杀国贼。"

兄弟俩诀别之后，取出利刃对刺而死。

一天二帝南北京

楠木正成一死，新田义贞大败。后醍醐天皇眼见大势已去，诈降了足利尊氏，足利尊氏扶持光严上皇复位。可是光严上皇厌倦了人世的纷争，让位给自己的弟弟光明天皇。

后醍醐天皇还是拒绝交出三件神器，利用自己最熟练的逃跑技巧，暗地里又逃出京都，到了京都南部的吉野重建朝廷。从而形成了京都一个朝廷、吉野一个朝廷的局面，史称一天二帝南北京。日本正式开始进入南北朝时代，天皇家第一次公开地分裂了。

楠木正成死后，他的儿子楠木正行闻讯之后痛哭流涕，拔出父亲留下的宝刀就要自刎。不愧为楠木正成之后，年仅十一岁就这么刚烈。但他妈妈看见之后夺下宝刀，跟他讲："你怎么这么糊涂，怎么可以如此轻率地殉葬？你应该继承父亲的遗志，讨国贼，报父仇。"

楠木正行听罢，恍然大悟，立刻断了自杀的念想，更加坚定了报仇的信念。他听说后醍醐天皇到了吉野，就赶去迎接。天皇大喜，一看忠臣之子来了，不顾正行年幼，现在来看还是小学没毕业的一个儿童，封他为检非违使、左卫门尉，兼四国守护。后醍醐天皇在吉野建立了据点之后，势力越来越大，把自己所有的皇子都封为大将军，让大家到处发动武装力量，讨伐足利尊氏。新田义贞也是野火烧不尽、春风吹又生，经过一番休整之后，重新投入了讨伐足利尊氏的事业之中。

可惜足利尊氏兵强马壮，势力太大了，几战下来，北朝连连得手，南朝不断战败。新田义贞也在战场上被流箭所伤，自杀身死。接二连三的败报打击之下，后醍醐天皇心灰意冷，把皇位让给自己的儿子，不久便龙驭宾天。

后醍醐天皇是一位悲剧人物，小姐的身子丫鬟的命，一心想要恢复祖业，无奈志大才疏，不但自己一生壮志难酬，还连累了部下很多忠贞之士。

10. 室町幕府很搞笑

色情狂祸乱京都

后醍醐天皇死后，南朝更是风雨飘摇，人才凋零。而北朝却谋士如云，猛将如雨，欣欣向荣，两者形成了鲜明的对照。

足利尊氏此时志得意满，老冤家新田义贞、楠木正成全挂了，他认为大敌已除，南朝是苟延残喘，秋后蚂蚱蹦不了几天了。他所拥立的光明天皇，为了讨他欢心，正式任命他为征夷大将军。足利尊氏在京都的室町建立了宅邸，正式建立幕府，后人称足利家的幕府为室町幕府。

室町幕府跟之前的镰仓幕府和之后的江户幕府都不一样，特点是实行两头政治。室町幕府的首领是足利尊氏，但是他手下有两个权势熏天的人物，分掌幕府的两大权力。

一个是他的弟弟足利直义。直义从起兵反抗镰仓幕府，到建立室町幕府，对足利尊氏的作用非常大。直义作为将军的弟弟和建立幕府最大的勋臣，掌握了幕府的行政、司法事务，武士们都把足利尊氏和足利直义并称为两将军。

执事高师直，是足利尊氏手下另一个权力很大的人物。执事相当于将军家的总管。高师直军事才能出色，在南北朝对峙时代，东征西讨，南剿北战，为足利尊氏立下赫赫战功。足利直义和高师直一文一武，共同辅佐足利尊氏。

创业之初，足利直义和高师直俩人还能齐心协力。但是一山不容二虎，特别是高师直，为人非常跋扈，除了对足利尊氏还有三分顾忌，不敢公开违抗，其他人谁都不放在眼里。

高师直极其好色，是个色情狂，不管谁家的姑娘，他都敢抢过来睡，皇室公主、摄政家的千金，都替他生了儿子。他最喜欢的一个儿子就是关白二条的妹子给他生的。甚至当时日本京都坊间都有这样的传言："师直要到宫里去转个圈儿，如果不发生抢夺皇妃、宫女之事，神都不会相信。"皇室尚且不能幸免，公卿大臣、黎民百姓更是不在话下。

京都被高师直搅得天翻地覆，鸡犬不宁，搞得京都上上下下人心思旧。苦苦在吉野强撑的南朝，觉得有机可乘，开始联络旧部，准备光复京都。

高师直一看自己露脸的机会到了，就领兵去攻打南朝。

楠木正行战死沙场

此时的南朝，君臣都很年轻。后村上天皇这时才20岁，手下的第一大将佐命元勋楠木正行也才二十出头。楠木正行急于为父报仇，讨平国贼，虽然忠勇不逊于乃父，可是智谋比老爸差远了。面对高师直的讨伐大军，楠木正行决心拼死一战。

楠木正行率军出征，临走之前向天皇辞行，天皇拉着楠木正行的手依依不舍，对楠木正行一再叮嘱："现在贼军悉数而来，正是生死存亡之秋。但是兵家进退，应该便宜行事，朕以汝为股肱，汝其自爱。"意思是说，我以你为股肱之臣，你千万不要跟敌人玩儿命。你要死了，朕可就没咒念了。后村上天皇很担心正行去跟敌人拼命，担心他回不来。

正行一见高师直，果然抱定必死决心，不顾后队，率领先锋三百多人以万夫不当之勇，直朝高师直阵中杀来。楠木正行武艺超群，身先士卒，麾下三百多人，红着眼睛，抢着刀，个个不要命，杀得高师直军中大乱。

眼看形势危急，高师直的部将冒充主帅，杀入楠木军中，被正行一刀砍死，割下首级。然后正行把首级往空中扔，扔完之后拿手接住，就跟玩儿球似的。后来有人告诉他，这不是高师直，楠木正行才扔掉头颅继续往前冲杀。

可惜，敌军箭如飞蝗，把楠木正行射成了大刺猬。他虽然身中乱箭，但是仍然使出全身力气厮杀，直到力竭扑倒在地，大喊："事毕已，不为贼所获。"然后，和弟弟楠木正时仿效父叔，相对刺死。

高师直获胜，得意扬扬地进攻吉野，一路之上，烧杀抢掠，甚至把圣德太子庙都烧了。南朝天皇居住的宫殿更不在话下，也被一把火烧了个干干净净，吉野顷刻间变成了荒野。后村上天皇不知所踪，不知道逃到哪个旮旯去了。

高师直兴高采烈地班师回朝，经此大胜，骄矜之气更是溢于言表。他总是看足利直义不顺眼，觉得直义是靠着哥哥足利尊氏吃闲饭，却位在自己之上，心里很不舒服。

主公怕家奴，天皇爱食言

足利直义为人还是比较刚正的。他手下有一员大将，曾经冒犯上皇车队，就被他处斩了。

有一次，高师直的一帮亲戚去打猎，也遇到了天皇和上皇。这帮人不管三七二十一，不但动手打人，惊了圣驾，还抢夺山寺里面的宝物。事后，由于高师直的袒护，这些人只判了充军。充军的时候，有三百随行陪护，骑着骏马，沿途吃喝玩乐，比旅游观光还开心。

直义对高师直的跋扈实在看不过眼了，要求足利尊氏把高师直的执事职位罢免。高师直被免了执事之后，恼羞成怒，率领心腹部将来杀直义。直义在幕府里是管文官的，自然不是高师直的对手，只好逃到老哥家里，高师直居然把主公足利尊氏的府邸包围了。

足利尊氏出来说和，要求两边罢手，高师直竟然死活不肯，最后惹得足利尊氏勃然大怒："我堂堂一个当主人的，向家奴低头，已经为天下人耻笑。我低三下四来求你，你竟然还不同意，干脆我们哥俩自杀得了。"

高师直这才勉强答应。事后，高师直不但没有受到任何惩罚，相反还恢复了执事职位，足利直义的职位却被罢免，朋友也被充军。

足利直义万般无奈之下逃出京都，一怒之下投奔了南朝。南朝本来已经气息奄奄，在这种情况下又死而复生，到后来连足利尊氏也归降了南朝。

南朝势力弱小，能跟北朝并立七十多年，就在于室町幕府内部的矛盾十分尖锐，幕府只不过是一个守护大名联合体。跟随足利尊氏的守护大名，以前在镰仓幕府时代都是地方一霸，如果还是镰仓幕府统治，他们跟足利尊氏是平起平坐的。足利尊氏对他们的控制，并没有源赖朝对御家人的控制那么强，更比不上后来德川幕府对地方大名的控制。室町幕府底下的守护大名经常造幕府的反，连幕府建立者足利尊氏都差点儿被手下的执事逼疯。

直义、尊氏兄弟俩先后投奔了南朝，后来因为跟后村上天皇闹翻了，又重建北朝。

如此反反复复，一直到足利家传到第三代足利义满时，南北朝才完成了统一。南朝的后龟山天皇把三件神器交出，承认北朝的后小松天皇为日本唯一的天皇。北朝表面上答应了恢复两统交替为帝，也就是后小松天皇退位之后，要传给后龟山天皇的后人。

但是等后龟山天皇真正交出三件神器之后，北朝就食言了，后龟山变成一个一无所有的乡巴佬。后小松天皇不履行诺言，谁也拿他没辙，更何况后小松天皇也是使唤丫头拿钥匙，当家不管事儿，真正的权力都在幕府的手里。

南北朝合一，其实就是北朝吞并了南朝，但是南朝天皇的后裔们一直认为自己才是正统。一直到二战胜利之后，有一个日本的老百姓还说自己是南朝天皇的后裔，要求占领日本的美国驻日盟军总司令麦克阿瑟废掉昭和天皇，立他为帝，他自称熊野天皇，据说还得到了不少人的拥护，给了当时的日本天皇家一个不小的难堪。

11. "日本曹操" 足利义满

将军来补锅

提起室町幕府第三代将军足利义满，大家可能相当熟悉，尤其是看过动画片《聪明的一休》的朋友。

这个动画片里面的幕府将军就是足利义满。他也是室町幕府时期当政时间最长的将军，在位三十多年。他继位的时候只有十岁出头的样子。别看动画片里的将军整天跟小一休和尚嘻嘻哈哈的，没个正经样儿，实际上，他在历代室町幕府的将军中，最有心机，城府最深，也最有作为，甚至差一点儿当上了日本天皇。

将军怎么能当日本天皇呢？足利义满深刻地认识到了室町幕府的致命不足。爷爷足利尊氏建立的室町幕府整个儿就像一口破锅，到处都是窟窿眼儿，跟筛子差不多，需要足利义满想尽一切办法来补。

足利义满补锅的第一个措施，就是改变了原来镰仓幕府置身朝廷之外的政策，把自己和朝廷紧密地捆绑起来。他以征夷大将军的身份兼任右近卫大将、左大臣，后来又辞去征夷大将军，出任太政大臣。相比其他幕府将军，他的政治地位高得多。源赖朝当过征夷大将军，但是所有源氏将军都没有担任过太政大臣，包括后来的德川幕府，历代德川氏将军最高的职位也就做到左大臣和右大臣。而原来的摄关藤原家，做过太政大臣，但是当不上征夷大将军。足利义满把日本文武两个最高的官职都攥在了自己手里。

然后他积极地压制寺社的势力。在动画片《聪明的一休》里面，整天跟一休嘻嘻哈哈地一块儿玩的蜷川新右卫门，官职就是寺社奉行，按照现在的官名，就是国务院宗教事务管理局局长，所以他才整天跟一休在一块儿。而且动画片里的蜷川新右卫门还兼任幕府的京都所司代，按现在的话说，相当于北京市市长兼北京市公安局局长兼北京卫戍区司令，这么高的一个职务。

足利义满最想干的事儿，就是削藩，压制守护大名的势力。压制寺社势力，足利义满取得了很大的成果。但是削藩不利，守护大名们为了保护自己的利益，被逼之下，纷纷起来造反，日本历史上称为"应永之乱"。

真的好想当天皇

虽然守护大名们的叛乱被一一镇压了下去，但是也很让足利义满头疼。一番痛定思痛之后，他觉得，我是幕府的首领，那么就有人会反叛我，如果我是治天之君的天皇，那可就没人反叛我了。足利义满越琢磨越是这个理儿，自己既是幕府的大将军，又是日本的天皇，精神、实权一把抓，到那时，放眼天下谁再敢反？

足利义满终于干出了日本历史上幕府将军从来没有干过的事儿——自己当天皇。据说在当时的日本流行着天皇家只能传百代的说法，这就是所谓的百王说，天皇家到了百代之后，必然终结。有两句诗：百王流必结，猿犬称英雄。

当时幕府镇守关东的镰仓公方[①]属猴，而足利义满本人属狗，正好对应了诗中称英雄的猿犬，所以足利义满认为自己将会担任日本天皇。当然了，这种谶纬之说，都是乱世英雄用来起义反叛的借口，足利义满却真的相信了。

从此，足利义满对待公卿更是毫不客气，乱下政令。当他去寺院参拜的时候，竟然强行要求公卿大臣随行。公卿只能伺候天皇，义满身为一个武士首领居然要求公卿随行，源赖朝和足利尊氏都没干过这种事儿。如果哪位公卿迟到，足利义满便破口大骂，吓得这些公卿躲藏不及。

而且他还不让这些迟到的公卿去参拜神社，而神社供奉的是藤原氏，也就是公卿们的祖先，这让公卿们的面子荡然无存。参拜回来，赶上天降大雨，足利义满强令公卿们在雨中行走，使得一干公卿大臣个个淋成了落汤鸡。作为天皇都不可能这样对待公卿，何况足利义满！他就是要打击公卿们那点儿少得可怜的自尊心。

足利义满当上将军的时候，中国正好是明太祖朱元璋建立明朝之时。到了1401年，足利义满当将军三十三年后，足利义满跟明朝建交，称臣奉书。国书最后的署名是日本国王臣源道义，源是足利义满的本姓，道义是他出家之后的法名。

在日本历史上，无论是天皇还是将军，称呼自己是日本国王的，足利义满是第一个人，他把自己看作是日本国最高的统治者。

睡了上皇的女人

自从菅原道真向天皇建议停派遣唐使之后，中日两国的官方往来就断绝了。宋朝跟日本并没有通使，都是商人之间的往来。元朝遣使到日本，日本不理不睬，惹得元军两次攻打日本。

足利义满派遣使臣来到中国的时候，中日官方往来已断绝了六七百年，因

[①] 公方：公方是日本古代的一个称呼，即"公"的意思，指的是统治者。公方的起源有多种说法，一说是古代天皇及其朝廷，一说是镰仓时代或室町时代对幕府将军的称呼。

此明朝对日本并不了解。据说当时明成祖永乐皇帝曾经问日本使臣："日本什么样啊？"日本使臣写了一首非常工整的汉诗《答大明皇帝问日本风俗》，诗云：

> 国比中原国，人同上古人。衣冠唐制度，礼乐汉君臣。
>
> 银瓮储新酒，金刀脍锦鳞。年年二三月，桃李一般春。

这首诗就是说日本的衣冠制度、礼制风俗完全效法中国，年年开花的季节也跟中国一样。其实日本的政治制度更像欧洲，并不像中国，至少官员选拔没有采用中国的科举制，日本的官职都是世袭的。公卿基本都是藤原氏来出任，平家的子弟要想掌握政权，只能下克上，造反。为什么明治维新在日本很容易成功，这是一个很重要的原因。

足利义满对外以日本国王自居，号称是日本的当家人，对内他更是骄横跋扈，专门去跟上皇身边的女人私通。当时日本国上皇是后圆融，后圆融上皇的妻子三条严子和他的爱妾，据说都跟足利义满有一腿，以至于后圆融上皇为了发泄愤怒，下令让自己的爱妾出家做尼姑，甚至在自己的妻子刚刚生完孩子回到宫里的时候，用刀背砍自己的妻子。

足利义满自然要为自己的女人出气，派了两名官员去质问上皇，并威胁要将上皇流放。上皇实在受不了这个羞辱。你把我的女人睡了，我惩罚这个淫妇，你作为奸夫，竟然出头质问威胁，是可忍孰不可忍！怎么办？后圆融上皇跑到宫中佛堂里大声叫嚷要自杀。

在日本的历史上，天皇和上皇遭到流放的，有"保元之乱"后的崇德上皇、"承久之乱"后的后鸟羽上皇和元亨时期的后醍醐上皇，但是他们被流放的理由一般都是跟谋叛有关。而后圆融上皇是因为自己的女人被人睡了要遭流放，这种事闻所未闻，足以说明足利义满的强势。

后来还是后圆融上皇的母亲赶来哄着这位治天之君放弃了自杀的念头，而且他的刀也被侍从收了起来，这场闹剧才落了幕。

义满死得很蹊跷

上皇跟足利义满经过调停和解之后，授予足利义满准三后的待遇。三后是指皇后、皇太后、太皇太后，意思是说足利义满的地位相当于这三后。

足利义满还没自封为日本国王的时候，给明朝的上书就署名日本国准三后臣源义满，后来才变成日本国王源道义。

当了准三后之后，义满还是不满足。后小松天皇的母亲病逝之后，义满就让自己的婆娘做了天皇的准母。什么叫准母呢？天皇举行践祚仪式的时候，如果亲妈不在场，或者亲妈地位比较低，为了仪式的需要，可以设立准母。准母可以是天皇的母亲，或者先帝的嫡妻，也可以是天皇的姐姐、姑姑等未婚内亲王。足利义满无视皇家的准母常规，居然把与皇室没有半点儿关系的自己媳妇日野康子立为天皇的准母。

这个时候，后小松天皇已经二十三岁了，因为他从小成长在义满专政的环境当中，已经习惯了义满说什么，他听什么，对于义满这种目无君上的行为，只能强行忍耐下来。

义满在自己的衣服上绣上了桐竹的花纹，这种花纹就跟咱中国古代的五爪金龙一样，属于皇家专用。义满还在建筑物上、服饰上、车辇上，处处仿效天皇家。今天日本京都留存的由义满修造的著名建筑金阁寺，寺顶上耸立着一只金凤凰。在日本国一千多座古寺当中，配有凤凰装饰物的只有两座，一个是金阁寺，一个是平等院凤凰堂。凤凰是皇室的象征，义满公开在自己的私家寺庙上立了金凤凰的形象，说明他已经把自己当成天皇了。

在日本国，要想当天皇，有一个硬性条件——必须是天照大神和神武天皇的后裔。虽然源氏往上数多少代是天皇之后，但是这个时候早已经辈分疏远，比大汉皇叔刘备身上的皇室血脉还稀疏。不是天皇之后怎么能当天皇呢？义满有招，他强迫后小松天皇认自己的儿子足利义嗣为养子，准备强迫后小松天皇退位，然后义嗣以养子身份继位当天皇，自己不就是太上皇了嘛！

对于义满的如意算盘，后小松天皇不得不照办。当天皇行幸义满的北山别墅时，义嗣坐的位置比关白一条还要靠前，天皇还给义嗣敬酒。甚至连义嗣的成人礼，也就是元服仪式，都是在皇宫清凉殿举行的，规格跟皇子的元服仪式完全相同。

义满这么干，朝廷只能忍气吞声，公卿甚至在日记里绝望地写道：天照大神以来的正统失落殆尽。这个时候，义满离天皇的宝座只有一步之遥了。他不断衡量，是强行逼迫后小松天皇让位，还是等后小松天皇死了之后再继位。

可惜历史并不以个人意志为转移，就在义嗣完成元服礼后的第三天，义满突然发病，十天之后就死了。义满死后，天皇家送了一个太上天皇的尊号给他。试想如果死的不是义满，而是后小松天皇，那么日本的皇位就要易主了。

义满之死，当然有各种说法，毒杀说、暗杀说都有，但现在已经无从考证。义满一死，二战以前天皇家最大的危机得以化解。在日本人看来，胆敢向皇室伸手、对天皇不敬的人，从苏我氏到高师直都没有好下场，接近皇统的极限就是藤原氏，超过了藤原氏就不能为人所容忍了。藤原氏世世代代是天皇的舅舅和外祖父，但是他们绝对没有想过让藤原氏的人做天皇，也正是因为藤原氏严守底线，藤原氏的子孙一直繁衍到今天。

12. 足利氏把自家玩废了

抓阄选将军

足利义满死后，室町幕府就开始走下坡路了，后面的将军是黄鼠狼下耗子——一窝不如一窝。

室町幕府到足利义满时，统治制度已经非常僵化。幕府之中，将军之下设有管领，协助将军管理政务，相当于幕府的最高行政长官。管领的职务由细川氏、斯波氏、畠山氏三个家族担任。管领之下设有侍所、政所等机构，负责不同的政务，跟镰仓幕府相似。其中侍所掌管京都的军事和行政权，权力仅次于管领。侍所的长官叫所司，由赤松氏、一色氏、京极氏、山名氏四家轮流担任。所以，这七个家族被称为"三管四执"，是足利氏将军之下地位最高的七个家族。

地方上，幕府在各国设守护，委以管理该国的责任，有些守护同时在幕府中兼任职务。守护不在地方的时候，在领国内设立守护代，帮助守护管理领地。守护和守护代都是世袭的。守护不一定只拥有一国，像三管四执这七大家族，有的领国可以达到八国之多。

室町幕府的这套制度，在建立之初就存在运转不灵的问题。关键就是将军想集权，底下的强力大名想分权。足利义满死后，到了第四代将军足利义持的时候，已经对政务不太关心了，浑浑噩噩地过了将近三十年的日子，等到他临终时，手下人问他："您百年之后，谁做接班人呢？"没想到义持听完，先是摇头不语，最后才说："就是我说了，你们也不会听我的，干脆你们抓阄吧，爱谁谁。"

足利义持死后，管领们真的开始抓阄，结果是让义持的弟弟义教接替将军之位。义教已经在十五岁的时候出家做了和尚，还当过大僧正，此时还了俗，身为征夷大将军，掌握幕府大权。

义教一当大将军，将军家就有人不服了，凭什么和尚还俗还能当将军？于是就发动了叛乱，好不容易才平定了。

将军被砍成了两截儿

义教虽然是和尚出身，但是脾气暴躁，一点儿佛家的修为都没有。

当了将军之后，义教对手下不但颐指气使，而且随便杀人，甚至诛人一族。在日本古代，因为佛教信仰的缘故，大多茹素戒杀，比如天皇家的公卿，几百年来没有人被判死刑。现在一个杀人魔王当将军，谁都怕见到他。

义教的残忍嗜杀，终于给自己招来杀身之祸。有一个叫赤松满佑的武将，出身名门望族，祖先在帮助后醍醐大皇倒幕的过程中立下了赫赫战功，也是拥有好几国的守护大名。赤松满佑的闺女被将军选为侍女，可是因过失被义教下令处死了。

满佑知道将军就是一个浑蛋，女儿被杀，虽然心中不满，但还是强忍了下来，从此更是小心翼翼，害怕将军会把自己也弄死。但人在家中坐，祸从天上来，越怕事儿，越容易来事儿。赤松满佑有一个侄子，被将军选为侍从，很受将军宠幸。将军喜欢满佑的侄子，就想让满佑把领国分一部分给侄子。

满佑忍无可忍，将自己的儿子、外甥召集起来说："我们家累世功勋，辅佐将军，而将军一再羞辱我，这我都能忍，就连杀我女儿，我都忍了。现在他要夺我领地，我要再忍，还是人吗？我要把将军杀了！你们同意不同意？"家长召集属下去砍人，底下这帮人谁敢说不同意啊？大家一致同意杀了将军。

于是，满佑假装置酒邀请将军。义教傻乎乎地来赴宴，刚一坐下就听满佑家的人喊："马跑了，赶紧关门去逮马。"门一关，一帮杀气腾腾的大汉拎着刀就奔将军砍过来了，将军直接被砍成了两截儿。

日本人认为武士没有在战场上被敌人割去头颅，就是犬死，像狗一样死得毫无价值。前面讲过的新田义贞，他不是在战场上跟人厮杀时被对手砍死的，而是不知道被谁放了一箭射死的，也被称为犬死。现在堂堂的幕府将军竟然犬死，幕府的声望一落千丈。

生出儿子就反悔

将军被杀之后，各地大名袖手旁观，幕府也无力发兵惩罚赤松氏。赤松满佑杀了将军之后两个月，才被跟他有过节的山名氏率军讨伐。第七代将军义胜、八代将军义政继位的时候都不到十岁，更无力控制大名。

八代将军义政，简直是一个文人，热爱文化艺术，根本不像个武士。二十九岁的时候，他想退位去过优哉游哉的舒适生活，可惜膝下一直无子，没有人能够继承将军一职。怎么办呢？他去游说已经出家的弟弟义视还俗，当足利家家督。家督是武家的一族之长，对于家族的财产、家臣，都有管理权。义视担任足利家督，意味着一旦八代将军义政退位，义视就会成为下一任将军。

为了游说自己的弟弟还俗，义政向义视保证：即便我日后生了儿子，也会让儿子出家，不会威胁你的地位，你赶紧回来接任将军。义政还指定三管领之一的细川氏做监督人，保证义视的继承权。细川一族掌握八国领地，势力庞大，让细川氏当监督人等于给义视找了一个强力靠山。义视经不住哥哥的一番诱惑，还俗做了足利氏的家督，准备将来接哥哥的班。

没想到人算不如天算，义视还俗不到一年，一直生不出儿子的将军夫人日野富子居然生了个儿子，就是后来的足利义尚。义政亲儿子一出生，就后悔当初对弟弟的承诺了，兄弟俩之间开始有了嫌隙。

义政一向对政事兴趣不大，倒还能忍，可是他媳妇日野富子忍不了。日野家在将军家的势力根深蒂固，相当于藤原氏在天皇家的地位。足利义满时，当天皇准母的就是日野氏，义政的母亲和妻子也都是日野氏，义政就是在日野家长大的。义政把家督让给义视，日野家本来就不乐意，但是没办法，谁让自家闺女不争气，生不出孩子来呢？现在日野家的闺女生出了儿子，岂能把这个位子让给旁人？

日野富子联络另一个有实力的大名——占有八国之地的山名家，要剥夺义视的继承权。当时另外两个重要的家族斯波家和畠山家，也因为继承权的问题，分别跟细川家和山名家结盟。

将军家分裂了，以义视和日野富子为首形成了两派，水火不容，迟早要刀兵相见。

应仁之乱打七年

后土御门天皇应仁元年（1467年）1月18日，大战终于爆发，地点是御灵神社。

当时的将军义政在山名家的压力下解除了畠山氏当主的管领之职和家督之位，另立家督。畠山氏老家督被罢免，又被要求交出畠山氏的家宅，一气之下，放火烧了自家宅院，并且在御灵神社附近的森林之中布阵。新家督在山名家的支援下攻击老家督，打了一天，老家督打不过新家督，只好败走。

山名家支持的一方获胜，得意扬扬引兵回国。细川家不动声色，在四个月之后突然发动攻击，占领了幕府将军的宅邸——花之御所，把天皇家和将军家纳入自家的势力范围之中，然后开始攻击山名家。

细川家由于把天皇和将军都控制在自己手里，取得了所谓的大义名分，在政治上和军事上取得了双重胜利，山名家失去了在幕府中的所有官职。但是，山名家很快就得到了西国大名的支持，双方在京都展开大规模混战。

混战从应仁元年开始，一直打了七年之久。当时细川一方的兵力号称十六万，山名一方的兵力号称十一万，根据双方布阵的位置，细川一方被称为东军，山名一方被称为西军。

东西两军数十万人涌入京都，造成的破坏难以想象。不到一个月，基本上这座千年古都就化为灰烬。双方大打出手的时间长达两年，然后战事陷入胶着，谁也没有办法取得决定性的胜利，只好坚守各自的阵地，平时依靠足轻相互攻击。足轻并不是武士，由于战事旷日持久——在日本历史上很少有这么大规模、没完没了的战斗，源平合战也不是天天打——以至双方兵源匮乏，很多足轻都是招募来的浪人或者失业的农民。对他们而言打仗效忠谁是次要的，借机抢掠才是主要的。

而参战的大名，也因为战事旷日持久，顾不上抓生产，经常发不出粮饷，除了跟将军夫人日野富子借高利贷之外，只能纵兵抢掠。每次占领一处对方阵营的地盘，为了打击对方，就抢掠一空，然后纵火将一切建筑烧为白地。

双方打仗一直打了七年之久，东西两军都伤亡惨重，又看不到战事结束的可能，于是都有了谈和之意。但是内部又有主战派反对，甚至威胁主帅不得谈和。一直到了文明五年（1473年），东西两军的头领在一个月内相继病死，经过将军夫人日野富子的调停，双方宣布罢战。这就是日本历史上著名的"应仁之乱。"

将军已经有名无实

应仁之乱的直接后果就是导致日本历史进入混乱的战国时代。

此前各国的守护大名都是由幕府指派的，但是由于幕府大权旁落，各国守护具备了独立的能力。应仁之乱一爆发，有实力的守护大名纷纷脱离幕府的掌控。另外，由于很多大名忙于战事，无暇管理领国内的事务，甚至有些大名因为战败失利，被领国内有实力的人取代，最常见的就是守护代或者大名的家臣取代守护大名。比如担任斯波氏守护代的越前国朝仓氏，在应仁之乱之后就取代了主君，成为越前国的守护。战国时代朝仓氏大放异彩，让织田信长吃了不少苦头。

朝仓氏的叛主行为，给各国守护的家臣起了一个榜样作用，榜样的力量是无穷的。谁胳膊粗、拳头大，谁就能当大名，所以背叛主君的行为一时间此起彼伏。很多有实力的家臣，都走上了这条下克上的道路，甚至有连家臣都不是的国人，居住在当地的野武士，具备一定实力之后都趁机作乱，以武力取代守护的位置。

在日本的战国时代，轰轰烈烈的毛利氏、伊达氏、长宗我部氏，本来都是当地的国人，驱逐了守护大名后自己做了大名。也有守护大名保住了家业，到了战国时代仍然有声有色的，比如甲斐的武田氏、萨摩的岛津氏、骏河的今川氏，都是幕府原来任命的守护大名。甚至还有伊豆的北条氏、美浓的斋藤氏，都不知道出身是干吗的，却也成了大名。

这些战国大名，跟幕府时期的守护大名完全不同。守护大名必须由幕府指派，跟幕府有从属关系，也可以到中央任职。战国大名靠实力取胜，地盘是自己打下来的，独立管理领国内的一切事务。

室町幕府在应仁之乱之后，根本就无力掌管各地的大名，将军已经有名无实，有时候甚至要投靠有力大名才能生存。

将军足利义政在开战后不久，发出对西军的讨伐令，等于是投靠了东军。战事稍歇之后，义政就把位子让给了自己的儿子义尚，去过他的太平生活，战后又接着过优哉游哉的文人生活。

义尚接了亲爹的位子当了将军之后，就不把老爹放在眼里了。他不像老爹那么窝囊，跟母亲一样聪明能干，但是对老爹的醇酒美人的爱好是全盘继承。他甚至把手伸到老爹房内，跟老爹的侍妾私通。这种事在历史上也是屡见不鲜的，跟父皇的后妃私通的人很多。神奇的是，义政一看儿子偷自己的人，他也把手伸到儿子的卧室里，父子俩相互偷人。这种事在历史上就很罕见了。

虽然战乱中日野家族利用权势取得了庞大的财富，在战后依然牢牢控制着将军家，九代将军义尚、十代将军义直、十一代将军义成，都在日野家掌控之下，但是这个时候的将军家已经无力掌控天下，日本进入战国时代，从此天下大乱！

世界历史很有趣

袁腾飞

讲日本史

第三讲

乱世豪杰风云录

（战国时代，群雄并起）

1. 乱世枭雄北条早云

草根逆袭争天下

从1467年应仁之乱开始，到德川家康在大坂夏之阵击败丰臣秀赖夺取天下，这一百多年，在日本历史上被称之为战国时代。其中自1573年至1598年之间的日本历史，又称安土桃山时代，是织田信长与丰臣秀吉称霸日本的时代，以织田信长的安土城和丰臣秀吉的伏见城（又称"桃山城"）命名。

日本战国时代，群雄割据，政局紊乱，社会不安，一百多年间战火连连。原来的室町幕府将军以及分封到各地的守护大名们，日渐腐败，威信丧失。将军对全国大名的控制能力最终完全丧失，原本辅佐守护大名的守护代、土豪甚至平民武士纷纷崛起，称霸一方。以下克上的风潮兴起，成为战国时代的最大特色。

所谓的大名，是日本封建时代对较大的地域领主的称呼，其最初的称呼为名主，说白了就是地主。这块土地的名字是我的，故称名主。

这些拥有土地或者庄园的名主，为了保护家业，大多数蓄养武士，拥有武装力量。在室町时代，大名由幕府任命，所以叫守护大名。到了战国时代，幕府权威一落千丈，用不着幕府任命了，任何出身的人，只要能够支配数郡甚至数国的力量，就可以成为战国大名。

战国大名的出身背景有四种：一种是原来的守护大名，一种是守护代，再有一种是国人，甚至还有平民。

最早揭开战国时代混战序幕，以非守护身份登上历史舞台的大名，就是东国的北条早云。

拉上穷兄弟一起干

北条早云是日本东北地区的大名，家族传了五代一百多年，他是第一代北条氏的家主。他本名伊势新九郎，北条早云是他后来出家起的法号，他自称早云庵主，从他儿子时代开始称呼他为北条早云。

早云浪人出身，浪人就是没有主君的武士，也就是没有固定俸禄的失业下岗武士。早云少年时代就精于骑射，十八般兵器样样精通。

战国乱世刚刚开始，早云就认为这是武士求取功名的大好时机，于是散尽家财，广揽豪杰。他的世袭领地是三百贯。贯在日本既是钱的计量单位，一千文铜钱为一贯；也是一个重量单位，一贯大概3.75公斤。日本计算领地的方法有两种：一种是贯高制，计算领地一年产值是多少贯；还有一种是石高制，计算领地上一年的产量是多少石。早云只有三百贯，不是什么大领主，在日本的众多领主中根本排不上号。别看他钱少，但是舍得花，用来蓄养死士。

早云跟招来的这帮豪杰说："咱们一起到关东地区——源赖朝兴起的地方，去开辟新天地。看当今之天下，正是建功立业的大好时机。想关东八州，地势高险，士马强壮，自古以来即为武士要地。"

这番话有点儿像诸葛亮《隆中对》里跟刘备说的："益州险塞，沃野千里，天府之土，高祖因之以成帝业。"关东地区在日本武士的眼里，相当于中国的益州，是成帝业的地方。当年源赖朝也罢，足利尊氏也好，都是占据了关东，方才成就了霸业；日后的德川家康还是以关东为根据地，一扫群雄。等于日本三个幕府的开创者，都是从关东起家。

早云告诉手下这帮兄弟："如果能割据此地，必得天下。咱们哥们儿一块儿干，瞅准机会就下手，可以立功于后世，不知诸君意下如何？"

被早云这么一忽悠，这帮武士和浪人欣然前往。下雨天打孩子，闲着也是闲着，索性就干吧。

早云凑了六个人，算上他一共七个人，就到关东地区开创霸业。这说起来比清太祖努尔哈赤靠十三副铠甲起兵还牛。早云带着这六个人到了伊势大神宫，据说这是日本最灵验的地方，各饮神水，一起发誓："以后不管发生什么事，我们哥七个，绝对不会闹不和，要互相帮助，共立功名。而且依照武家规矩，我们哥七个里面，谁先立下了功名，为一国一城之主的话，其余六个人就

伊势七结义

要做他的下属，鞠躬尽瘁，死而后已。做主公的人也绝不能背弃其他六个人独享荣华富贵。"七人效法刘关张桃园三结义，来了个伊势七结义，有福同享，有难同当。

立誓之后，七个人来到了骏河国。早云的姐姐当时是骏河国今川氏家主的媳妇，等于早云是骏河国的国舅爷，所以先在这儿开始发展。后来早云的实力越来越大，果然最先出人头地，成为一城之主。根据当初的盟誓，最早跟着他的那六个人就成了他的家臣，他们的后代在北条家被尊称为御由绪六家，在家臣之中地位最高。

仁义土豪成大事

从1476年开始，早云就带着自己的手下，东征西讨，南剿北战。他帮助今川氏家主的一个儿子当上了今川氏的家督，继承了骏河国国主的大业。家督出于感激，赏赐了早云一块领地。

当时恰逢旱灾，早云分派金银给跟着他打天下的六个家臣，让他们以很低的利息分贷给穷人，不能赔本儿，但可以少挣点儿。而且早云再三告诫这哥儿六个，要解民困、轻赋税、奖农耕、强士兵，求贷者不问远近，不管是不是我城中百姓，谁来借都给借。

这样一来，老百姓非常拥护早云。每月一号和十五号，经常有老百姓去拜见早云。这两天是早云政府对外开放日，只要你拜见他，说你实在是家穷，借的钱还不起。早云大手一挥，算了，不要了。长此以往，来投奔他的人越来越多。早云居城的城下町渐渐繁荣了起来。

日本的城跟中国的城不是一个概念。中国的城，里面官署、寺庙、道观、民宅、商号、妓院、钱庄，应有尽有。日本所谓的城，就像欧洲的城堡，是主君居住的地方。中国的城市有两个职能：一个是城，起防御作用；一个是市，用于交易、买卖，城墙保护的不光是城里的官员，还有城里的百姓。日本的城只有"城"的功用，没有"市"的效能。老百姓想做买卖只能在城外做，从而形成的街道住宅区叫城下町。老百姓是住在城外的，包括一些家臣，城里没地方住，也得住城外，因为城很小。后来德川幕府建立的江户城，就是今天日本东京的皇居，你想能有多大地方？

随着早云的城下町越来越繁荣，前来投奔的人越来越多，早云的经济力量也就越来越强。老百姓甚至给早云建立了生祠，用来祭祀他。早云非常高兴，开始对外宣称自己是名门之后，伊势之姓往祖上追溯是北条氏。北条氏是镰仓幕府的实际掌权者，源赖朝家传了三代绝嗣，由外戚北条氏担任幕府执权。

早云攀上了北条家，成了名门之后，前来归附的人就更多了。

五百人马取伊豆

北条早云的实力越来越强，恰遇伊豆地方长官家里发生内乱。早云觉得有机可乘，暗自计划夺取伊豆。但对手是足利将军的旁系，不可能轻易将领地拱手相让。而且百足之虫，死而不僵，现在虽然没有人拿将军当盘菜了，但是毕竟足利家出自源氏嫡系，是名门正宗，不好对付，怎么办呢？

早云把家督的位子让给自己的大儿子北条氏纲，宣称："我已经年过五十了，人能活到这个岁数已经很高寿了，我现在百病缠身，恐怕就要挂了。我愿意舍弃弓马，安享晚年。"就此剃度出家，法号早云庵宗瑞，所以后来才管他叫北条早云。

出家之后的早云宣称要去治病，参拜弘法大师的灵迹。弘法大师是日本历史上著名的空海大和尚，日本古代三大书法家之一，曾经入唐求法。空海大和尚主寺在伊豆，北条早云打着寻方治病、参拜圣地的幌子，进入伊豆地区。

伊豆方面对早云没有丝毫戒备，因为空海大和尚在日本地位崇高，相当于中国的达摩祖师、六祖慧能，所以参拜他是很正常的。早云进入伊豆，以一国国主父亲之尊的身份探听情报，把伊豆国四郡之内的地形、文武官员的情况、武士的实力、百姓的民心向背调查了个一清二楚，然后得意扬扬地返回骏河国。

早云回来之后，制订了作战计划，亲自带了两百名士兵，又跟骏河国今川氏借了三百人，一共五百人马，突袭伊豆，一战成功。伊豆国主战死，伊豆国就归了早云。

你说攻打一国，五百人就够了吗？想想日本一共才多大？相当于中国一个省，而那个时候的日本国还不包括北海道，只有本州、四国、九州三岛，分成六十几国，一国能有多大？占领一国，五百人足够了！

伊豆百姓眼见家乡被早云占了，非常害怕，不知道新来的这位爷到底怎么样，吓得四散奔逃。早云效法汉高祖刘邦，约法三章：第一，不许去人家偷盗；第二，不许士族掠夺金钱贵重之物；第三，禁止伊豆国的老百姓、平民舍家逃走。于是，早云的军队对伊豆百姓秋毫无犯。

为了取得民心，早云经常视察民情。有人得了传染病没钱治，早云就带着医生上门去给治疗。如此一来，早云已经是万众归心，百姓都希望早云万寿无疆，他的统治能千秋万代。另外，早云还大幅度减少了农民的地租，废除苛捐杂税，广行德政，为北条氏后来在关东地区统治五代、历时百年奠定了基础。伊势地区的很多土豪劣绅全部投靠了早云。

后来，早云攻陷了东北地区的名城小田原城，占领了镰仓，一直到八十八岁才病死。虽然他把家督的位置让给儿子，但是一直在幕后主政，有点儿跟天皇实行的院政似的。在日本的诸多武将当中，他算是长寿的。历史学家认为他是战国时代第一风云人物，以乱世枭雄之姿，活跃在历史舞台上。

小故事中有大道理

早云死后，第二代是北条氏纲，第三代北条氏康，传到第四代北条氏政的时候，日本已经是织田信长、丰臣秀吉的天下了。北条氏在东北地区与上杉氏、武田氏三足鼎立。北条氏维持了百年，到北条氏政时代，已经式微。特别是氏政的儿子氏直，远不如乃父乃祖了。

北条氏政也是在自己健在的时候，就把家督的位子让给了儿子氏直。可是氏政对氏直并不放心，他觉得氏直个人能力不行。

有一个氏政父子俩吃饭的故事很有意思。日本那个时候也没什么好吃的，一般就爱吃泡饭。实力差点儿的大名只能一菜一汤，米饭里还要掺上麦粒。你看中国的戏曲舞台上，探马回报："启禀将军，敌人的情况小的探听明白了。"将军一般都回答："赏尔羊羔美酒，再去探来。"而日本的历史小说里，探马回来报告军情，领主说："辛苦了，下去吃点儿泡饭吧。"说明日本能有泡饭吃就不错了。两国国力的强弱，由此可见一斑。

一次氏政、氏直父子吃饭时，氏直浇了一遍汤汁来泡饭，一尝，可能味淡了，又浇了一遍。氏政一见，"啪"的一声把筷子放下，说："完了，我们北条家要灭亡了，你看你这个尿样子，吃碗饭，一次该浇多少汁都不知道，你还能干别的吗？"咱们觉得这事很正常，浇一遍汁，味道淡了再加点儿怕什么？但是日本人觉得，天天吃饭，汁该浇多少你都不知道，还能干别的吗？

果然，后来丰臣秀吉崛起，围攻小田原城，氏政战死，氏直出降，北条氏百年基业毁于一旦。

北条氏虽然灭亡了，但是后来统一天下、笑到最后的德川家康曾经跟自己的家臣讲："武田信玄是近代的良将，但是这小子不咋的，把他父亲放逐了，所以自己险遭横祸。他儿子武田胜赖，勇猛不逊乃父，可是他点儿背，所以家臣离他而去，最后也灭亡了。这是天道，是上天对不孝顺父亲又欠恩义的人表示憎恨。老天爷恨你，因为你不孝亲，又对家臣没有恩义。但是你们看小田原城，当年丰臣秀吉几十万大军围了上百天，除了一个手下之外，没有叛徒，大多数家臣都是舍命相随。"

战国时代的武将，还没有后世那种武士忠义，而是龙胜帮龙，虎胜帮虎，谁给钱多，就给谁出力。就跟中国春秋战国时代一样，朝秦暮楚。但是丰臣秀吉围攻小田原，北条家只出了一个叛徒，几乎所有人都为他舍生赴死，为什么呢？"这就是早云以来，代代受教方针得到了正确实行，诸世谨守节义之故也。"就是说北条家世代谨守节义，北条氏才能绵延五代，当国百年。

2. 第一名将武田信玄

把老爹给流放了

日本的东北地区，除了有北条早云这样的豪杰之外，还有号称日本战国时代第一名将的武田信玄。

武田信玄的出身，跟北条早云可就不一样了，他是地地道道的源氏后裔，室町幕府的守护大名。

武田信玄原名叫武田晴信，是清河源氏源义光的后代，甲斐武田氏的第十九代家督。他爸爸叫武田信虎。日本人的名字非常有意思，甭说是父子俩，往上倒多少代，都以为是哥儿俩，因为他们的名字中有一个字是家族通用的，所以中国人看日本人的名字，经常是一脑门子官司。像战国时代著名的武士，号称加贺百万石的大藩主叫前田利家。日本战国时代相当于中国明朝，到二次大战时，前田利家的后代日军中将叫前田利为。你一听一个利家，一个利为，会不会觉得这是哥儿俩？实际差三四百年了。

信玄的父亲信虎，因为宠幸二儿子，对信玄爱理不理的。小儿子可能都招父母疼，信虎还扬言，将来要让二儿子继承家业，公开说要废长立幼。传说武田信虎性情暴戾，当然这种记载不一定真实，有可能是后人加工的。就跟唐朝史书上说李建成、李元吉这俩怎么不是玩意儿一样，很有可能是李世民下令篡改了关于李建成、李元吉的事迹，不一定是真实的历史。

据说武田信虎喜欢剖孕妇的肚子，鉴别孕妇腹中胎儿的性别，跟商纣王干的事儿类似。家臣只要有人敢直言劝谏，就会被他用酷刑处死。他特别喜欢美女，连长官的妻妾都敢抢夺，家臣的美貌妻妾也经常被他霸占，导致家臣和治下的人民对他十分不满。

武田信玄第一次上战场参加战斗时年仅十五岁，也就是在那一年，幕府的第十二代将军足利义晴，把名字中的晴字赏赐给了信玄，信玄才有了大名。武田信玄小名叫胜千代，十五岁有了大名叫武田晴信，受封从五位，成了朝廷命官。十五岁上阵之后，一战成名。

武田信玄二十岁的时候，联络对父亲不满的家臣，趁着父亲前往骏河国探望骏河大名今川义元的机会，发动政变把他老爹流放了。今川义元是武田信虎的女婿，武田信玄的姐夫。信玄从此成了甲斐国国主。

风林火山

信玄做了大名之后，遇到了一个强大的对手——也就是后面马上要讲到的——特别强调武德义礼、律己非常严格的上杉谦信。上杉谦信特别注重武德，强调忠孝节义，对于武田信玄放逐亲生父亲的行为十分不齿。出于道义的原因，上杉谦信一而再、再而三地挑战信玄，没完没了地跟信玄打仗。这些战斗在历史上称为川中岛合战，一共打了五次，其中战斗最激烈的是第四次。

武田跟上杉都是名将，棋逢对手，将遇良才，前三次川中岛合战未分胜负。直到第四次，武田信玄的军师山本堪助建议："咱们要采用一种新的战法——啄木鸟战法，就像啄木鸟捉虫子的时候，先是敲击虫子所蛀的树洞背面，诱使虫子受到震动，从洞里爬出来，然后将其吃掉。咱们打上杉谦信也不能直接进攻。"这个战术，说白了就是中国的声东击西，中国的兵家早在日本神武天皇时代就这么玩儿了。

武田信玄采用了山本堪助的建议，下令兵分两路，本队八千人，由他本人亲自率领，故意示弱诱敌；奇袭队一万三千人，利用晨间浓雾，进攻上杉军的军营。上杉谦信号称军神，绝非浪得虚名，一眼便识破了山本堪助的诡计，小样儿！跟我来这套，这都是老子玩儿剩下的！

上杉谦信亲率本队一万六千大军猛攻武田军的大营，面对对方二比一的兵力优势，武田打得非常吃力。军师山本堪助看到主君因为采用自己的计策而导致被动，深深地感到愧对主君，更是奋勇直冲，纵马挥刀，左杀右砍，直至战死。双方从早上一直打到中午，武田军的奇袭队才匆匆赶到，救了主公一命。

据说两军激战之中，上杉谦信依仗兵力优势，一直杀到了武田信玄的大营前面，单骑跃马，向武田信玄挑战。当时的大将已经很少亲自上阵杀敌，都是身穿铠甲，手持军扇、采配，指挥若定。军扇是像团扇似的一个东西，有铁杆也有木杆的，采配就是一根木棍前面拴点儿纸条，一抖哗哗响，吸引大家注意，相当于指挥棒。武田信玄正坐在马扎上，挥着军扇，指挥战斗。没想到上杉谦信一马杀到，二话不说抢刀就砍，信玄慌忙之中，来不及拔刀，只得用手中军扇抵挡。上杉谦信连砍三刀，据说砍伤了武田信玄的肩膀。这就是日本人至今津津乐道的战国历史上最著名的一骑打，主帅之间的对决。幸亏信玄部下武士拼死来救，挡住了上杉谦信，信玄才得以逃脱。

第四次川中岛合战，以武田信玄最后失利而告终，但信玄并没有伤筋动骨。在接下来的扩张版图的战争中，信玄经常使用啄木鸟战法，他的对手却不都是上杉谦信，军神毕竟只有一个，所以他的啄木鸟战法屡屡获得胜利。这足见当时日本的战术有多么落后，日本国的大名、武士笨到了什么程度，竟然让区区的声东击西战术屡屡得手。

甲斐地方不靠海，盛产骑兵，从而成就了武田家号称天下第一的骑兵队。武田信玄的军旗更神，直接使用了《孙子兵法》里的一句话："其疾如风，其徐如林，侵掠如火，不动如山。"武田家把这句话写在军旗上，后人就用"风林火山"代指武田信玄。

上洛很有诱惑力

武田信玄在战国群雄之中，称得上是少数智勇双全、用兵如神的谋略型武将。他虽然没能打败上杉谦信，但是通过不断地对外战争，版图扩充非常迅速，已经完全占有了甲斐、信浓、骏河三国，还占领了上野、美浓、远江、三河等地部分区域。随着势力越来越强大，信玄希望到京城去朝见天皇。

在日本的史书上，对于大名前去京城朝见天皇，有一个专用名词——上洛。历史上日本的京都是由东京、西京两部分组成，东京仿效中国洛阳城、西京效仿中国长安城建造。镰仓幕府时期，被称为长安的西京衰落，被称为洛阳的东京却很兴盛，所以日本人也将京都称为洛阳，大名进京也就称为上洛。

上洛对于战国时期的大名来说极具诱惑力，是他们一生中最大的梦想。说白了，就是具备强大的实力之后，率领大军，一路浩浩荡荡开往京都，朝见天皇，得到天皇对自己的肯定，由此证明自己拥有争霸天下的实力，可以登上号令天下的大位。

京都虽然自应仁之乱后被不断争夺，但仍然是日本的政治中心，也是日本的第一大城市，更是日本纺织产品的主要产地，学术文化重镇。再加上当地商人的经济实力很强大，京都早已成为一个自治的商业都市。天皇家虽早已徒有其名，但毕竟是日本的象征，地方大名纷纷以进入京都为荣。在战国时代，不止一位大名想去上洛，今川义元就率领两万五千大军上洛，不料事与愿违，桶

风林火山

狭间一战，被织田信长给干掉了。

武田信玄、上杉谦信、织田信长，这些战国时代赫赫有名的大名，都曾计划上洛，可惜除了织田信长以外，其他的人都没成功。武田信玄在上洛过程中，虽然在三方原一战大败德川家康，据说吓得德川家康在马上大小便失禁，拉了一裤裆，但是还是死在了上洛途中，死时仅五十岁。

关于武田信玄的死因，有说肺结核的，有说胃癌的，还有说是被敌人的狙击手用铁炮打死的。

日本战国时代文献中所记录的铁炮，其实就是火绳枪，并不是我们今天说的炮。1543年，一艘带有欧式火绳枪的葡萄牙商船，漂流到日本的种子岛，种子岛岛主对这种奇妙的武器非常惊讶，特意选派最精巧的工匠八板金兵卫，向葡萄牙人学习做枪。由于葡萄牙人保留制枪核心技术，八板金兵卫始终不得其法，最后只好把自己的闺女嫁给葡萄牙人，女婿才点破核心技术所在，终于山寨出第一支日本版的火绳枪。

战国时代的日本，这种杀人利器一经出现，就迅速得到了普及。大名们纷纷在战争中应用，尤其是织田信长，更是喜欢用火枪。当时的火枪射程很有限，最远只能打二百八十米，真正有效的杀伤距离就是五十米左右。发射火枪需要相当长的准备时间，在枪口前端塞上弹丸，用火绳点燃火药，最后射击。连打五发，枪膛里的火药残渣就会堵住枪管，无法继续填装子弹，枪管必须经常清洁，并不适合连续射击。再加上火枪用火绳点火，火绳燃烧非常慢，要等火绳点燃药池里的火药，才能扣动扳机，把子弹打出去。一下雨就瞎了，火绳一浇灭了，就打不着了。

临终留下影武者

据说武田信玄早就料到自己死期将至，临终留下遗言："我五年前就知道自己要死了，早已画好了花押纸七百张。我死后三年内秘不发丧，所有的公文都用我留下的花押纸，这样一来，敌国不知道我已死，必然不敢轻举妄动。"

中国古代有个说法叫签字画押，古人除了写名字，还要画花押，就是一种只有自己画得出来、像字也像画的奇特图形。签名好模仿，画押却不太好模仿。武田信玄临死前画了七百张花押，就是为了死后让人以为他还活着。

武田信玄遗命武田家由自己年幼的孙子信胜继承家督，在信胜长大以前，由信胜的父亲、也就是自己的儿子胜赖摄政。最后，他嘱咐将自己的遗骸沉入湖底，让弟弟信廉担任影武者——就是他的替身，每天起居饮食跟信玄一模一样，上阵也穿着信玄的盔甲。果然，三年之内，其他大名不明真相，真没敢轻举妄动。三年之后，武田家公布信玄死讯，将其下葬。在他下葬后仅仅两年，武田家就败亡了。

得知武田信玄死讯之后，他的老对手上杉谦信异常悲痛。上杉谦信是典型的儒将，特别强调武士道精神。据说当年武田信玄的甲斐国由于不靠海，导致获取食盐困难，其他靠海大名对他实行食盐禁运，上杉谦信却给自己的对手送去了食盐。上杉谦信跟武田信玄讲："我与公战，以刀剑，不以食盐。"我用刀剑跟你打仗，不靠经济封锁你。真是很爷们儿的一个人！武田信玄一死，上杉谦信痛哭流涕三天三夜。他认为信玄是他一生之中最强大的对手，也是唯一配跟他打仗的人。上杉谦信并没有乘机进攻武田氏，终其一生，再也没有与甲斐作战。最终，武田家被织田信长、德川家康联军所灭。

武田信玄死的时候，遗命自己的孙子继位。由于孙子年幼，只得先让儿子武田胜赖暂时摄政。就跟光绪皇帝死了，三岁的宣统皇帝登基，但是宣统年幼，由奶爸醇亲王载沣担任摄政王的道理一样。武田胜赖勇猛不逊于乃父，智谋可就差远了，有勇无谋，缺心眼儿。

武田胜赖为了证明自己的能耐不比他爹差，更是不间断地对外征战，侵略他国。虽然起初侥幸屡屡得手，武田家的领土在胜赖在位的时候，甚至超过了信玄，但是最终碰到了号称日本第一忍者的德川家康，终结了武田家的历史。

大军云集长筱城

武田家不断地对外扩张时，德川家康也在积极想办法应对。首先，德川家康攀上了织田信长，甚至不惜杀妻灭子来讨好织田信长。另外，德川家康诱使武田前线的长筱城城主奥平信昌投靠了自己，甚至后来把自己的长女嫁给了奥平氏。奥平信昌投靠德川家之后，开始大规模建造工事，长筱城摇身一变，成了德川家的驻军基地，同时，也成为策动武田家将领倒戈的一个基地。

武田胜赖对此突发变故，十分震怒。日本天正三年，也就是公元1575年，武田胜赖亲率一万五千人马，入侵三河，包围了长篠城。此时的武田家，还有很多当年跟随信玄的勇将。他们的主力更是令人敬畏的战国时代最强骑兵部队。当时日本的战马都是体型矮小的日本原生马，不是后来才有的东洋大马。原生战马虽然个头不大，但仍然十分健硕。一个武士所要配备的甲胄、武器超过六十公斤，再加上武士自身的体重，马匹仍然能够承担负荷，使武士纵横战场。

武田的骑兵采取步骑并进的战法：步行的武士，先用弓箭、火枪射击，等敌人的反击受到压制之后，再用长枪进攻；骑兵趁敌阵混乱的时候肆意践踏。武田信玄大力发展骑兵，并以骑兵为作战主力，因此武田骑兵天下无敌。胜赖萧规曹随，完全继承了父亲的这套战法。

武田胜赖亲率一万五千大军进攻长篠城时，长篠城的守军只有五百。虽然长篠城建在两河汇成的台地上，是一座天然要塞，但是面对数十倍于己的敌军，城池陷落是早晚的事儿。值此危急存亡之际，城中派了一个叫鸟居强右卫门的武士突出重围，来到德川家康处请求援军。德川家康答应尽快出兵，但是鸟居强右卫门在回城报信的途中，被武田军俘获，武田军命令他对着长篠城大喊，说德川援军不会来，只要这么喊，就饶你一命。可是鸟居强右卫门不辱使命，朝着城门大喊："家康公的援军三天后就会赶到，你们一定要死守城池。"城内士兵听到后士气大振。武田军大怒，一刀就把鸟居强右卫门给砍了。

德川家康知道自己恐怕也不是武田军的对手，当年被武田信玄打得拉一裤裆的记忆很深刻，所以就向大老板织田信长求救。织田信长觉得这是彻底击溃武田家的机会，就派自己的嫡子织田信忠率军前往增援。织田信长为了不损伤兵力，成功制敌，考虑到甲斐武田家的骑兵无敌于天下，决定采用火枪兵和防马栅栏结合的战术，一举打败武田家。

织田信长动员了两万七千人马，大多数士兵手里都拿着木头和绳索做的防马栅栏。德川家康也动员了七千士兵，两家兵力相加超过了三万，比对方多一倍。再加上大量的火枪兵，足以使织田信长确信可以打败敌人。

骑兵遇上了火枪队

在战端开启之前，织田、德川联军就已经出动部队奇袭了防卫武田军后方的山寨，武田军提供后勤给养的老窝被人端了。

事情发展到这一步，本来还能主动选择开战时机的武田军，陷入了不得不跟联军马上进行主力决战的境地。武田家的老将们，通过侦查织田、德川联军的阵势，觉得敌人的兵力过于强大，防守过于严密，一致建议主公别打了，撤退。武田胜赖不但拒绝撤退，还下达了全军进攻的命令。

当时担任武田军前锋的是号称武田军中头号勇将的山县昌景。山县昌景身高只有一米四七，号称日本当时第一骑兵大将。他善于将骑兵布置于全军后方位置，先派步兵前进，以弓箭、火枪、投石器打乱敌人的横队，然后骑兵再发起进攻。但是他没有想到的是，武田军百战百胜、屡试不爽的战术这次失灵了。联军步步后退，把武田军引到了防马栅栏前面。

织田信长严令士兵不许跨出栅栏之外，等到敌方接近栅栏的时候开枪射击。当时织田、德川军的火枪大概有三千多支，山县昌景率军冲到栅栏前，纵马扬鞭，横踢马腹，手下的骑兵一律身穿鲜红的盔甲，号称赤备，个个英勇过人。可惜等着他们的却是联军不间断的火枪射击，只见周身鲜红的骑士接二连三地中枪落马。那会儿的枪，装弹速度慢，射击速度也慢，打五枪就不响了。但是织田信长把火枪手分为三队，一队攻击，一队点火，剩下一队填充弹药，这就是所谓的三段式射击法。火枪队连续不断地发射，彻底颠覆了以往的作战方式。山县昌景冲进防马栅栏的时候，还来不及拔出宝刀，就已经浑身被打了筛子眼儿，血流满地，倒地身亡。一时间，武田军的骑兵简直就成了枪靶子。

山县昌景战死后，继续进攻的是武田信廉，也就是胜赖的叔叔，信玄死后的影武者。他的部下同样遭到联军的火枪攻击，伤亡超过半数。随后一连五队发起进攻的武田骑兵都被打得大败。从早上六点开始决战，打了将近八个小时，武田军一共发起了十九次进攻，只是徒然增加伤亡人数而已。战场上，武田军死尸遍地，血流漂杵，最后武田胜赖战败逃脱。武田家阵亡了六员大将，一万名战士。此次战斗，联军一改过去日本以刀马、长枪为主的作战方式，取得大胜，再一次证明了新式武器的强大。

长筱合战，武田军几乎全军覆没，至此武田家开始走下坡路了。七年后，也就是公元1582年，织田信长决定向武田胜赖占据的据点甲斐和信浓发动攻势。织田信长在好几年前，就暗中接触武田家的有力家臣，拉拢他们叛变。由于在长筱合战中，武田军惨败，武田家的家臣也有所动摇，不少人都投到了织田一方，武田家众叛亲离，连武田家的主城都已经被织田家占领了。武田胜赖只好携妻带子，仓皇出逃。跟着他的人是走一路跑一路，最后只剩下了不到一百人，许多起初信誓旦旦保护他的家臣，到最后也纷纷加入到了讨伐他的一方。

武田胜赖一行人逃到天目山的时候，只有四十多名武士还在跟随。这四十多人与一路追杀的五百织田军奋勇厮杀，想为主公逃生拖延时间。胜赖知道大势已去，无心再逃，准备剖腹自尽。临死的时候，他跟自己的儿子说："你逃出去，继承武田家的家业。" 他儿子当时有十六岁，已经成人，小伙子慷慨地表示："咱们一家还是灭绝了的好，别给甲斐源氏丢人了。堂堂源义光之后，清河天皇苗裔流落到民间，跟个老百姓一样，没有任何意义。"

最终，武田胜赖全家自尽，甲斐武田家四百年基业就此完结。

3. 战国军神上杉谦信

以义出兵的常胜将军

日本战国时代号称军神的是上杉谦信。谦信出身桓武天皇之后的平家，跟平清盛是一个家族的。他的先祖曾经担任过日本东北部越后国的国司，本姓长尾氏，后来越后国的上杉氏衰微，领主上杉经常遭到北条氏欺凌，委托长尾氏帮助管理国事，长尾氏渐渐兴旺起来。

战国军神上杉谦信

上杉谦信小名虎千代，长大以后取名叫长尾景虎，后来做了上杉家的养子，改姓上杉，出家之后法名谦信，所以一般称他为上杉谦信。日本虽然全民向佛，但是杀盗淫妄的事并不少干，吃斋茹素的武士上阵砍起人来一点儿都不含糊。所以，他们这种"出家"，都别太当回事儿。

上杉谦信幼年经历兵荒马乱，七岁的时候老爹战死沙场，家臣为父亲举办葬礼的时候，敌人趁机来袭。趁丧出兵，大不义也，他的敌人实在是不怎么样。上杉谦信耳闻目睹，打那儿以后，下定决心，要忠义行事。父亲死后，家督的位置由他哥哥继承，但是哥哥沉湎于酒色，再加上是个病秧子，导致家业开始走下坡路。上杉谦信对自己的窝囊废病秧子哥哥非常不满，哥儿俩经常发生矛盾，导致上杉家分成两派。上杉谦信十九岁时，被迫举兵反叛，打败哥哥，一说他是把哥哥流放了，一说是弄死了。

室町幕府确认了上杉谦信越后领主的地位，同时让他继任上杉家的家督。到了二十三岁的时候，他被朝廷授予从五位下的官阶。上杉谦信笃信佛教四天王之一的多闻天王，也就是日本七福神之一的毗沙门天。他一生之中，打着战神护法毗沙门天的大旗，自诩为毗沙门天化身，成为战无不胜、攻无不克的常胜将军。上杉谦信有高超的军事智慧和军事统御的能力，并且行侠仗义，甚至对自己的对手武田信玄惺惺相惜，在武田信玄没盐吃的时候给他送盐，在武田信玄死后痛哭，没有趁丧攻打甲斐国，而且从此之后再也不对甲斐用兵。所以后人称他为越后之龙，并且尊其为军神。

上杉谦信跟武田信玄之间的战斗，最著名的是五次川中岛之战。谦信与其他战国武将最大的区别，就是每次出兵都是高举毗沙门天的毗字军旗，以义出兵，绝对不是为了扩张领土。谦信的名言是："武运在天，铠甲在胸，功勋在脚下！"日本的史学家在著作中评价上杉谦信说："在杀伐无常、狂争乱斗的战国武将中，上杉谦信以尊神佛、重人伦、尚气节、好学问的高节之士见称，令人感到不愧是混乱中的一股清新气息。"

上杉谦信进行的是"圣战"，他的行为在战国乱世当中显得非常特殊，既不想掌控天下，亦无意侵犯他人领土，仅在有人求援时才会动兵。谦信曾经独自上京，得到将军足利义辉的支持，被授予关东管领一职。

上杉谦信武功盖世，织田信长生前最惧怕的人就是他。根据史家研究，谦信生平战绩是"七十战，四十三胜、二败、二十五平手"，这种战绩，认人望而生畏。

安能辨我是雄雌

武田信玄病逝前嘱咐儿子胜赖于日后有危难时务必向谦信求援。虽然信玄生前跟谦信打个不停，但正所谓"不打不相识"，信玄内心最敬佩最信赖的人也正是谦信。

信玄死后，织田信长驱逐了幕府将军，还把手伸至谦信领地，幕府将军请求谦信上洛重兴足利家。于是，谦信再度高举义旗出师讨伐信长。1577年，谦信平定了被织田占领的越中、能登，并在加贺（石川县南部）手取川与五万织田大军交手，打得织田军作鸟兽散。

谦信不但武功盖世，而且文采风流，攻下能登七尾城那天，在军营办酒宴，酒酣之余当场作了一首汉诗《八月十三夜》：

霜满军营秋气清，数行过雁月三更。

越山并得能州景，遮莫家乡忆远征。

当然，现在也有人说之所以谦信不对外扩张，是因为他的对手强大，能够自保就不错了，没法对外扩张。

谦信一生留下很多谜团，甚至有人说，他是个女人。为什么这么说呢？

根据记载，上杉谦信有个很怪的病，每月10日前后都会肚子疼，有时疼得不能骑马，甚至多次因为他每月10日左右必逢腹痛而取消出阵。史籍记载：关东出阵的时候，上杉军已经把北条军打得落花流水，结果6月11日主公腹痛，无法乘胜追击，导致功亏一篑。上杉军跟武田军在川中岛会战的时候，上杉谦信也曾经一度因为腹痛而取消了战役。所以，有人琢磨，上杉谦信每到10日就腹痛好几天，这是不是痛经啊？号称战国军神的战国第一猛将会不会是个女人啊？

上杉谦信笃信佛教，不近女色，终身未婚，没有妻室儿女，只收了三名养子。后来继承他家督之位的上杉景胜就是他的养子，并不是他亲生。更有意思的是，谦信身边有一支美少年护卫队，这些美少年为了他，上战场都可以不要命，让人觉得跟利比亚独裁者卡扎菲有点儿类似，不同的是卡扎菲身边是美少女护卫队，上杉谦信是美少年护卫队。经此种种，有人觉得，上杉谦信可能是女人，甚至包括现在日本的电玩游戏，上杉谦信的模型也被女性化了。

谦信的死也是个非常蹊跷的事儿，他是死在3月9日或者3月11日。可能大家注意到了，他的死亡日期很有意思，又是10日左右。所以有人怀疑，他的死是因为痛经血崩，而且死亡地点是在厕所里。当然了，这些都只是传说，并没有佐证。

岁月只是如梦中

谦信死的时候只有四十九岁，临终留下了辞世诗：

一期荣华一杯酒，四十九年一睡间。

生不知，死亦不知，岁月只是如梦中。

当时日本的公卿武将都很附庸风雅，死的时候都得留下一首辞世诗，隐喻人生如幻，转述英雄超俗的豪情，并且感慨人世的沧桑。

谦信的死因，当时普遍认可的说法是因为谦信性喜喝酒，被人称为酒豪，饮酒过量引发了脑出血。实际上日本并没有中国的蒸馏白酒，日本米酒一般二十度左右，谦信每次饮酒，其实不超过三杯。只是他骑在马上畅饮，人称马上杯。

当时的日本，生活比较清苦，日本人不像中国古代那样大吃大喝，饮食比较拮据。明朝跟日本谈判的时候，日本将领设宴招待明使，明朝使臣认为日本将领对自己很不恭敬，给皇帝上书说："日本将领招待微臣，主菜只有三道，鱼里面竟然有刺！"这样的招待标准对我大明太不恭敬了。明朝使臣不知道，日本人能上三道主菜就很不错了，鱼里有刺也是很正常的事儿。

德川家康统一天下之后，德川家的侍女们每天的早点就是腌萝卜就白米饭。有一次侍女们私下抱怨：每天早上起来都是腌萝卜就白饭，没点儿别的东西吗？结果被德川家康听见了，德川家康推门进来跟侍女说："你们嫌腌萝卜就白米饭不好吃是吧？好，明天只有白米饭，没腌萝卜了，你们拿开水泡饭吧。"

由此可见，那时候日本人吃得比较简单，谦信只能拿腌梅子佐酒，按说这点儿酒量不至于脑出血，也可能他吃的东西太咸了？历史上的团团迷雾不一定都能拨开，但是谦信在纷繁的日本乱世，确实是一个罕见的特立独行的人物。

谦信死后，两个养子开始争夺家督之位，上杉家爆发了御馆之乱。最后，上杉景胜在家臣直江兼续的协助下，打败了争位者，结束为时三年的御馆之乱，继承了上杉家家督之位。

天下第一陪臣直江兼续

直江兼续原名叫樋口兼续，堪称是战国时代最杰出的陪臣，甚至有天下第一陪臣之称。

直江兼续的父亲是长尾家的家臣，在兼续五六岁的时候，经由上杉谦信的姐姐推荐，当了上杉谦信的养子上杉景胜的贴身近侍，就是陪太子读书的这么一个角色。虽然兼续当时只有五岁，但是表现出了一般小孩所没有的坚韧性格。坊间传说兼续是一个内心充满爱与正义的美少年，从小就漂亮，长成小伙之后更加漂亮，深受主公上杉谦信的宠幸。

上杉景胜的亲生父亲去世之后，直江兼续跟随主公来到上杉谦信的身边。由于上杉谦信突然去世，上杉家爆发了御馆之乱。当时年仅十八岁的直江兼续跟父亲一起发挥聪明才智，协助上杉景胜击败对手，迅速占领了上杉家的主城春日山城，成为平定乱世的功臣之一。

过了几年，由于上杉景胜的亲信直江信纲被杀，上杉氏为了避免长期跟随上杉家的直江氏绝嗣，命令兼续入赘直江家，娶了直江信纲的寡妻。入赘直江家后，兼续改姓直江，成了一城之主。从此之后，他更是积极地追随上杉景胜。

上杉景胜为人沉默寡言，一天到晚说不了几句话。家臣向他汇报，他一般也只是点头、摇头，轻易不说话，唯一的爱好就是收藏各种名贵刀剑。因为日本刀要经常保养，上杉景胜每天最爱干的事儿，就是把他收藏的名贵刀剑从鞘里拔出来，卸下刀装，上油保养，再组装好，插回刀鞘里，天天如此。外人不明就里，更觉得上杉景胜高深莫测。

越后国的大政方针、内政外交都由直江兼续负责，家臣们都称上杉景胜为主公，称兼续为"旦那"，就是主人的意思。后来直江兼续陪同上杉景胜入京，天皇封上杉景胜为从四位下左近卫权少将，兼续封为从五位下，已经到了当年上杉谦信的级别了。

直江兼续的旗帜上和头盔上都写了一个大大的"爱"字。对此，有各种解释，有人说他想念他的初恋情人，也有人说他爱他的主公。但是不管怎么说，这个爱字旗，非常受世人瞩目。只要一看爱字旗帜，看到爱字头盔，大家就知道直江兼续来了。

后来统一日本的丰臣秀吉对兼续的才华非常仰慕，甚至把自己的姓都赐给了直江兼续，所以直江兼续又叫丰臣兼续。读日本历史最让人一头雾水的地方，就是一个人有很多个名字，在不同的史书中，不同的时期，以不同的名字示人，很容易让人犯晕。直江兼续以丰臣兼续的名字成为山城守，曾经亲自参加过日本侵略朝鲜的战争，据说取得了一定的战功。

越后国百战之后动乱频繁。直江兼续为了恢复战后的越后经济，鼓励农民开垦新田，使得越后国变成了日本的主要粮仓，同时大力发展手工业、商业。在兼续的治理下，越后国国力蒸蒸日上，甚至超过了上杉谦信在世的时候。

丰臣秀吉死的时候，上杉景胜名列丰臣政权五大老之一。后来德川家康试图取代丰臣家的地位，上杉景胜自然站到了德川家康的对立面。当时的上杉家是拥有一百二十万石产量的领地的大大名，领地粮食产量的石数超过一万石就是大名，过百万石的没几家，他的领地一年粮食产量达到一百二十万石，一石是一百五十斤。这一百二十万石中，陪臣直江兼续占了三十万石，也就是说直江兼续作为上杉家的陪臣，领地超过很多大名，足见主公对他的重视。

上杉家站到了德川家的对立面，德川家康正是以征讨上杉为名发动了灭亡丰臣家的战争。虽然关原合战时，上杉家并没有直接参加，可是上杉家却在北方牵制了德川家的重要兵力。所以，当德川家取得胜利之后，上杉家就在劫难逃了。作为惩罚，上杉家的领地由一百二十万石减封到了三十万石，对于上杉家来讲，这几乎是致命的打击，很多家臣都背叛了上杉家，只有直江兼续对主公不离不弃。在这三十万石当中，直江兼续又占了六万石。

直江兼续病逝的时候，享年六十岁，据说向来面无表情的上杉景胜放声痛哭，足见君臣二人深厚的情谊。

4. 战国武将好男色

众道男色很流行

上杉景胜跟直江兼续君臣之间情谊深厚，有人甚至说，他们俩是一对同性恋人，而这种说法也不无根据。因为在当时的日本战国乱世，非常流行众道男色。

什么叫众道男色呢？战国时代，各领主大名为了争权夺利，征战不休，很像中国的春秋战国时代，处处刀光剑影。这是一个男性群聚的时代，战场上是不能有女人的，甚至认为带着女人打仗不吉利，导致一帮男的整天聚在一块儿，难免就会出现超越友情的爱情。所以，在日本战国时代，爱好男色是蔚然成风。

武士之间的同性之爱，日文称之为众道，专指主公跟侍童、家臣、美少年之间的暧昧关系，武士的情人也被称为小姓。小姓的本意是侍童，除了跟在主人身边护卫，更多的职责是料理主人的日常起居。武将在战场上东奔西走，为主公奋战。心中积郁的情怀，也没法跟主公诉说。跟咱们今天一样，谁有心里话愿意跟领导说？怎么办呢？只好跟同胞倾诉。长年征战，朝夕相处，超越友谊的爱情关系难免就会产生，进而成为沙场之中的普遍现象。身为武士，主仆之间的忠贞义理一再被强调。平时受到主公宠幸的侍童们，一到主公面临危险的时候，必须前仆后继，视死如归，舍生取义，去保护主公。

在日本史书上，战国大名死后，宁愿与关系要好的侍童、家臣合葬的事情比比皆是，史不绝书。比如，织田信长和森兰丸同葬本能寺；德川家康的"四大天王"中的井伊直政和本多忠胜都是死后跟主君合葬。

在战国时代，大名身边拥有十几二十个侍童一点儿都不新鲜，甚至有些大名也是美少年侍童出身。织田信长身边的大将，后来成为加贺藩藩主，创建百万石基业的前田利家，本身是乡下武士的庶子，十四岁做了织田信长的贴身侍童。由于年纪相仿，相貌英俊，再加上跟信长非常投机，哥儿俩聊得来，自身又很有本领，手中一杆长枪，打遍天下无敌手。后来他成为织田信长手下大将，也成为少见的百万石大名。

男人之间也吃醋

由于主公身边往往不止一个美少年，争风吃醋的事儿便屡有发生。

武田信玄曾经给自己的小姓高阪昌信写了一封情书。高阪昌信出身平民，十六岁的时候由于长相俊美，成了武田信玄的小姓，很受宠爱。后来高阪昌信听说另一个小伙子为武田信玄侍寝，非常气愤，武田信玄为了平息昌信的怒火，写了封信给他，说明自己跟那个小伙子绝无暧昧关系。信是这么写的："我最近确实常常去看弥七郎，但只是因为他病了，我过去从来没有招弥七郎侍寝，以后也绝对不可能，你一定要相信我，我对你的心意是不会有任何改变。这几天呢，我日夜徘徊，寝食难安，就是因为我的心意无法传达给你，所以我感到很纠结，如果我骗你，我愿意接受甲斐一二三大明神，富士、白山、八幡大菩萨，还有诹访上下大明神的惩罚。本来这种誓言应该写在正式的乞请纸上，但是因为甲斐这边的神职人员管理严格，这种纸我拿不到，所以先用一般的信纸写给你，等以后有机会，我再用正式的乞请纸给你写。"

武田的这份书信，是不是有点儿跟现在中国的贪官给二奶写的保证书类似？我保证跟原配离婚，保证不找三奶、四奶，我爱你一辈子。这封由武田亲自书写的书信原件，现在还保存在东京大学的图书馆里。

根据当时日本的风气，有人认为，有可能直江兼续跟上杉父子之间都有这样的暧昧关系。当时就有一首诗为证："风花雪月不关情，邂逅相逢慰此生。

私语今宵别无事，共修河誓又山盟。"

不仅仅是上杉家、武田家、织田家是这样，丰臣家也是如此。丰臣秀吉以爱好女色出名，但是身边也有小姓跟随。他的外甥兼养子丰臣秀次，因为种种原因被丰臣秀吉勒令切腹自尽。在他切腹之前，受他宠爱，号称战国三大美少年之一的不破万作先自杀殉情，死的时候只有十八岁。

德川家康帐下有一员名将井伊直政，在关原之战的时候身受重伤，德川家康亲自为他喂药，为他包扎。但是井伊直政还是因为伤重不治去世，一向喜怒不形于色的德川家康居然号啕痛哭。

战国末期著名的武将——"独眼龙"伊达政宗，有一次接到汇报，他的小姓只野作十郎跟其他美少年关系暧昧，伊达政宗听完之后勃然大怒。在酒宴上，伊达政宗公开大骂只野作十郎背叛他，只野作十郎只好割腕写下血书，证明自己的清白。这跟武田信玄正好相反，武田信玄是给小姓写信，只野作十郎是给主君写信。

以上种种，足见当时日本男色现象流行，堂而皇之，并且成为时尚。

把女人当作生殖工具

战国时代的武士社会相当排斥女性，仅仅把女人当作生殖工具，绵延后代香火。

武士社会的婚姻，不允许混入个人感情。武士通婚基本上都是政治联姻，夫妻之间没有真正的爱，而且也不知道自己联姻的亲家，哪一天就变成了自己的对手。所以，身份越高的武士，越不相信女人，导致男色发展得如此蓬勃。

不仅仅是武士跟小姓之间存在这样的关系，甚至大名之间也存在这样的关系。松江城主崛尾忠晴，十六岁的时候，因为一张俊美的画像被赞誉为天下无双的美少年。同属美少年的二十二岁的加贺国金泽城城主前田利常一见崛尾忠晴的画像，朝思暮想，辗转反侧，非常想见到真人。前田利常是前田利家的儿子，前田利家不就有这毛病吗？可能是遗传，儿子也有这个毛病。

利常派自己府中的差人去暗通款曲，最终在府中设宴款待美男。酒过三巡，菜过五味，陪臣们都知趣地离开了，留下两位美男，自己协商。当时是月明风清，景色怡人，两个人相顾无言。前田利常首先开口打破僵局："今晚的月色真美啊！"没想到崛尾说："仁兄如果喜欢月夜，那你一个人欣赏吧。"说完站起来走了，把前田利常晾在那儿了。

过了几天，崛尾突然托人给利常带话，说我要来看你。利常兴奋得一宿没睡觉，紧张得直拉肚子。当然这一天并没有说到底是哪一天，一直拖到第二年春天的某一天，上午使者来信了，说崛尾得了重病，无法履约，看来来看你的事儿要一直往后拖。搞得前田利常茶不思，饭不想，长吁短叹，辗转反侧。到了傍晚时分，下人通报说崛尾的使者又来了，利常来不及等下人开门接客，甚至不顾家臣阻拦，径自来到玄关大声呼喊："使者在哪儿呢？使者在哪儿呢？"利常眼见四下无人，非常悲痛，忽然之间使者出现在利常的面前，背对着他，缓缓转过身来，正是崛尾忠晴！忠晴说："忠晴在此等候久矣。"前田利常一时兴奋得手舞足蹈。

日本武士认为，武人之间的爱是深沉而忠义的。武士与武士的爱，要唯一，一个武士有权利以背叛者的鲜血，洗净崇高的武士之爱所受到的玷污。这可能也是日本武士道最独特的一个地方吧。

5. "第六天魔王"织田信长

尾张大傻瓜

日本战国时代涌现出的武将，很多人都非常有个性。但如果说最有个性，脾气最残暴，却差一点儿笑到最后的人，非号称"第六天魔王"的织田信长莫属。

织田信长的"第六天魔王"称号不是别人起的，而是他自称的。据说武田信玄曾经写信谴责他，署名"天台座主沙门信玄"，武田信玄是佛教徒，皈依天台宗，信玄就是他的法号。织田信长看完这封信之后，悠然一笑，回信署名

"第六天魔王"，以示如果你信玄是佛，那我就是魔，挑衅之意，毫不掩饰。

"第六天魔王"以阻碍修行者成佛为己任，在日本佛教界被认为是超级大坏蛋。日本战国时代，诸多大名为了笼络人心，都在美化自己的形象，像武田信玄自称是"天台座主"，上杉谦信说自己是"毗沙门天"，没有人公然称自己是魔王。织田信长敢公开自称魔王，充分显示了这个人的性格。后来发生的事儿证明，这家伙确实是一个魔王。

据说信长还在襁褓中的时候，就多次咬伤奶妈的乳头，可见织田信长脾气的暴躁是与生俱来的。在他很小的时候，一次跟父亲对话，他对父亲信秀说了一句话，让父亲从此对他另眼相看："父亲大人，人类从出生开始就只有一个宿命，那就是死。"信秀一想确实如此啊，人从出生，能料到的唯一会发生的事儿就是死亡，至于升官、发财都很难料定。信长这么小就能悟出这个道理，让人吃惊不已。信秀对家老平手政秀说："信长这孩子将来一定能继承我的家督之位。"信长的父亲信秀是一名守护代，天下大乱的时候，积蓄自己的力量，成为尾张一带有名的领主。

信长少年时经常到城外跟村里的孩子一块儿玩，摘桃偷李子，一点儿家主少爷的样子都没有，奇装异服，走马猎鹰，大家都管他叫"尾张大傻瓜"，觉得这孩子不配继承尾张家督的职位。

织田信秀去世的时候，信长才十八岁，当时已经迎娶了妻子，按说已经长大成人了。没想到在信秀的葬礼上，信长疯疯癫癫地又上演了让众人瞠目结舌的一幕。只见他衣衫褴褛，发髻凌乱，睡眼惺忪，腰里别着大刀，就出席了父亲的葬礼。他走到父亲的牌位前，抓起一把香灰，重重地砸向父亲的牌位，等于是把香灰扔向了父亲未寒的尸骨。参加葬礼的所有人都震惊了，大家觉得不可理喻，岂有此理，简直是浑蛋王八蛋，让他领导织田家，织田家非得灭亡不可。

织田家的家老们也忍不住暗地里大骂少主公，只有首席家老平手政秀，脸色阴沉，看着织田信长的疯狂举动默不作声。参加葬礼的一个僧侣在平手政秀耳边悄声说："您不用担心，信长公将来一定是天下第一的武将。"平手政秀暗自长叹，但愿如此吧！

织田信长继承了家督之后，并没有丝毫改变，依然是我行我素。赤膊骑马到外面奔跑，跟年轻人摔跤、打架、酗酒，"尾张大傻瓜""尾张的小浑蛋""浑蛋小主公"，诸如此类种种不好的名声就传到了其他国内。

老丈人盯上了姑爷的地盘

平手政秀作为织田家的首席家老，既是先主的托孤重臣，又是织田信长的老师。过去平手家与织田家同属尾张斯波氏家老，一起效忠于领主斯波氏。到了织田信秀这一代，织田氏架空了原来的主家斯波氏，以守护代身份取而代之，成为尾张实际上的守护大名，控制了尾张的实权，平手氏变成了织田氏的家臣。

平手政秀眼看少主这么个德行，非常着急，担心先主留下来的基业毁在他手里。怎么能够让自己的主公幡然悔悟呢？平手政秀苦思冥想，最终选择了让人瞠目结舌的行动——死谏。在给信长留下了一封长长的进谏书之后，平手政秀剖腹自杀。这封谏书之中，政秀历数了信长的种种荒诞行为，对他的缺点进行责备，并且给他指出改过的办法，而且恳请信长以后要听家臣们的劝谏。

此时的信长已经二十岁了，一看首席家老竟然剖腹向自己进谏，犹如醍醐灌顶，幡然悔悟。后来还专门给恩师平手政秀建造了寺庙，表达他的怀念感恩之情。尽管如此，信长就跟楚庄王似的，三年不鸣，三年不飞。从不鸣到鸣，从不飞到飞之间，还有个时间过程。所以他的怪异行为，从表面上看并没有改变。

信长的老丈人，美浓的斋藤道三是卖油商人出身，机缘巧合，成了美浓的霸主。他与北条早云相似，都是平民出身，最后成为一国大名。斋藤道三听说织田信长的怪异行为后，心里暗自盘算着吞并尾张国。日本战国时代，父子、兄弟、叔侄之间，手足相残的事儿太多了，更何况翁婿之间没有血缘关系。斋藤道三觉得，我的姑爷如果真的不中用，尾张国早晚也会被别人吞掉，与其让他被别人吞掉，肥水不流外人田，还不如我来呢！

于是斋藤道三派人给织田信长送信，想见见这位姑爷。信长当即表示同意，并约定在某个寺庙会面。斋藤道三先一步到达约定的寺院，将手下数千兵丁留在寺内，自己单独一人，潜入寺外百姓家，暗中观察。

不一会儿，信长的方队缓缓而来，大概一千多人，整齐有序，手持火枪，肩背弓箭。千人队伍之中，信长骑着马，衣衫不整，发髻凌乱，腰里挂着水瓢、大刀，模样跟要饭的叫花子没什么区别。然而就是这么一个不修边幅、行如乞丐的年轻人，却领着整整齐齐的千人军队。

斋藤道三一番观察之后，赶紧从小路回到庙里，等着跟女婿见面。女婿一露面，道三又倒吸一口冷气。为啥呢？信长一身干净帅气的和服，发髻也打理得井然有序，非常符合礼仪，挎着武士刀，很有礼貌地走到岳父面前，施礼问候，言谈举止，没有不合乎礼法的地方。

两个人会面结束，送走了信长之后，道三的家臣说："这小子真是一个傻蛋，尾张大傻瓜，名不虚传。"斋藤道三听完这句话，回过头来苦笑说："不知道将来我的儿子，配不配给这个大傻瓜提鞋呢？"

果然，等斋藤道三去世之后，美浓国就被织田信长灭了，斋藤道三的儿子真的只能去给信长提鞋了。

桶狭间一战成名

织田信长长得非常漂亮，身材高瘦，一米六九，经常被人误认为是女子。那时候的日本人一般身高也就一米五几，相比之下，信长一米六九的身高，已是日本国罕见的巨汉了。信长胡须稀少，音量高，喜好舞技，不善饮酒，经常穿着紧身的黑短衫、黑裤，手持日本纨扇，风流倜傥，潇洒出尘。

美男子织田信长改邪归正以后，精心治理尾张国。很快，一个对他严峻的考验到来了，也正是这个考验使他闻名天下。

1560年，尾张国东北掌握骏河、远江、三河三国实力，号称"东海道第一弓取"的今川义元，率两万五千大军，对外号称四万，起兵上洛。

今川义元是足利氏嫡流，是战国时代为数不多的守护大名出身。武田信玄也是守护大名出身，不像织田家是守护代出身。

上洛分两种：一种是以个人身份悄悄地去京都见天皇，讨张令旨回来，吆五喝六一下，没什么影响力；再一种是率兵上洛，影响很大。除了可以炫耀武力，还可以对沿途所经过的各国进行处分，选择是招降为属国，还是侵略将其消灭。

今川义元率领大军上洛，途经尾张国，喝令织田信长投降，信长断然拒绝，于是一场大仗必然爆发。今川义元的实力远远强于织田信长，织田信长手里能够调动的兵力不过三千人。按照当时的算法，如果领地是万石，差不多能够调集两百到两百五十名武士，这里所说的武士，并不是全脱产的武士，还有半耕半农的人。以织田家的石高计算，只能调出三千人来。

今川义元拥有绝对优势，认为此战必胜，有点儿飘飘然。其实今川义元并不是带兵打仗的料，他沉迷于京都公卿的那套玩意儿，对军事并不关心，平时的爱好就是蹴鞠、和歌，学京都公卿剃眉、染齿、扑白粉。日本的贵族，都用铁粉把牙染黑，一张嘴，露出一嘴黑牙来，觉得这样好看；然后把眉毛剃掉，在脑门儿上画出假眉毛来；官员们都往脸上扑一层白色的脂粉，显示自己高贵，不是面色黝黑的农民，今天的日本艺伎就是这个模样。

今川义元出兵的时候，队伍里还带着歌伎和乐队，吹吹打打，热闹异常。手下的武士也都是一副春游的架势，丝毫没有打仗的样子。他们觉得，以两万五千大军对付织田信长三千人马，摧枯拉朽，泰山压顶，肯定没有悬念，觉得自己怎么打都赢定了。

今川义元抵达尾张国边境的时候，织田信长不战、不和、不守、不死、不降、不走，既不组织有效防御，也不开门纳降，闭门不出，不见任何人。众位家臣心急如焚，纷纷各自率领小股部队到边境组织防御，无一例外地败了下来。今川军觉得织田军不堪一击，更加看不起织田军。

就在两军决战的当天晚上，织田信长在自己的主城清洲城召集家老们开会，会上大家各抒己见，有人主降，有人主战。最后织田信长只说了一句话："天太晚了，大家都回去睡觉去吧，会议结束了。"

第二天一早，今川义元的大军已经攻陷了织田家两座城寨，众家老难掩心中焦急，不约而同地穿着铠甲来到清洲城织田居处，请主公起来，现在国破家亡在即，您别在这儿耍酷了。织田信长穿着和服，挥扇起舞说："我为众将歌舞一曲。"随即竟然真的边舞边唱起来：

> 人世五十年，乃如梦与幻。有生斯有死，壮士何所憾！

一曲根据平敦盛事迹而创作的幸若舞[1]，唱出了绝望，唱出了凄凉，唱出了人生如梦的感慨。唱完之后，织田信长大呼一句："甲胄何在？"家臣们立刻把铠甲给织田信长披上。织田信长穿上铠甲之后，抛开众将，只带了五个人直奔前线。

家臣们看到主君出发，纷纷率领手下连忙跟上，抵达正德寺的时候，已经聚集了两千多人。织田信长打听到今川义元位于桶狭间。桶狭间地形狭窄，所以今川义元将大军一字排开，摆了个一字长蛇阵。今川义元的两万五千大军，并没有全部进入这个地区，身边跟着他的人只有五千人，而织田信长已经逐渐聚拢起三千人马。虽然只有三千人，但是他认为擒贼先擒王，只要抓住或干掉今川义元，敌人就会土崩瓦解。

织田信长率领三千人马，杀奔位于桶狭间的今川义元本阵。当时今川军在阵地上摆开宴席大宴将士，由于饮酒过量，今川义元酒醉未醒。这家伙真是死催的，深入敌境还敢如此。

混乱厮杀之中，今川义元遭到信长的侍从服部小平太的攻击，另一名侍从也加入战局，醉酒的今川义元虽然拼命抵抗，甚至砍断了服部小平太的腿，最终还是不免被信长的两名部下斩杀，头颅交到了信长的手上。

织田信长命人举着今川义元的头颅在战场上示众，今川军顿时溃散，今川家从此以后一蹶不振，后来被武田家灭掉了。

桶狭间之战，织田信长以少胜多，一战成名，威震全国。以后他跟德川家康结盟，开始了一统天下的步伐。到了1567年，他打垮了自己的大舅哥斋藤家，占领了整个美浓，迁居稻叶山城，改名岐阜，取周文王凤鸣岐山之意。可

---

① 幸若舞：幸若舞是日本曲舞的一种，15世纪由桃井幸若丸所创，以战争和恋爱为题材，很受武士欢迎。织田信长所唱的《敦盛》，为幸若舞中的名篇。

见日本人深受中国文化影响。他还制作了"天下布武"的朱印，表示自己要统一天下。

迷信暴力不可取

织田信长为人很出格，也很性情。信长初次见到跟随欧洲人来到日本的黑人，怎么也不相信黑人的皮肤是天生的，他认为肯定是用颜料涂的。他让那个黑人洗澡，然后亲手用毛巾擦他的身子，没想到黑人还是那么黑，越擦越黑。信长这才相信世上有黑皮肤的人，随后要求他留下来做自己的保镖。这个黑人身高一米九，膘肥体壮，在当时普遍身高一米五的日本人里，那就是一个巨塔啊！信长让这个黑人当自己的保镖，带到京城去拉风。日本历史上第一个黑人武士诞生了。

信长以岐阜为根据地，展开了长达十五年的统一战争，差一点儿就笑到了最后。为什么没有笑到最后呢？因为信长为人非常残暴，随着实力的扩大，越发暴戾，心狠手毒，杀人如麻。他奉行的是顺我者昌、逆我者亡，绝对的武力崇拜，甚至影响了以后日本人的性格。我们经常看到第二次世界大战电影里的日军，举着国旗，上面写着四个大字"武运长久"，就是受到织田信长对武力崇拜的影响。当然了，一味地迷信暴力，最后的下场必定是失败。

当时寺社势力强大，反抗织田信长的统治。1571年，织田信长火烧比叡山延历寺，四百多座堂塔被烧毁，数千名和尚被杀。三年之后，一向宗门徒造反，两万多人被烧死。又过了一年，织田信长又杀了一万多参与造反的农民。他甚至曾经把参与反叛的一百二十个女人绑在十字架上，残酷地刺死，还把五百一十四名僧侣妇孺关在四间平房里，放火活活烧死。据说这些男女死亡之时发出的凄厉惨叫声，响彻碧空。

织田信长击败敌对大名浅井长政之后，非常残忍地对待被抓获的长政母亲，每天砍掉她两根手指头，到了第六天才把她凌迟处死。有一次织田信长招待武将，最后上菜的时候，竟然端上三个用骷髅盛放的菜肴给武将下酒用。这三个骷髅分别是他原来的敌人朝仓义景、浅井久政和浅井长政的首级，一时间大家都深感恐惧。

本能寺之变

命丧本能寺

织田信长对手下大将也十分轻慢，毫无尊重，任意侮辱，特别是对明智光秀。光秀四十岁才开始追随织田信长，成为信长的家臣。光秀能文能武，而且非常遵守武士的义理。但在织田信长眼里，光秀过于迂腐，所以不喜欢他。信长就喜欢丰臣秀吉那样的，可以随便拿他开玩笑，即便是管他叫猴子，秀吉还能颠儿颠儿地过来。信长不喜欢比较能装的人，光秀恰恰就是那样的人。

有一次宴会上，明智光秀被灌了七杯酒，光秀的酒量小，喝不下去了，就说不能再喝了。信长闻听光秀此言，登时把刀拔出了来，说："你要不喝酒，就把刀咽下去。"光秀一看没辙了，不能咽刀啊！只好接着喝酒。信长随即嘲讽他："你看，你就是怕死吧！一让你咽刀，你就把酒喝了。"光秀在大庭广众之下，遭此羞辱，怎能不怀恨在心！

在庆祝打败武田军的大会上，光秀说了一句话："来之不易的胜利，有我们的辛苦努力。"没想到信长一听勃然大怒："岂有此理，你辛苦什么了，你做什么了？"说完抓住光秀的脑袋往栏杆上撞，再一次当着众人的面羞辱光秀。

甚至还有一次，织田信长无缘无故把明智光秀一把抓过来，把他脑袋夹在腋下，用手拍他的头，和着鼓点，一边拍一边说："好鼓！好鼓！"那会儿日本武士前额的头发都是剃光的，叫月代，正好是秃脑门子。明智光秀面对信长一次又一次的侮辱，选择了一次次的沉默。不在沉默中爆发，就在沉默中死亡。明智光秀不愿意在沉默中死亡，就只能在沉默中爆发了。

1582年6月21日晚上，织田信长入住京都本能寺。此时的织田信长已经取得了巨大胜利，头一年春天，他在京都举行了一场前所未有的、声势浩大的阅兵式，十三万全副武装的武士，花了一整天时间在正亲町天皇面前行礼走过。当时几乎所有的日本人都疯狂发誓要跟随信长，几乎所有的日本人都相信：他们将生活在一个荣耀幸福的时代，战乱要结束了，信长大人会统一整个日本，是日本新一代的征夷大将军，是日本的救星。

织田信长志得意满，功名事业达到了一生之中的顶峰。但是没有想到，在他入住本能寺之后，明智光秀率领一万三千大军假装去增援丰臣秀吉，攻打毛利军，实际上却悄悄地包围了京都本能寺。明智光秀向部下发出了著名的命令："敌在本能寺！"亲自督促一万三千人马向织田信长驻守本能寺的百余侍从发动进攻。

织田信长当时喝了点儿小酒，刚刚下完围棋，心满意足地穿着睡衣躺下了，正在做着"统一日本指日可待"的好梦。突然间听到外面的骚乱和铁炮声不断，织田信长一下从梦中惊醒，问：怎么回事儿？有人要谋反吗？他的侍从小姓森兰丸报告织田信长：好像是明智光秀的军队，军徽是桔梗纹（明智光秀的家纹）。

织田信长一听，神色黯然：如果是他，那就没辙了！信长太了解自己的部下了，深知明智光秀这次出手，必然要置自己于死地。织田信长明知于事无补，仍然不愿坐以待毙，先拿弓箭反击，弓弦断了之后，再用长枪应战。直到手腕被击伤之后，退到内殿，剖腹自尽，临死前放了一把火，把自己烧得尸骨无存。

一代枭雄织田信长没有能够笑到最后，在即将统一日本的时刻命丧本能寺。

6. 太阁立志传——丰臣秀吉

给织田信长提鞋的

织田信长命丧本能寺之后，接替他完成日本统一大业的是被他称为猴子的丰臣秀吉。

丰臣秀吉是尾张国人，乳名叫日吉丸，出身贫贱，父亲是下级武士，在尾张蜂须贺氏麾下当个雇佣杂兵，修理、锻造兵器，半农半武士。秀吉的母亲，就是后来著名的大政所，平时笃信太阳神，经常向神灵祈祷，好为夫家生个男孩。晚上睡觉的时候梦见太阳进了自己的肚子，随后怀孕，生了个男孩，就是丰臣秀吉。秀吉后来给明朝皇帝写信的时候，还把这个段子写进信里。当然，很多名人诞生都有过类似的传说，这种事儿都是我一说、你一听，可信度只能"呵呵""你懂的"了。

秀吉幼年丧父，因与继父不和而离家出走，由于家境贫寒，做过作坊学徒，还当过小商人。后来在他人引荐之下，投靠了织田信长，他为人极其精明，特别善于钻营，而且长相如猿猴，所以被称为"猴子"。一开始他只不过是给织田信长提鞋的，在冬天寒冷的时候，他把草鞋先放进怀里，用自己的身体将草鞋焐暖和了，再给织田信长穿，以此讨得织田信长的欢心。

秀吉身材矮小，身高只有一米五四，他蹲在地上暖鞋的时候，织田信长不知道是看见他了，还是没看见他，也可能是信长故意的，就往他身上撒尿，他都能够忍着。所以，他很快得到提升。

织田信长打败今川义元后，成为天下著名的大名。此时担任杂物采购的丰臣秀吉，竟然能有效地开源节流，把支出减少了三分之二。当织田的主城清洲城城墙破损没钱修理的时候，他毛遂自荐，担任修缮官，很快把城墙修补完毕。桶狭间之战的那一年，他跟织田家的家老浅野长胜的养女结婚，改名木下藤吉郎，又叫木下秀吉。

随着秀吉的不断钻营，再加上人极其聪明，他深得织田信长的信任，一步步从织田家一名普通武士做到了家老。每次作战的时候，秀吉都是身先士卒，特别是打破织田信长包围网的时候，他主动申请断后，攻击浅井朝仓家的联军。以此战功，秀吉被封为近江国长滨城的城主。他为了拍织田信长的马屁，取当时织田最有名的两位家臣——丹羽长秀和柴田胜家——姓中各一字为姓，改名羽柴秀吉。之后又先后征服播磨、但马等国，担负起与广岛毛利辉元作战的艰难任务，渐渐成为织田信长手下著名的大将。

统一日本不容易

1582年，秀吉奉命去征讨中国地方，就是今天日本本州岛的西部。作战途中惊闻明智光秀发动本能寺之变，织田信长自尽身亡，信长的嫡长子织田信忠也自尽了。事变发生的时候，丰臣秀吉正在围攻高松城，与毛利军对战。阴错阳差，光秀派去毛利军的信使跑错阵营，误闯到了秀吉军中，使得秀吉在事变三天之后就得知了政变的消息。

秀吉当时不知所措，谋士黑田官兵卫进言："运气要来啦，主公，信长公的不幸，让人悲伤得无法用语言形容。但是，这也正是您掌控天下的最好时机，光秀弑君，天罚乱臣，无法逃生。现在正是您发令讨伐光秀的时候，到时天下就会完全在您的掌控之中。"

黑田官兵卫的这番话，让秀吉眼前一亮，明白自己必须抓住时机。秀吉立刻与尚不知情的毛利氏匆忙讲和，五天之内强行军两百公里赶返京城，这就是日本历史上著名的"中国大返还"。丰臣秀吉的军队行动迅速，震惊了明智光秀和各个城主。两军在山崎一战，明智光秀大败。在"本能寺之变"后十三天，明智光秀就被丰臣秀吉灭了，史称"七日天下"。

由于丰臣秀吉替主君报了血海深仇，因此在决定织田家继承人的清洲会议上，他获得了多数织田家臣的支持，拥立织田信长的孙子、还在襁褓之中的秀信继任家督。当时织田家第一大家老柴田胜家，拥立信长的三子信孝对抗丰臣秀吉，由此双方决裂。胜家出兵攻打秀吉，被秀吉打败。柴田胜家有勇无谋，导致自己兵败自杀，进而连累织田信孝也自尽身亡，从而使丰臣秀吉完成了织田氏旧部的统一。不久，秀吉与德川家康展开了小牧–长久手之战。

德川家康可不是一般人，以三万人马对抗丰臣秀吉十二万五千大军，跟丰臣秀吉打了个平手。丰臣秀吉把自己的母亲送给德川家康做人质，把自己的妹妹强嫁给德川家康，取得了双方讲和。德川家康的忍功日本第一，他知道自己还不是丰臣秀吉的对手，决定暂时隐忍，归降了丰臣秀吉，成为丰臣秀吉的一名家臣。

1590年，丰臣秀吉击败了北条氏，完成了全日本的统一。秀吉受日本天皇赐姓丰臣，并担任太政大臣。丰臣秀吉是日本历史上第一位平民出身的太政大臣，掌握了中央政权。

一年之后，秀吉把关白之位让给了自己的外甥兼养子丰臣秀次，自称太阁，相当于天皇家的上皇，所以史学家大多称丰臣秀吉为太阁。现今土生土长的大阪人，仍然尊称丰臣秀吉为太阁君。

只是繁华梦一场

到1592年，因为日本完成了统一，二十万武士面临下岗失业，没有工作的境地，怎么办呢？为了安置大批武士，更因为自己的信心和野心高度膨胀，丰臣秀吉一时头脑发热，竟然决定征服朝鲜和中国，发动了侵略朝鲜的战争。

这场战争在朝鲜历史上称为"壬辰卫国战争"，中国叫作"抗倭援朝"，日本叫作"文禄-庆长之役"，因为发生在日本文禄和庆长年间，断断续续打了七年，打残了朝鲜，打疲了大明，最终也让丰臣秀吉的政权耗尽了最后一滴血。

丰臣秀吉出身贫贱，所以特别向往奢侈的生活。掌握权力之后，骄奢淫逸，好色无度。他建立的大阪城，天守阁外观五层，内部八到十层，建造动员的人数超过六万，花费了大量的人力物力。为了向大家炫耀大阪城的豪华壮丽，经常招待访客参观，甚至包括外国传教士。

传教士记载："看到大阪城里的房间，到处都是用金子、生丝、绸缎制造，而且摆满了高级的茶器。整个大阪城就像是一座宝山。"秀吉还制造了一座活动的黄金茶室，墙壁、天花板、地板都是黄金制造的，连纸门的骨架也是黄金制造的。他的寝室更为华丽，棉被是鲜红色的高级绸料，床头用黄金雕刻而成。

可惜秀吉建造的大阪城在1615年被德川军烧毁，现在能够看到的是1931年用钢筋混凝土重建的，但是也可以遥想当年的宏大。

丰臣秀吉拥有两百名以上的姬妾，还不断地派人出去搜寻美女。不管是商人还是工人的女儿，也不管是未婚的还是寡妇，只要容貌美丽，他都招进城。一般留宿一两天，就让那些妇女回家，只有他满意的才长留城内。因为他出身低微，所以特别喜欢搜集名门闺秀当他的侧室，而且不论年龄，不论大小，不分辈分。比如他的故主织田信长的女儿、信长弟弟信包的女儿、信长的外甥女、好友前田利家的女儿，全都被收进来担任侧室。他娶侧室就跟集邮似的，看上谁就要谁。

可惜，丰臣秀吉一直生不出儿子。直到年近六旬，他最宠爱的侧室茶茶（也就是淀姬）才给他生下了儿子，第一个夭折了，第二个就是后来的丰臣秀赖。丰臣秀吉很是高兴，自己终于有后了，锦绣江山可以长久掌握在自己的子孙手里了。

文禄-庆长之役中，丰臣家元气大伤。丰臣秀吉面对困境，穷愁无计。于1598年病逝，享年六十二岁。临终的时候，他选择了五位著名的大名担任五大老，又选了自己五个亲信家臣担任五奉行，管理自己身后的事务。托付完后事之后，他写下一首辞世诗，闭上了双目。他的辞世诗是：

　　　　身随朝露而生，随朝露而去，人生短暂，如巍巍大阪，气势盛，也只是繁华梦一场。

丰臣秀吉也没有笑到最后，他一死，丰臣江山也就随风而逝了。真正笑到最后的，是日本忍功第一的德川家康。

7. 第一智将毛利元就

可惜早生了三十年

1571年，号称日本战国第一智将的毛利元就病故。那一年，上衫谦信四十一岁，武田信玄五十岁，织田信长三十七岁，丰臣秀吉三十五岁，德川家康二十九岁。如果元就晚生三十年，凭他的实力和智慧，战国历史很可能会被改写。

毛利元就是战国初期中国地方的大名，日本的中国地方就是广岛和本州岛西部那一片。他的父亲是安艺国的一个城主，据说母亲怀他的时候，梦见了上演能剧[①]的舞台，舞台的边柱上长出了鹰鹫的羽毛。元就的父亲感觉自己妻子的

---

① 能剧：日本最主要的传统戏剧，形成于镰仓时代后期到室町时代初期之间。这类剧主要以日本传统文学作品为脚本，在表演形式上辅以面具、服装和舞蹈。能剧作为日本代表性的传统艺术，与歌舞伎一同享有很高的知名度。

梦很奇怪，找来阴阳师解梦，阴阳师告诉他说："这个梦是个吉祥之兆，您那没出世的儿子将来必成大器，一定是西国霸主。"

当时元就的父亲只有三千贯领地，听完之后，感到非常震惊，我这个小庙装不下这么个大神啊！我现在只是拥有三千贯领地的小人物，我儿子将来却是西国霸主，这消息要走漏出去，万一我儿子被人害了怎么办？元就的父亲想到这里，不觉又惊又喜，赶紧给阴阳师塞钱，让他闭嘴，千万别跟别人说起，避免引起无端的风波。为了能让元就顺利长大，他甚至把家督的位子让给长子，带着年仅四岁的元就迁居。

父亲死后，元就继承了父亲迁居的那座小城三百贯的领地。据说元就十二岁的时候，带着随从参拜平清盛所建、西国最著名的大社——安艺的严岛神社。在回来的路上，元就问他的随从："你刚才祈祷什么呢？"随从说："我祈祷小主人成为优秀的家主，早点儿当上安艺国主人。"元就听完，一点儿也不高兴："你这个傻蛋，仅仅祈祷当安艺国主人，为什么不祈祷我成为天下的主人？"随从一听主人这么说，吓坏了，赶紧提醒主人说话要小心：您现在房无一间，地无一垄，就敢吹这么大牛？我是希望您成为天下的主人，但是您首先得成为安艺国主，然后才能当天下主人，有个顺序问题，饭得一口一口吃，心急吃不了热豆包。元就立刻摇头："你只能是祈祷我成为天下的主人，最后才有可能实现当安艺国主的目标。你一开始就把目标放在安艺国主的位置上，这是永远不会成为天下的主人的。人一定要有远大的志向，取法乎上，仅得其中，取法乎中，难免其下。你必须祈祷我当天下主人！"随从听完之后，也不敢再多说什么了。

元就十五岁元服[1]，改名毛利元就，正式成为小城的城主。二十六岁那年继承家业，成为家督，从此开始了南征北战。经过了三十多年的征战，逐渐成长为拥有中国地方十国的战国大大名。

---

[1] 元服：男子成人举办的仪式，内容是改变发型和服饰，加冠，废止幼名，取正式的名字，年龄多在十一岁到十七岁。始于中国古代。

不做统一大梦

元就的长子毛利隆元去世得早，元就白发人送黑发人，一度哭得昏厥过去，三天三夜没停，意志消沉，甚至不断地对人表示想早点儿死去。他剩下的两个儿子分别被过继到吉川家和小早川家。

当年毛利元就曾经折箭训诫毛利隆元、吉川元春和小早川隆景，让三个儿子一直情同手足，一心一意搞团结，一支箭容易折断，三支箭结合起来就很难折断。这一幕在世界历史上曾经不断地上演，成吉思汗也曾经让自己的四个儿子折箭起誓。这就是日本历史上有名的三矢之盟。

毛利元就不但注重儿子的团结，也注重家臣的团结，以及家臣对毛利家的忠诚。曾经有一位家臣在战斗中身中毒箭，伤口化脓，眼看就要挂了，毛利元就二话不说，俯下身来，吸吮家臣伤口上的毒液脓水。这位家臣当场感动得泪流满面，以后你让他死，他都没二话。

毛利元就领导的安艺毛利氏从一个小据点发展成为领有中国地方十个分国，领地一百二十万石，号称战国第一智将。毛利元就对版图扩张十分谨慎，在他七十五岁高龄去世的时候，仍然留下遗言，不要求后辈统一天下，要子孙继续领导家族，稳住全日本六十余国中的五分之一，常保富贵就可以了。由于嫡长子毛利隆元死得早，元就让孙子毛利辉元继承毛利家。

毛利辉元在自己的两位叔父吉川元春和小早川隆景的辅佐下，实力越来越强，他的两位叔父，被人称为毛利两川。毛利氏被迫臣服于丰臣秀吉之后，在秀吉的朝鲜之役中担当先锋，受到了很大的损失，但是小早川隆景和毛利辉元相继成为秀吉政权的五大老。

关原之战中，应石田三成之邀，毛利辉元成为西军总大将，驻守大阪城辅佐丰臣秀赖，向德川家康宣战。关原之战，西军败北，毛利家领地由一百二十万石减到三十七万石。虽然如此，毛利家却保住了家业，一直传到了幕府末年，而且成为积极参与倒幕运动的西南四强藩之一。

8. 加贺百万石——前田利家

到信长身边做小姓

日本战国时代是个天下大乱、战乱频仍的时代，如此众多的战国大名跃上历史舞台，叱咤风云。这些大名之所以能成为一方霸主，离不开部下家臣、武士们的英勇奋战。日本战国时代，除了产生著名的大名之外，还有很多家臣武士的故事被人传颂，其中最有名的一位就是号称"枪之又左"的前田利家。

前田家是织田家的家臣，利家出生在两千贯的一个小城主家。他父亲虽然拥有两千贯的俸禄，但是儿子众多，以前田家微薄的产业，无法养活这么多儿子，也无法养活这么多家臣，怎么办呢？父亲就让前田利家到织田家少主身边去做小姓。

年轻的前田利家就来到了当时的织田家少主——也就是日后天下闻名的织田信长身边做了小姓。织田信长在当了织田家督之后，相当长一段时间内忙于平定织田家的内乱。织田家大多数人不服他，觉得他是大傻瓜，想让他的弟弟信行来代替他。包括后来成为织田家第一猛将的柴田胜家，那个时候都是站在信长对立面的。

前田利家以信长小姓的身份跟随少主人冲锋陷阵，立下不少战功。他第一次上阵时只有十五岁，此后不断立下战功，武艺也越来越高强。利家小名叫犬千代，一向放荡不羁的织田信长就跟叫丰臣秀吉猴子一样，直接称呼前田利家为犬。利家被主公称为犬，非但没有表示出不高兴，相反觉得这是无上的荣光。咱们今天要是谁说别人是狗，对方准急！但是在日本，被主人称作犬好像是一种光荣，可能是觉得狗有忠诚的秉性，能够忠于主人，下属能得到主人这样的称呼，是主人对自己的肯定。

利家成年后，迎娶了自己的表妹，号称战国三夫人之一的阿松作为自己的妻子。平日里，利家与外号叫猴子的木下藤吉郎——也就是后来的丰臣秀吉交好，一猿一犬汇合在信长帐下。

信长身边有很多的小姓，平时如果能够一板一眼地完成主人交付的任务，只要不出岔子，将来总能成为一城之主。这些主人身边的小姓，整天跟在主人身边，双方关系亲密，可能有同性恋的关系，当时很多武将确实也很好男风。

像狗一样忠诚

信长身边有一名小姓叫十阿弥，是一个僧形者，就是没有正式出家，但是剃了光头、做和尚打扮的人。

当时大名家中经常有僧形者，负责茶道、花道这种艺术类的工作。十阿弥很受信长宠爱，恃宠而骄，就爱捉弄同僚，而同僚里面性情最好、最讷于言辞的是前田利家，所以十阿弥经常拿利家开涮。利家虽然拼命忍耐，不跟他一般计较，但是时间长了也受不了，利家就几次在主公面前报告这件事儿。但是信长这个人不爱为这种事儿去动心思，每次顶多把十阿弥叫来轻轻地叱骂几句就完了，甚至有的时候不了了之。利家感到很郁闷，同样是主人身边的小姓，自己跟着主人出生入死，十阿弥不过是动动嘴，说几个荤段子讨主人欢心，倒倒茶，插插花，主人居然这么宠爱他。利家越想越生气，此时他对十阿弥的忍耐已经到达了爆发的临界点。

不久，十阿弥再一次在织田信长眼皮子底下，公然冲撞利家，利家一怒之下，终于拔刀砍死了十阿弥。织田信长大怒："你什么意思，打狗还得看主人面，你当着我的面斩杀十阿弥，这不是明显不把我放眼里吗？"织田信长当时拔刀就要宰了前田利家。也怪十阿弥人品太差了，平时经常捉弄同僚，把同僚都得罪完了，看到前田利家手起刀落，斩杀了十阿弥，同僚们个个是内心暗喜，所以纷纷跪下给前田利家求情。信长余怒未消，答应饶前田利家不死，但是要把前田利家逐出织田家，变成一名浪人，就是失去主君的武士。

前田利家苦苦哀求，但织田信长仍然不允许他归队，组织不要你了。于是，利家被迫在外面当了两年的浪人。

其实在日本战国时代做浪人也并不是一件多么可怕的事儿，浪人可以自行选择投效别家，在战乱频仍的年代，不愁没有建功立业的机会。前田利家与一般浪人不同，确实对得起信长称他为犬，他真的像狗一样，忠实于自己的主人，觉得自己生是织田家的人，死是织田家的鬼，跟定了织田信长。在主人不要自己的两年时间内，利家依然在织田的居城外徘徊不去，希望有一天主人能够回心转意，把自己再招回帐下。

织田信长对于前田利家当着自己的面砍杀十阿弥这件事儿很是不爽，深深地感到自己的权威受到了很大的冒犯，坚决不允许前田利家回归。前田利家不离不弃苦等了两年。终于，机会来了。

桶狭间之战爆发的时候，前田利家虽然已经不是织田家的人，但是他仍然跟随织田信长出阵。

日本战国时代非常有意思，只要两家打仗，总能看到除了两家本部兵马之外，有很多浪人选择加入其中一方作战。浪人们作战的目的是什么呢？第一是能抢点儿战利品；第二个如果自己帮的那家打赢了，说不定就能招募自己为家臣。再不济也能得上几贯赏钱。所以日本战国时代，经常能看到交战双方鏖战之际，一拨不明身份的人在旁观战，随时准备加入一方作战。

前田利家此时作为一名浪人，仍然选择跟随织田本部出战。只见他跃马挺枪杀入阵中，舞动长枪，异常娴熟地刺向今川武士，对方急忙横刀抵抗，无奈利家枪法精湛，一枪就刺中了对手，对手一声惨呼，栽倒下来。前田利家唯一的随从冲上前来掀开武士的头盔，一刀把他脑袋砍下来，递给主人。前田利家手捧敌人的头颅拨马而走，直接驰向正在指挥部下猛冲的织田信长。织田信长周围的卫士都认识利家，一看利家捧着敌将脑袋直奔主公冲了过来，谁也没有阻拦，自动闪开一条道，让利家接近信长。利家把头颅捧起来献给信长，信长却连看都不看，冷哼了一声。

前田利家一见故主这个态度，把首级扔到信长马前的泥泞之中，转身上马疾驰而去，把刚才的情景又重演一遍，一眨眼工夫又杀死了对方一员武士，然后斩下首级又来献给信长，信长还是不理。

前田利家扔下脑袋翻回身再战。如此三番五次，不断地重复着杀敌献首级，直到血水、雨水浸透了他的铠甲也不肯罢手。织田信长终于被利家的忠诚和英勇感动了，当他再次抛下不被信长接受的敌人首级，准备翻身上马去厮杀的时候，信长终于望着他的背影喊了一句："犬，你这又是何必呢？战场上太危险了，刀枪无眼，你就别再去了。"

信长终于原谅了利家，但是利家还是在过了一段时间之后才得到织田家的俸禄。

"枪之又左"

利家回归织田家，标志着他一生中最艰难坎坷的两年浪人生活结束，进入一帆风顺的坦途。

利家回归三个月之后，他的好朋友木下藤吉郎（就是后来的丰臣秀吉）托他去做媒。木下藤吉郎在桶狭间合战之前，一直是给织田信长提鞋的杂役，此战之后才被提升为下级武士。他出身低微，相貌丑陋，长得像只猴子，他所看中的姑娘，就是日后他的原配北政所。木下藤吉郎托在织田家刚刚崭露头角的前田利家去给他做媒。利家为人很老实，觉得木下藤吉郎配不上这姑娘，但是架不住木下藤吉郎央求，只好厚着脸皮去说媒，没想到一说还成了，对方还真愿意嫁给这只猴子。从此奠定了前田利家跟木下藤吉郎两个人终生的友谊。

在织田信长统一日本的过程之中，木下藤吉郎越来越崭露头角，他非常聪明，善使谋略，在频繁的战争中，大出风头的机会很多。而前田利家只会在战场上厮杀，相比之下，前途就黯淡了，落到了好友身后。木下藤吉郎从养马的下人变成了地位超过利家的武士，利家心里有点儿不是滋味。

当时前田家的家督是利家的哥哥利久。信长在首次上洛之后，直接把前田利久找来，对他说："你没有作为一家之主的气量，现在你把前田家家主的位置让给利家，这是我的命令，你有什么意见吗？"利久性格懦弱，不敢说半个不字，甚至都没有剖腹自杀的勇气，只好乖乖地把家督的位置让给了利家，自己当了一名浪人。

利家得到了原来父亲两千贯的领地，再加上自己四百五十贯的俸禄，他的人生就有了新的起点。拥有更多的俸禄对于利家，意味着可以养活更多的家臣和士兵。对于利家这种只会在战场上拼杀的武士来讲,战功是唯一升迁的机会。另外他成了一城之主之后,免不了交际应酬,也会多学一些人情世故,甚至文化艺术水平也跟着有了提升。

当"信长包围网"组成的时候,朝仓、浅井联军和上杉家、本愿寺、三好三人众等众多势力结合,与织田军在淀川堤上决战。利家奋勇迎战,击退敌人,突破了堤防,被信长赞誉为"堤上之枪"。因为利家的名字里面带有又左卫门的称呼,所以又被称为"枪之又左"。

信长这个时候,也不再称呼利家的小名犬了,而是叫他又左,把他看作是自己一手培养起来的将才,而不仅仅看作是小姓出身的警卫员了。

在信长平定日本的过程当中,信长任命手下头号猛将柴田胜家为越前北庄城主,组成织田家的第一个独立军团,负责北线战事。任命前田利家、佐佐成政、不破光治三人为柴田的辅佐官,把越前府中地区的十万石领地平均分给他们,三人被称为府中三人众。

利家的主要任务是镇压一向宗门徒起义。北陆地区一向宗佛教势力向来非常强大,其强盛之时甚至驱逐领主,占领加贺国十年之久。信长对一向宗的信徒向来非常痛恨,下令利家出兵无情镇压。利家作为信长忠心耿耿的家臣,忠实地执行了信长不惜以极其残忍的手腕镇压的政策。越前国小田城石墙上,至今还有三行字存留,大意是前田又左卫门捕获一向宗千人,于此处釜烹。拿锅给煮了!看着令人胆寒。

忠诚之人靠得住

织田信长本能寺丧命之后,丰臣秀吉与柴田胜家为了争夺织田的天下大打出手。利家作为柴田胜家的副手,甚至直接称呼柴田胜家为叔叔,昔日的同僚结成了亲属关系,自然站到了柴田胜家一方。但是当秀吉向柴田胜家发动猛烈进攻,在贱岳进行决战的时候,利家却在决战开始前,带领手下退走了,一方是自己的老长官,另一方又是自己昔日的铁哥们儿,两方他谁都不愿意得罪。

前田利家脱离战场,引起了雪崩效应,柴田军登时大败。很多柴田的部将也都跟随前田利家退入到府中城。战败溃逃的柴田胜家带着几十名部下一路狂奔到城下，想要进城休整一下。由于利家和秀吉有着良好的私人关系，再加上利家在贱岳之战中不战而退，所以局势非常微妙。府中城内，人人都很紧张，纷纷议论到底该不该接纳柴田胜家。

利家毫不犹豫，吩咐一声："打开城门，迎接老长官进城。"当家臣劝告他斩下柴田胜家的首级献给丰臣秀吉邀功的时候，遭到了利家的严词叱骂，认为绝不行此不符合武士道精神之事。

柴田胜家进城之后，跟前田利家讲："我是没戏了，你以后也别跟着我混了，筑前守（当时丰臣秀吉的官职）方兴未艾，从此之后你跟着筑前守混吧，谋一个好的前程。"利家看到柴田到了这步田地还在为自己打算，心中非常感动，不由得劝柴田："筑前守大军马上就到，您尽快突围，回到您的居城，我会尽量拖住筑前守进攻的时间。"

秀吉大军赶到府中城之后，前田利家跟秀吉几番寒暄，想拖住秀吉，可是秀吉生就一张三寸不烂之舌，伶牙俐齿，劝利家归降自己。利家一介武夫没有什么心眼，又很容易被别人感动，在秀吉的巧舌如簧之下，答应了归顺秀吉，从此之后就跟着秀吉混了。

前田利家归属丰臣秀吉之后，成了丰臣秀吉最忠实的部下，甚至把自己的闺女嫁给秀吉做了侧室，而丰臣秀吉给利家的封地高达百万石之多。丰臣秀吉虽然在名义上统一了日本，但是他的政权结构相对比较松散，更像是众多大名的一个共同体，有点儿室町幕府的范儿。丰臣秀吉很清楚这一点，任命五位无论是领地、声望都是当时佼佼者的大名为五大老，帮助他处理国事。首席是德川家康，第二位就是前田利家，利家同时升任从二位权大纳言，成为朝廷高官。

前田利家由一个破落的武士升到高官的位置，这是他没有想到的。其实利家一辈子只知道忠诚战斗，并没有为自己爬上高位、取得百万石领地动过什么歪脑筋。但也正因为如此，他的忠诚得到了信长、秀吉的认可，觉得这个人靠得住，可以托付大事，所以利家才一路升到如此高位。

丰臣秀吉之所以任命利家为仅次于德川家康的五大老之一，实际上也是想让利家牵制家康。丰臣秀吉去世之后，前田利家也确实站到了德川家康的对立面。可惜此时利家已经病入膏肓，在丰臣秀吉去世七个月之后，利家也病逝了。前田利家是唯一能够在人望、实力上跟德川家康抗衡的人，他的去世注定了丰臣家必将灭亡的命运。

利家一死，德川家康立刻寻找借口，打算对加贺用兵。利家的继承人利长不敢跟家康正面相抗，被迫臣服。后来，德川家康取代了丰臣氏，建立了德川氏的江户幕府。加贺也成为江户幕府最大的外藩，一直存续到近代。

明治维新之后，前田家被封为侯爵，甚至在第二次世界大战期间，日本在南洋的司令官前田利为仍然是前田家第十六代家主。一直到现在，日本自卫队中还有一个非常精锐的空挺团，相当于我国的空降部队，团长仍然是前田氏。也就是说，"枪之又左"的后人，到今天还从事着跟军事相关的职业。

9. 超级忍者德川家康

"忍者神龟"的少年时代

日本战国历史上有一段非常著名的问答，当然了，可能并没有真实发生过这样的问答，而是根据典型人物的典型性格编出来的一个故事：

"如果杜鹃不叫，怎么办？"如果是丰臣秀吉，他就说："杜鹃不叫了，可以逗它叫。"德川家康说："杜鹃不叫呢，就等着它叫。"织田信长哈哈大笑，说："杜鹃不叫，宰了它，炖粉条下酒。"这段对话，三个人的性格跃然纸上，织田信长的霸气，丰臣秀吉的聪明狡黠，德川家康的忍耐，表现得淋漓尽致。

日本历史上还有一种说法形容他们三人：织田信长是种稻子的，丰臣秀吉是收稻子的，而德川家康是吃米饭的。结束日本战国时代、完成日本统一的三雄，笑到最后的是德川家康。为什么他能笑到最后？最关键的是他特能忍，忍功堪称日本第一。

德川家康跟织田信长的出身差不多，德川家是源氏后裔，也属于贵族之后。他的祖父在二十五岁的时候，被家臣刺杀；父亲在二十四岁的时候，又被家臣杀害，原因是他老爸抢了家臣的堂妹，乱搞男女关系，家臣怀恨在心，把他爹给做了。

德川家康五岁的时候，名字还叫松平元康，被送到骏河国的今川义元处做人质。做人质就够惨的了，中途又被跟骏河敌对的织田信长的父亲劫走了，到了尾张国做人质，后来又被交换到骏河国继续做人质。也就是说家康少年时代一直过的是人质生活，一口气做了十三年人质。做人质能有好日子过吗？所以家康从小就学会了看人眼色，懂得察言观色，很会揣测人的心理。

人质的生活是很悲苦的，安全完全没有保障。幸亏他妈妈和姥姥都是很不错的女人，他姥姥经历了很多风浪，一生之中改嫁了五次，最后一次嫁给了家康的祖父，女儿嫁给了家康的父亲。所以，家康可以称她为姥姥，也可以叫她奶奶。家康的母亲因为政治原因嫁给家康的父亲，生下家康之后就被迫改嫁织田信长的家臣。当家康在织田家做人质的时候，他妈正好在织田家，可以照顾儿子的成长。也就是在织田家做人质时期，德川家康与织田信长结成了兄弟。

家康被交换到骏河之后，他姥姥兼奶奶落发为尼，在家康住所附近出家，照顾自己的孙子。因为身世坎坷，少年时代的家康就堪称"忍者神龟"。虽然遭遇不幸，但是他一直没有放弃恢复自由的努力。

杀妻灭子不手软

家康十三岁的时候，与骏河大名今川义元的外甥女筑山殿成婚。结婚的时候，筑山殿比他大十岁，他十三，媳妇二十三。在那个年代，这么大岁数的人还不出嫁，一定有隐情。

传说筑山殿是别人的小三儿，所以才一直没有正式出嫁。据说是今川义元的儿子今川氏真的二奶。筑山殿在结婚的前一天还跟自己的表哥今川氏真幽会，以至于跟德川家康结婚后生下的第一个女儿长得根本不像德川家康，倒跟今川氏真像是一个模子刻出来的。很明显老婆给自己戴绿帽子，但是家康根本不在意，反而靠着媳妇跟义元的亲戚关系，准备随时脱离义元对他的控制。

随着今川义元桶狭间之战败亡，今川家势力衰落，德川家康终于脱离了人质生活，回到了父亲留给他的领地冈崎城。回城之后，与儿时的结拜兄长织田信长结盟，这就是日本历史上著名的清洲同盟。

随着织田信长取得一系列胜利，他也成为当时战国当中实力最强的大名之一，慢慢有了统一日本的雄心。信长为了稳固和家康的联盟，把自己的长女德姬嫁给了家康的长子信康。但是他也担心家康的实力强大会对自己造成威胁，所以给闺女的嫁妆里面，放了三条巨大的鲤鱼。

德姬一见公公家康，就大谈特谈大鱼吃小鱼的故事，随行的织田家武士也对德川家表现得非常傲慢。三条鱼当中最大的一条就是织田信长，那两条小的代表德川家康父子。养在池子里的还有其他的小鱼，大鱼不会吃那两条比他小的鱼，只吃其他小鱼小虾，只有最大的鱼吃饱了，两条小一号才能吃剩下的鱼。

德姬给公公讲这个故事，用意非常明显，警告德川家康只能做信长的盟友或者下属，如果你不听话，我爹就吃掉你，语意之中暗含威胁。也说明几百年前的源平之争，到现在还有后遗症。织田信长是平氏出身，德川家康是源氏出身，虽然合作了，但是互相还得防着。

德川家康的长子信康是筑山殿所生，筑山殿的父亲死于织田信长的切腹令，所以筑山殿非常不满自己的丈夫跟信长联手，总想阻止家康与信长联盟，想跟织田家的敌人武田家联盟。筑山殿甚至一度想把家康干掉，扶自己的儿子信康上位，担任德川家的首领。但她的阴谋很快被织田信长知道了。信长的女儿德姬，也就是德川家康的儿媳妇，整天看到婆婆筑山殿鬼鬼祟祟的样子，特意派了侍女刺探，发现了筑山殿跟武田胜赖之间的密信，就报告给了父亲。

德姬明知道这样做肯定会连累自己的婆婆和老公，为什么还要这么做呢？道理很简单。德姬和信康一直没孩子，筑山殿整天喊着咱家不能绝嗣，撺掇着让信康娶小的，信康当然是乐得听妈的建议，从此就在百花丛中飞来飞去，冷

德川家康杀妻灭子

落了德姬。德姬非常怨恨自己的婆婆，就把婆婆的阴谋报告给了父亲，让父亲去判断自己的婆婆和老公是不是有罪。

信长在这件事上表现得非常老道，并没有立刻发作。恰巧当时家康派手下四天王之一的酒井忠次去信长那儿商量事儿，信长就把自己闺女的信拿给酒井看，并让他评判信中所说是否属实。没想到酒井忠次正好跟信康不和，看完这封信之后，他当着织田信长的面说："我认为这些事不是空穴来风，我看八成是真的。"

这样一来，不仅仅是筑山殿有罪了，连家康的儿子信康都变成了共犯。信长说："既然德川四天王的酒井都承认确有其事，那就无可怀疑了。麻烦您向德川殿传达我的指令（殿是尊称，就是阁下的意思。现在很多人给翻译成殿下是不对的，只有皇族才能叫殿下），筑山殿和信康必须处死。"信长这是让家康杀妻灭子。

酒井忠次回到家康这儿传达了信长的命令。家康一听就晕了，媳妇杀不杀倒是无所谓，儿子太可惜了，好不容易长大成人，二十岁了，眼看可以继承自己的家业，现在一道命令传来……家康在两难之间徘徊，杀还是不杀？杀，那可是骨肉亲情；不杀，意味着跟织田家绝交，今后有被攻打的可能。当时织田家是天下闻名的大大名，与他交战，自己是死路一条。家康深思熟虑，最后还是选择了服从，同意把儿子和妻子处死。

妻子筑山殿被带到城外秘密杀害，她至死也不顺从，被乱刀砍死。临终之前还大骂家康不是人，听信谗言，杀妻灭子。信康被勒令切腹自尽，切腹前信康大喊冤枉："谋反的事我根本没想过，凭什么要我切腹？"

家康将两个人的首级送给信长，供信长验证。对于进谗言的酒井忠次，家康日后非但没有报复他，而且还在他六十二岁退职之后，让他的长子家次继承四天王之位，可见家康忍功的超群！当然，他也有没忍住的事儿。

忍者其实没那么神奇

1572年，武田信玄集合三万大军上洛，德川家康的领地正好挡在他的进军途中。德川军从来没对抗过如此强大的敌人，家康只好向织田信长求救。

但是信长当时正处在"信长包围网"中，调不出太多救兵，只派来三千人，加上德川军八千，一共一万一。而武田军是百战劲旅，人数多达三万。到底跟武田打不打？这件事很让家康为难。德川家的臣僚都主张不必出战，武田军好像也没有攻打德川家的意思，跟武装游行似的，绕过德川领地就直奔京城去了。

家康觉得太丢人了，你也太拿我不当盘菜了，这是对武士极大的侮辱，一贯能忍的家康这次没忍住。在武田大军通过他的居城之后，他率人马追击。一代名将武田信玄早已料到德川家康会追击他，所以在三方原布下口袋阵，德川军被打得大败，甚至吓得家康溃逃路上屎尿失禁。让家康感到万幸的是，武田信玄没过几天就病死了，总算是逃过了一劫。后来在长筱合战中，家康联合织田家，彻底打败了武田胜赖，算是报了三方原之战的一箭之仇。

本能寺之变发生的时候，家康正好在京都。明智光秀封锁了京都，家康想从大路返回领地已是不可能了，留在原地无疑是坐以待毙，光秀肯定会派兵来抓他，因为他是织田信长的盟友。家康一看这回可能真的没戏了，大势已去，准备切腹自尽。他麾下四天王之一的本多忠胜，一把攥住他的刀柄说："右府（织田信长官居右大臣，尊称右府）大人和公子已然身亡，主公应该设法逃回三河，起兵为两位大人报仇。"一句话提醒了德川家康。信长死了，天下大乱，终于可以不用在信长手下受闲气了，现在正是我出头露面、统一天下的大好机会。于是，家康在忍者和家臣的保护下逃回了自己的领地。

关于忍者，大家都会想起电影里那些武艺高强、善使暗器、奔跑如飞、瞬间移动、一股白烟人影俱无的影像。其实，真实的忍者并没有那么神奇。

最早的忍者出自伊贺与甲贺，两地都属于重山围绕的封闭小盆地，自然环境很是贫瘠，人们为生活所迫，为了谋生，修习忍术，精于化装术，进而形成团体，主要承接侦察、情报搜集、暗杀等业务。忍者的工作，主要是为主君进行刺探、破坏、策反、暗杀、搜集敌方前线情报、搅乱敌方后方基地等种种间谍活动。

忍者在世时必须隐姓埋名，与黑暗为伍，也不能留下只言片语，以免日后留下隐患。忍者组织内部等级分明，"上忍"主要负责洽谈，安排业务，是忍者组织中的核心人物；"中忍"负责制订行动计划，并指挥行动；"下忍"则实际执行任务。

忍者的正式名称确定于江户时代，像日本武士的武士道一样，忍者也遵循一套自己引以为荣的专门规范。其中必须遵循的四项基本原则是：不准滥用忍术（只能用在公事上）、舍弃一切自尊（逃命要紧）、必须守口如瓶（即便为此失去性命）、绝对不能泄露身份（这条最为根本）。大多数忍者专门从事间谍活动而不是暗杀，所以要求其本身隐秘，也正是由于隐秘，传到最后也就不了了之了。

终于笑到了最后

德川家康逃回领地之后，不想丰臣秀吉已先下手为强，灭了明智光秀，继承了织田信长的事业。家康很是不甘心，与秀吉展开了小牧-长久手之战。

家康以三万人马跟秀吉的十二万五千大军基本打了平手，但毕竟家康兵微将寡，长期交战肯定拼不过丰臣秀吉。家康心知肚明，如果秀吉倾全国之力而来，自己绝对不是对手，想乘着平手之际，跟秀吉谈和。秀吉经此一战，也了解了家康的实力，也愿意和家康谈和。

怎么谈和呢？丰臣秀吉把自己的母亲送给德川家康做人质，还把自己四十四岁的妹妹嫁给了四十五岁的家康。秀吉的妹妹本来已经嫁给了自己的家臣，已是有夫之妇，秀吉强迫妹妹跟家臣离婚改嫁家康。家康自从筑山殿去世之后，发誓不再娶妻，只娶了很多小妾。包括后来的继承人德川秀忠都是妾生子，不是嫡子。面对这次秀吉送来的橄榄枝，家康决定还是接了过来，因为秀吉势大。家康的忍功，在这里又一次展现出来，从此臣服于秀吉，成了秀吉手下的第一大名。当然秀吉有能够统一日本全国的强大实力，却主动与家康谈和，送母嫁妹，也证明了家康的实力不一般。

秀吉灭了北条氏之后，为了削弱家康的力量，让家康离开自己的三河领地，移封到了关东八国原来北条氏的地盘。由于关东八国刚刚打完仗，满目疮痍，混乱不堪，再加上当地的老百姓都是北条氏的子民。家康一个外来户，人家不见得服他。很多家康的家臣都不愿意走，故土难离，关东八国，人生地不熟的，秀吉再使点儿坏，咱怎么办？家康觉得自己的实力不足以跟秀吉抗衡，力排众议，移居关东八国。

家康到了新领地后，卧薪尝胆，厉兵秣马，很快就把关东八国治理得欣欣向荣。特别是家康的居城江户，后来成了日本最著名的大城市，也就是今天日本的首都东京。

当丰臣秀吉起兵攻打朝鲜的时候，几乎全日本的大名都反对，只有家康表示支持。丰臣秀吉对家康非常感激，曾经跟家康许诺："等我征服了大明，日本就交给内府（德川家康官居内大臣）管了，你就是日本的王。"但这很可能是家康的阴谋，德川家并没有到朝鲜参战，而是给丰臣家提供军需粮饷。在侵朝战争中，日本损失的兵马，大多是丰臣秀吉的嫡系，那些西国大名的军队。而家康不但没有损失，相反实力还得到了增强，更得到了秀吉手下一些大将，像福岛正则、加藤清正等人的拥护。

丰臣秀吉去世后，家康开始准备着手收拾丰臣家，但是从1600年取得了关原之战的胜利，到1615年丰臣家彻底灭亡，又用了整整十五年的时间。按道理说，丰臣家已经是奄奄一息，行将就木，家康居然还能等上十五年的时间，为什么呢？就是因为丰臣家还有健在的武将，大阪城里还有巨大的财富，丰臣家是百足之虫死而不僵，还有抵抗能力。所以家康一直忍到1615年，找到借口，彻底消灭了丰臣家。

正是家康的天下第一忍功，使得他笑到了最后，所有强大的对手都死得比他早。历史为家康提供了一种最好的可能性，家康终于得偿夙愿。

以"忠"为核心的武士道

德川家康一生非常谨慎，睡觉的床榻下面都用木条封死，怕有刺客潜伏。所用食物都要用火烤一下，怕有人下毒，生食基本不吃。甚至他跟女子同床的时候，都能忍精不射。家康晚年与少女同床，据说并不是为了发生关系，而是采阴补阳，吸取少女身上的能量使自己长寿。

德川家康精力绝伦，六十六岁的时候还能生孩子。德川家建立幕府之后，将军传了十五代，寿命最长的是最后一代德川庆喜，活了七十六岁，其次就是家康，七十四岁。德川庆喜三十多岁的时候奉还大政，后半生都是退处林下，优游岁月。而家康一生刀光剑影，居然如此高寿，不能不说是一个奇迹。

据说家康在晚年达到权力最顶峰，建立江户幕府之后，跟自己的继承人三儿子德川秀忠，又谈起了当年德姬嫁过来的时候那三条鱼的故事。秀忠问自己的老爹："幕府以后应该怎样统治？"家康给儿子支着儿："一定要掌握好武士，要会引导和制约。"怎么引导制约呢？家康找了精通中国儒家思想和佛教思想的人制订出心目中理想的武士道，所以武士道的正式形成是在德川幕府建立之后。

武士道的核心是主君命令你干什么，你就要不分是非，献出自己的一切来完成主君的命令，而不要考虑这种所作所为是否正确和有争议。因此，在学者看来，日本人虽然也号称是信奉儒家思想，但是日本的儒家思想和中国的儒家思想有本质的区别。中国的儒家思想是以"仁"为核心，而日本的儒家思想以"忠"为核心。明治维新之后，武士道就成了日本对外侵略扩张的思想工具了。

德川家康真正结束了日本历史上一百几十年的战国时代，建立了日本最后一个幕府——德川幕府，也就是江户幕府。

10. 关原之战定乾坤

石田三成三献茶

发生在1600年的关原之战，是德川家康奠定德川幕府两百六十多年基业的关键一战，也是德川家康在丰臣秀吉死后抓住有利时机消灭丰臣家中反对自己的势力，削弱丰臣家的一个重大举措。丰臣家中，哪些人最反对德川家康呢？

随着丰臣家势力的发展，家臣逐渐形成了文治派和武断派。丰臣秀吉由于出身微末，不像一般的世袭战国大名有谱代家臣^①，加上他自己家人丁比较稀少，只有一个弟弟秀长，再有就是外甥秀次，一直到晚年才有儿子，因此他特别注意吸纳英勇善战的家臣。比如贱岳会战时候出名的加藤清正、福岛正则等人，号称"贱岳七本枪"，这些人都是武艺超群的武士。

随着丰臣秀吉逐渐统一天下，开始实行刀狩令^②和太阁检地^③，其中有大量的文治工作，需要人来做，使得那种拙于武艺、长于案牍工作的人，反而有了更大的机会。其实道理很简单，江山逆取而顺守之，打天下靠武将，治天下肯定得靠文官。这样，在丰臣家就形成了打天下的武将和治天下的文官两者并存的局面，时间久了，武将和文官之间就产生了矛盾。丰臣家文官的头就是著名的石田三成，也是关原合战中实际上担任西军总大将的人。

石田三成又名佐吉，出身低微，很小的时候就被送去寺院当了小沙弥。

传说丰臣秀吉还叫羽柴秀吉的时候，受封近江国之后，各处指导生产，布置防御。某次，丰臣秀吉忙了大半天，口干舌燥，看到路边有座寺庙，就进去找水喝。寺院住持一看丰臣秀吉就知道来者不俗，安排小沙弥去给丰臣秀吉倒茶。小沙弥很快捧上一碗茶，丰臣秀吉端过来一尝，温暾暾的，茶水不烫，正好解渴，一大碗瞬间喝干了。喝干之后觉得不过瘾，跟小沙弥说："再来一碗。"小沙弥很快端上来第二碗茶，这碗茶温度比上一碗稍微热了一点儿，而且碗也比上一碗小了。好在丰臣秀吉已经不是那么渴了，也不打算做牛饮，因此三五口把茶喝干，觉得茶味道不错，再来一碗。第三碗是滚烫的茶，不能

---

① 谱代家臣：是指数代侍奉同一个领主家族的家臣，谱代家臣一般更为忠诚，也更为自己的主子所信赖和重用。与其对应的家臣称"外样"，指新近依附的家臣，或者是屈从于大领主的地方豪族。

② 刀狩令：日本史上的法令，主要是没收庶民手上的武器，其目的是完全做到兵农分离，加强对庶民的统治，使得日本武士和庶民阶级更加稳固。

③ 太阁检地：丰臣秀吉在日本全国推行的检地，是日本历史上的一次重大变革。太阁检地彻底整顿了战国时代复杂、重层的土地领有关系，以石高制为杠杆，建立起近世封建土地制度，奠定了近世幕藩体制的基础。

喝，只能品。

丰臣秀吉此时已经全无渴意，也不再觉得燥热了，坐在古老的寺庙里面，看看院中繁花似锦，听着鸟鸣声声，觉得非常高兴，心情很爽。所以接过小碗的热茶，慢慢地品赏，竟然品出了人生境界，一段时间内把什么战场立功啊，什么人世间的功名利禄、你争我夺，都抛在了脑后。

丰臣秀吉回过神来，不觉地对上茶的小沙弥很是赞叹，这小伙子太聪明了。第一碗茶温暾暾的正好解渴；第二碗茶比第一碗热点儿，让我静心；第三碗茶滚烫，让我观赏寺院，参悟佛理，这样的人窝在寺庙里当小沙弥太可惜了。于是，丰臣秀吉就把这小沙弥叫过来了，一聊正是同乡。在得知小沙弥非常愿意跟随自己之后，就把他带在身边。

这个小沙弥就是石田三成。这就是在日本历史上被传为美谈的三献茶的故事，表明石田三成非常会揣摩主君的心意。

带着面纱的大谷吉继

随着丰臣秀吉的势力越来越大，石田三成在秀吉身边也就越来越崭露头角。石田三成不怎么会打仗，但是他在民政方面非常有才能。秀吉对石田三成在这方面的才能也是充分肯定。

在丰臣秀吉发动侵略朝鲜战争的时候，石田三成负责后勤，主管收集物资，调派船只运送到朝鲜半岛。当时，像加藤清正、福岛正则这些深受丰臣秀吉宠信的武将正在朝鲜半岛被明朝援军打得满地找牙，为了推卸战败的责任，一致咬定是石田三成这帮负责后勤的奉行不能及时运到物资，才使他们打了败仗。石田三成则反过来说因为他们作战不得力，所以物资才运不到前线。双方的争吵，埋下了矛盾，两派斗得越来越凶，这就是丰臣家的文治派和武断派之争。

等到丰臣秀吉一死，文治派和武断派的矛盾就更大了。丰臣秀吉临终时，曾经任命五大老、五奉行掌管丰臣家的天下。五大老分别是德川家康、前田利家（死后由前田利长接替）、毛利辉元、小早川隆景（死后由上杉景胜接替）、宇喜多秀家。五奉行是石田三成、浅野长政、前田玄以、长束正家、增田长盛。

德川家康在丰臣秀吉死后独断专行，压制其他大老，想夺取丰臣家天下。前田利家死后，前田利长认怂了，乖乖地臣服于德川家康。宇喜多秀家虽然被丰臣秀吉收为养子，但是他因为年轻、资历浅，无法平息家中的派系斗争，导致势力被削弱，也不足以跟家康对抗。所以，家康就把矛头指向上杉景胜。石田三成忍无可忍，号召天下诸侯，尤其是丰臣系诸侯起兵对抗德川家康，由此爆发了著名的关原合战。

在战争爆发之前，石田三成首先找到自己的挚友大谷吉继商量共同对付德川家康。大谷吉继也是丰臣秀吉的小姓出身，跟石田三成前半生经历几乎一模一样，但是能骑快马舞大刀，立有战功。丰臣秀吉曾说，大谷吉继能领百万大军，而当时的大谷吉继只有二十六岁。

大谷吉继在日本历史上的形象都是脸上包着白布巾，为什么呢？因为他有很严重的皮肤病，脸部溃烂，必须用布包上。大谷吉继跟石田三成关系很好，原因除了出身相似之外，还有一则传说。

丰臣秀吉有一次召开茶会。日本的武将附庸风雅，特别爱召开茶会。茶会一般是主人点一两碗茶，客人一人一口，在同一个茶碗中轮流饮，不是一人一个碗，跟击鼓传花似的。丰臣秀吉点了一碗茶往下分发，大谷吉继也受邀前来，由于他患有皮肤病，饮茶的时候，据说脸上流的脓汁有一滴掉到茶碗中去了，在他后面饮茶的这些人一看，觉得太恶心了，所以接到茶碗之后就都装模作样比画一下，谁都不肯拿茶碗粘唇，就这样回家之后都吐半天。只有石田三成完全不介意，端起茶碗一饮而尽，丝毫不嫌弃吉继。吉继对此非常感激，从此俩人成为莫逆之交。

丰臣秀吉临终的时候，将一把宝刀赐给了大谷吉继，用意非常明确，他素来看重吉继，希望吉继手持这把大刀，能够保卫他的儿子——也就是丰臣家的继承人丰臣秀赖。

所以，石田三成起兵的时候，首先想到劝说大谷吉继。在劝说之前，他先派遣使者约会吉继，而且给吉继送去了自己的嫡子做人质。吉继很感动，老友把儿子都送来当人质，这么信任自己，自己不能不帮老友谋划一番。

吉继此时并不赞成对德川家康开战，认为无论是时机还是实力，现在都不能与家康开战。俩人见面之后，三成开始对吉继进行劝说，一方面是晓之以义，一方面诱之以利。他跟吉继讲："太阁殿下之恩，难道你忘记了吗？另一方面，五大老当中的毛利辉元和宇喜多秀家已经答应跟我们一起作战，上杉景胜也在北国牵制住了德川家康。现在的五大老，三个跟着我干，怎么样，这事可以吧？"

大谷吉继反复劝说石田三成要慎重："内府大人不是好惹的，虽然他现在召集诸侯讨伐上杉景胜，但如果咱们动手了之后，他把讨伐上杉景胜的部队调回来打咱们，你有必胜把握吗？"三成说有必胜把握，一定能够干掉德川家康。

大谷吉继看到三成心志已坚，只好说："那好吧，既然你打定了主意，我就跟着你干吧。"

西军没人肯出力

关原之战时，德川家康的部队被称为东军，有七万四千人，跟他对抗的西军有八万两千人，兵力对比上，家康并不占优势。

德川家康来到前线，坐在马扎上，听部下向他汇报敌方统帅的情况，听来听去，觉得对手基本上都不值得一提。石田三成一介文吏，根本不通兵事；宇喜多秀家乳臭未干；小西行长为人奸猾；岛津义弘倒是名将，萨摩岛津氏是从源平合战时候就传下来的名门望族，一直到今天在日本也是数一数二的大家族，曾跟天皇家联姻，可惜他只带来一千五百人，杯水车薪，无济于事。直到听部下介绍担任宇喜多秀家军侧翼掩护的是大谷刑部（大谷吉继官拜刑部少辅，尊称为大谷刑部）后，德川家康才抬起军扇敲了一下地图说："大谷刑部虽然有病在身，却是智勇双全的名将，不可小觑。"言下之意，这个人很厉害，别拿他不当回事儿。可见大谷吉继在德川家康心目中，还是很有分量的。

关原大战爆发之后，西军兵力本来占优势，又抢先数小时进入关原地区，按道理讲，这场战斗应该是西军必胜。可是战争一开打，西军就陷入劣势。因为德川家康老奸巨猾，在战前做了大量的策反工作，西军一半以上的武将跟家康暗通款曲，到战场全都是来打酱油的，出工不出力，甚至按兵不动，连名义上的总大将毛利辉元也借口守备大阪城不肯到前线来。

毛利辉元的堂弟吉川广家率领一万五千大军，在西军总数中占相当大的比重。但是广家素与家康交好，开战之后，他借口要吃饭，一直是稳如泰山，按兵不动。毛利辉元同族的毛利秀元跟广家说，你不杀敌我杀敌。结果惹得广家大怒，我是先锋，我还没动，谁敢轻举妄动？谁要是敢无礼绕过先锋，我就和他干仗，我不打德川家康，我打你。搞得毛利家这一万五千人马，听命于吉川广家，全部按兵不动。

西军另一支重要的人马是小早川秀秋率领的一万五千大军。小早川秀秋也是丰臣秀吉的养子，当时二十出头，但是早就暗中跟德川家康勾搭上了。开战之前大谷吉继就跟石田三成讲："据线人密报，小早川秀秋跟内府暗中有书信往来，请千万警惕。"但是石田三成为人比较豁达直率，也比较容易相信别人，他说："我知道咱们这儿很多人都跟德川有勾结，但是谁干这种事儿都有可能，只有小早川秀秋不可能，因为他是太阁殿下的亲戚。"小早川秀秋是丰臣秀吉正室北政所的亲侄子，年幼的时候就被秀吉收为养子。

在三成看来，为了报答太阁大恩，维护丰臣家的天下，这些人必然会像自己一样，跟德川军奋勇作战。

德川家康出险招

当战斗正酣、双方士兵都打得疲惫不堪的时候，石田三成和大谷吉继一再恳请毛利军和小早川军下山作战，但是两个人全都按兵不动。东西两军都在极力争取小早川秀秋早日加入己方参战。德川家康别出心裁，玩了一个险招，命令一支小部队潜至小早川秀秋驻扎的山下，朝山上发射大铁炮，就是大口径火枪。

突如其来的枪响，使小早川秀秋大感恐慌，说："怎么了？内府已经快要取胜了吗？怎么还有余力向我开火？"小早川秀秋从马扎上站起来，大声命令部下，下山进攻。部下问他，我们进攻谁啊？秀秋回答："进攻大谷刑部。"战局在这一瞬间被彻底扭转了，小早川秀秋的一万五千大军，直取大谷吉继。

大谷吉继当时浑身溃烂，是坐着轿子上战场的，根本不能骑马作战。面对小早川秀秋的叛变，大谷吉继心中十分气愤，他说："若不取下叛贼秀秋首级，如何消我等心中恨意？诸君听我号令，直取秀秋本人！"

小早川秀秋一万五千人马面对大谷吉继只有一千多人的哀兵，被打得连连后退。此时，西军之中又有人叛变了。大谷吉继一看大势已去，知道自己死期将至，从容地拔出腰间的肋差，准备切腹自尽。他关照自己的亲信武士："把我的头颅藏起来，不要让敌人得到。"因为他面部溃烂，不想让敌人看到自己的这副样子。

关原之战以西军的全面崩溃而告终。战后石田三成逃亡到山中，被搜出后斩首。信仰基督教的小西行长，一路战败，溃退至伊吹山中，面对德川军的密集搜索，山里的农民劝他逃走，小西行长以自己身为大将岂能逃之夭夭而断然拒绝。农民说既然不能逃，身为武士，那就应该切腹自尽，小西行长又以自己是基督教徒，教规不允许自杀为由，再次拒绝。小西行长就在这也不行、那也不可之中，被德川军俘获，后被斩首。

关原之战，德川家康取得了决定性的胜利。战后三年德川幕府开创，战后十五年，丰臣家彻底灭亡，日本正式进入了德川幕府时代。

11. 丰臣天下梦断大阪城

找个借口就开战

关原合战后三年，也就是庆长八年（1603年），后阳成天皇敕封德川家康为征夷大将军、右大臣、源氏长者（即源氏的族长、家主），标志着德川幕府正式建立。

德川幕府建立后两年，德川家康辞去了征夷大将军之位，朝廷任命他的三儿子德川秀忠继任将军。相当于向天下宣示，将军一职必须由德川家世袭。

德川家康退职之后，成为江户幕府时代的第一位大御所。由于德川家已经当上了征夷大将军，成为武家的栋梁，丰臣家就不再是天下的核心了。德川家康建立江户幕府之后，念念不忘的是向丰臣政权挑衅，一心想灭亡自己从前的故主丰臣家。

德川家康一面诱使丰臣秀吉的遗孀淀姬——一个头发长见识短的傻娘儿们，让她使劲地花钱营造寺庙、神社，耗尽丰臣秀吉留下来的财富；另一面不断地削弱丰臣家的政治地位，并且让自己手下的学问僧和御用文人寻找替代丰臣家的理论依据。这几项工作做得都非常到位，丰臣家的灭亡指日可待，只差一个借口。

日本庆长十九年，也就是公元1614年，丰臣家耗费巨资，历时十二年，重新建造的京都方广寺完工。寺院特意在大佛殿落成之日，重新铸了一口大钟，并请高僧用汉文撰写了一篇铭文，刻在钟上，其中铭文起首是："国家安康，四海施化，万岁传芳，君臣丰乐，子孙殷昌。"

德川家康拿到铭文之后如获至宝，他手下的御用文人，据说是一位叫金地院崇传的僧人，跟德川家康讲："'国家安康'这四个字，故意把大御所您的名讳'家康'拆开，有不敬之嫌，诅咒之意，其心可诛。而'君臣丰乐'，意为丰臣为君，子孙繁昌。"

家康此时官居正二位右大臣，铭文里家康的头衔写的是"右仆射源朝臣家康"，这是日本官衔的唐名，仆射是中国隋唐两宋时期中书、尚书两省的副长官，相当于宰相。"右仆射源朝臣家康"本来是对家康的尊称，但是因为仆射的"射"写出来与射箭的"射"根本就是同一个字，德川家康的御用文人、汉学家林罗山为了附和家康，鸡蛋里挑骨头，竟然对德川家康讲："右仆射源朝臣家康的意思就是要射死您。"

德川幕府遂以这两条莫须有的罪名为借口，向昔日的主人丰臣家发动战争，史称大阪之战。

彻底消灭丰臣家

1614年，德川幕府集结了二十万大军向丰臣家的根据地大阪城发动猛烈进攻。

丰臣家放弃野战战略，决定依靠坚固的大阪城进行守城作战。事实证明，守城是很愚蠢的战术。由于幕府军人多势众，兵多将广，再加上火器先进，打了一个多月，丰臣家在大阪城外围的防线就被幕府军突破，全军撤回大阪城。

在大阪之战以前，日本的内战很少动用火炮，顶多就是用火绳枪，日本人称之为铁炮。幕府军紧紧包围大阪城之后，动用了两门从葡萄牙搞到的大炮，幕府军管大炮叫"国崩"，用大炮直接轰击丰臣秀吉的遗孀淀姬和她儿子丰臣秀赖居住的天守阁，施加压力。

战事进行到两个月的时候，双方都面临着后勤供应不足的问题，尤其被大军围困的丰臣家更是面临着巨大的压力，首先提出和谈。双方达成协议：幕府保证丰臣秀赖本人安全，并且赦免城中丰臣家招募的武士；丰臣家拆毁大阪城的二丸和三丸，仅仅保留本丸；并且填平大阪城外的护城河。日本的城郭建筑，主君所住的地方叫作本丸，其他的附属设施分别叫二之丸、三之丸。大阪冬之阵算是结束了。

德川家康在稳操胜券的情况下，同意和解，结束了大阪冬之阵，但他内心并没有打算让丰臣家继续存活下去。丰臣家也知道一山不容二虎，也在积极地筹备战争。不久德川幕府又找到了借口，以丰臣家收留浪人在京都滋事为由，要求丰臣家交出反幕府的这些浪人，并且接受幕府对丰臣家移封的决定，就是把丰臣家从大阪城驱逐出去，改封他国，实际上就是要使丰臣家失去自己的根据地。

丰臣家自然不干了，断然拒绝。幕府再次调集重兵，在庆长二十年，也就是1615年，德川家康以七十三岁高龄，亲自指挥，剑指大阪，对丰臣家发动了决定性的战役，大阪夏之阵爆发。

德川家康和德川秀忠，德川幕府前后两代将军亲自领兵出马。此时的丰臣家已无任何闪转腾挪的余地，君臣上下谁都知道这是一场玉碎之战，将士们个个抱着必死之心，奋勇冲向幕府大军。激战之中，丰臣家的勇将真田信繁率领大军突破了德川家康前阵，造成幕府军一片混乱。这真田信繁有点儿当年常山

大阪夏之阵

赵子龙的影子，在万马军中三进三出。德川家康立在阵中象征主将标志的马印，也在混乱中轰然倒地。这一仗成为德川家康一生当中最后的一次噩梦。但是由于幕府军兵多将广，真田信繁寡不敌众，死于乱军之中。

幕府军主将将军德川秀忠也跟老爹一样遇到了困难。丰臣军已经是困兽犹斗了，临死前最后挣扎一下，所以战场上非常玩儿命。因为他的本阵过于靠前，先锋被丰臣军击溃之后，将军的本阵受到严重的威胁。幸亏还有一帮当年在战国时代和朝鲜战场上摸爬滚打多年的老将支撑，比如跟本多忠胜并称日本最优秀的武将、号称西国第一的立花宗茂，死保着德川秀忠，这才稳住了战局。

激战到下午，人数不足的丰臣军被迫退入城内，这是丰臣政权回光返照的最后一次赌博了。第二天，丰臣秀赖跟他的母亲淀姬自杀，大阪城陷落，日本历史上最短暂辉煌的丰臣政权自此灭亡了。

丰臣政权的灭亡，标志着自应仁之乱以来近一百五十年的战乱局面结束。日本朝廷改元元和，史称"元和偃武"。江户幕府从此建立起全国的统治权。

世界历史很有趣 袁腾飞讲日本史

第四讲

闭关锁国也挨打

（德川幕府时代）

1. 幕府与天皇掰手腕

二代将军怕老婆

元和二年，也就是公元1616年，奠定了江户幕府两百六十年基业，号称忍功天下第一的德川家康病死，留给了后世子孙一个太平盛世。

德川家康的继承人是三儿子德川秀忠。秀忠按道理讲是没有资格担任将军的。但老大信康被迫自杀，父亲又不喜欢老二秀康，因为秀康的妈妈出身太低微，德川家康把他过继给了下总国结城家的城主，因此秀康又被称为结城秀康，成了十万石的大名，而且三十五岁就病死了。老大、老二都死了，将军之位就轮到了老三秀忠。

秀忠为人严于律己，家康甚至担心他对自己过于苛求，曾经跟他讲人不能固执地约束自己。秀忠的心腹谋臣本多正信也曾经对他说过类似的话："请主君偶尔讲句大话吧。"秀忠听完这话以后哈哈大笑说："你们可能有人听见过父亲大人说谎话，但是你们决不会听见我讲大话。"

秀忠在强势父亲的影响下成长起来，很不容易。他又没有父亲那样马上打天下、提笔定江山的本领，所以一生都生活在父亲巨大的阴影下。当年关原合战的时候，他作为一路统帅，率三万八千大军，应该跟家康率领的七万四千主力军会合。如果他的部队能够按照计划及时赶到战场，那么关原合战东军的胜利就没有悬念了。但是由于他在行军路上被号称日本战国第一兵的真田昌幸、真田信繁父子的两千人马困于上田城下，耽搁了好几天。等他的大军赶到战场的时候，关原合战基本结束了。气得家康一度要废去他继承人的位置，而且不允许他朝见。所以，他一直对自己的父亲非常畏惧。

除了怕爹，秀忠还特别怕老婆，他的妻子是织田信长的妹妹阿市跟战国大名浅井长政所生的女儿阿江。阿江跟丰臣秀吉的小老婆淀姬是姐妹俩，等于德川秀忠跟丰臣秀吉是连襟。阿江是三姐妹当中的老幺，大姐是丰臣秀吉的爱妾，二姐是另外一个战国大名的妻子。阿江比秀忠大六岁，而且嫁给秀忠之前已经嫁过两回了，还生过一个女儿。但是秀忠在她面前还是抬不起头来，总是被她压制。德川家康有妻妾二十人，而秀忠只有一妻一妾，妾还差点儿被阿江弄死。阿江为他生了二子五女，妾就只生了一个儿子，还是因为怀孕的妾室藏到乡下才生出了这个儿子，否则就被阿江弄死了。这个儿子就是后来日本江户时代著名的大名保科正之。

二代将军秀忠性格虽然懦弱，但在他的治理下，竟然建立完善了德川幕府两百多年的制度，而且他还成了天皇的外祖父。

削弱地方，强大幕府

德川幕府在日本的三大幕府里，建立时间最晚，但是最强势。德川幕府将军的第一代和第二代，也就是家康和秀忠亲身经历了室町幕府和丰臣政权两个武家政权的灭亡，所以对于武家政权怎么才能够长治久安，有一个非常详尽的策划，历经三代，逐步建立了幕藩体制。江户幕府的建立者家康和他的继承人秀忠以及第三代将军家光，为子孙们打下了江户幕府统治天下的坚实基础。

幕藩体制的基本原则是保证幕府的绝对控制力，确保全国不能出现跟幕府对抗的势力，削弱地方，强大幕府。德川幕府采用了亲藩、谱代、外样三级制来统治全国。

所谓的亲藩大名就是跟德川氏同宗的大名，包括"御三家""御三卿""御一门"等德川和松平姓大名，相当于中国先秦时代的姬姓诸侯。德川幕府直接掌握着超越国内任何大名的领地，号称天领，总石高数达七百万石，占全国总数的三分之一，当时全国大名加在一起总石高数是两千多万石。德川幕府还掌握着重要的矿山和全国重要的经济中心，使得幕府拥有超越所有大名的财力。

谱代大名就是代代服侍于同一个主家的武士家族。江户时代的谱代大名指的是关原合战以前追随德川家的大名，按照中国话讲就是从龙功臣，他们对德川家也具有很强烈的忠诚之心。谱代大名一般都能够出任幕府的各种重要官

天皇混得有点儿惨

职，比如大老①、老中②。

外样大名指的是在关原合战以后才归附德川家的大名。外样大名领地虽然广大，但是他们不担任幕府的任何职务，在江户幕府初期，还受到幕府的严厉监视，只要有一点儿小错，就会被幕府没收或者削减领地。重要的外样大名，比如加贺前田家、长州毛利家、萨摩岛津家、仙台伊达家、土佐山内家，这些大名都是在关原合战之后才归附德川家的。到了幕末明治维新的时候，这些外样大名中的强藩在倒幕过程中起了决定性作用。

在德川幕府的治理下，幕府的势力比原来的两个幕府特别是比室町幕府强大得多，下克上的事，直到幕末才再次发生。

天皇卖字，宫女卖身

虽然江户幕府在三大幕府之中，武家权力最为强大，但毕竟还不是日本国最高领导人。名义上，日本的最高领导人还是天皇。在江户幕府给外国往来的国书中，虽然有的时候署名日本国王，但是大部分时候还是署日本国大君的字样，以此表明我们日本是有天皇的，我只不过是代表天皇行使政权。虽然国家的君主不是将军，而是天皇，但天皇被幕府勒紧了脖子，位高权不重。

在武家政治的统治下，天皇基本上只有宗教上的权力，政治上没权，经济上没钱，住的宫殿外面下大雨，里面下小雨，为了避雨，睡一宿觉得换几个地方。战国时代，天皇家因为经济困穷，惨到登基多少年之后举行不了继位典礼，甚至死后二十多年不能安葬。天皇要靠卖字维持生活，宫女就只能卖身了。遇到大臣面圣觐见，天皇还得到当铺里赎朝服。

江户幕府建立之后，天皇家的经济状况虽然比战国时代有了很大的改进，但是天皇的领地也只不过四万石而已，相当于一个普通的大名，跟幕府根本没

---

① 大老：江户幕府时期辅佐将军的最高官员，统辖幕府的所有事务。地位在老中之上，只在非常时期设立，只设一人。

② 老中：江户幕府时期的职名，是征夷大将军直属的官员，负责统领全国政务。在大老未设置的情况下，是幕府的最高官职，定员四至五名，轮番管理不同事务。

法比，天皇家的经济自主性完全被剥夺了。幕府虽然承认天皇是君主，但是用财力的绳索勒住了天皇的咽喉。

更加让天皇难以忍受的是，家康在位的时候，为了束缚天皇，给天皇制定了几项规定：要求天皇只能关注学问，当然这个学问指的是为君主之道，天皇应该多看《资治通鉴》《贞观政要》，不得过问政事；规定亲王的地位在三公（太政大臣、左大臣、右大臣）之下；左大臣以下官职可由将军任免；禁止武家和公家随意通婚。这样一来，天皇被用法令的形式限制死了。

在大阪夏之阵后，幕府更是公开发布了《禁中并公家诸法度》，按照此法的规定，天皇的权力就只剩下了一条——决定年号。

想做天皇的老丈人

德川幕府为了进一步控制天皇，处心积虑，想效法藤原氏，做天皇的老丈人。幕府将军秀忠有一个女儿叫和子，把这个女儿嫁给天皇家，是家康、秀忠父子两代朝思暮想的事情，甚至可以讲是家康的遗志，他这个心愿到死也没能完成。家康死的时候，和子只有七八岁，显然还不到嫁人的年龄。其实他的孙女在虚岁两岁的时候，家康就想把她往天皇家送，当时他们看中的是天皇家的政仁亲王，那个时候他虚岁十三。

政仁亲王继位之后，就是第一百零八代后水尾天皇。后水尾天皇虽然也答应了迎娶家康的孙女，但在迎娶家康孙女之前，毕竟已经成年，血气方刚，跟其他的女宠接连生下了儿子。德川家觉得后水尾天皇没有节操，娶我们家闺女之前，先跟别的女人胡搞，为此很不高兴，尤其德川秀忠的妻子御台所[1]阿江最为不满。德川幕府十五代将军里面，只有二代将军秀忠的媳妇被称为大御台所，可见她的强势。大御台所管理自己的老公都很严，对未来女婿要求更严，她觉得这个女婿养了一帮狐狸精，闺女嫁过去肯定会受那帮狐狸精的气，所以婚事拖了十二年，几经周折。成婚的时候，后水尾天皇已是二十五岁，和子

---

[1] 御台所：日本古代对大臣正室和将军正室的称呼。在江户时代，此一称呼专指德川幕府将军的正室。

十四岁。

将军的女儿嫁给天皇，自源赖朝开启镰仓幕府以来，这还是第一次。幕府对此也很重视，不惜豁出血本，据说这场大婚总费用花了七十万石以上。天皇家好久没见过这么多钱了，等于天上掉下个金元宝，双方各取所需，皆大欢喜。和子虽然年幼，但是美丽端庄，聪明大方，跟天皇的婚姻虽然是百分之百的政治联姻，但是两个人婚后感情不错，和子生了兴子内亲王之后升为皇后。

和子嫁给天皇不久，发生了一件令天下人都很震惊的事儿。当时日本国的僧侣，最高的荣誉就是能够获赐披上紫衣。僧侣穿紫衣不是想穿就穿的，必须得天皇下达敕许，也就是说赐僧侣穿紫衣的权力在天皇手里。由此也可看出日本深受中国文化的影响，把紫色作为臣下最尊贵的颜色。宽永四年（1627年），后水尾天皇为了增加朝廷的收入，向京都的数十名僧侣下赐紫衣许可，当然天皇下敕不是白下的。获得紫衣许可的僧侣根据礼节往来，必须向天皇谢恩，给天皇供奉，其实就是买卖关系。按照以往惯例，天皇给僧侣下赐紫衣就是自己的事儿，根本不用征得幕府同意。天皇虽然没有政权了，可是有宗教权。但是这一次幕府表现出了明显的不悦，把天皇下赐的紫衣一概收回，还把获赐紫衣的僧侣流放了一部分。

幕府打破以往天皇可以管理宗教祭祀事务的约定，向天皇强烈地表明了一个态度，宗教界也得在幕府的管辖之下，天皇只能定年号，钻研学问，其他大小事务均无须天皇操心。如此一来，天皇颜面尽失，怎么办？天皇为了表示抗议，提出要退位。

天皇退位之后，计划由和子所生含有德川家血脉的皇子高仁亲王继位。由此可以使将军家感到可喜可贺，天皇自己也可以长出一口气，作为生育工具的任务终于完成了。

天皇退位保血脉

当天皇正式提出让位时，德川家表示这个问题可以研究。当时皇子高仁亲王还不到三岁，在日本历史上幼君继位的事儿也屡见不鲜。没想到这件事儿还没来得及操作，高仁亲王突然夭折。一时间，搞得幕府落差很大。天皇催促皇后一再向幕府表达退位的意向，根据目前的情况，如果此时天皇退位，继位的人要么不是德川家的血统，要么只能让给女儿兴子内亲王，而德川家却不愿意让这一幕发生。

正在双方相持的时候，和子皇后很争气，又生了一个皇子，可惜的是八天之后，这个皇子又夭折了。中宫诞子，一再夭折，让后水尾天皇没有了任何心情，借口生病、实在不能临朝理政，坚决要求退位。幕府考虑让位给兴子内亲王，那就是女帝。按照当时的观念，女帝必须独身，必须是处女。如此一来，让天皇世世代代含有德川家血脉的计划就会流产，好不容易取得了外戚地位的德川家只能再次拒绝了天皇退位的要求。

虽然幕府一再向天皇传达了不让天皇退位的意图，但是天皇退位的决心反而越来越坚决。促使天皇痛下决心的事儿就更有意思了，德川秀忠派自己的儿子也就是三代将军家光的奶妈春日局去朝见后水尾天皇。

春日局是袭杀织田信长的凶手明智光秀家臣斋藤利三的女儿，在德川家做奶妈，非常能干。此次作为将军的代表去参拜伊势神宫，回京路上，按照幕府的授意，强行要见后水尾天皇，想打探一下天皇退位的底线。问题是，当时的日本是有规定的，只有具备从五位下以上官位的人，才能入宫觐见天皇。中国古代也是这样，不是什么官都有见圣面君的资格，除非皇帝召见，京官三品、地方官四品才有资格见君。因为中国的官多，都去见皇上，那皇上肯定累死了。春日局只不过是将军家的一个奶妈，月嫂、保姆身份的人，根本不可能具有从五位下的官位，一个老百姓根本没有资格见君。可是因为她代表着幕府将军，所以她想见君竟然就见了。

日本朝廷的公卿，在日记中哀叹："帝道堕地，昔代未有之事。"日本历史上从来没有发生过的事儿，一个老百姓想见天皇就能见，就因为她是幕府将军家的奶妈。这件事儿更是狠狠地刺激了后水尾天皇。一个武家的下人跑到朕这儿来，说见，朕就得见，这年头真是改了，是可忍孰不可忍，太不拿朕当回事儿！

受了刺激的天皇决定强行退位，在连中宫和子都不知道的情况下召集大臣，宣布让位给自己的女儿兴子内亲王。当时兴子内亲王只有七岁，这就是第一百零九代日本明正天皇，这是从称德女帝驾崩之后八百六十年，日本再一次出现了女天皇。

后水尾退位成了上皇。别看天皇赤手空拳，他通过这一招，逼得幕府没法子。这样一来，天皇成功地断绝了德川家的血脉世世代代融入天皇家的企图，柔弱最终战胜了刚强。

2. 靠奶妈上位的德川家光

不受宠的竹千代

在德川幕府十五代将军之中，家康以后有两位将军被称为英主。一位是家康的孙子，也就是幕府三代将军德川家光，还有一位是第八代将军德川吉宗。三代将军家光时，德川幕府的体制才算正式确立。

德川家光是德川秀忠的长子，秀忠比较惧内，他的媳妇大御台所阿江更是善妒，所以秀忠没有什么妻妾，就偷了一回腥，生了个保科正之。他跟阿江只生了三男五女，三男里面老大夭折了，老二就是家光，老三是忠长。

家光是嫡出，又比弟弟大三岁，由他来继位应该是没有任何悬念的。可是由于家光出生的时候，让大御台所亲妈受了点儿罪，年幼的时候肤色黝黑，不是健康的那种黑，而是发紫的黑，人看起来也很愚钝，据说他好武艺，不爱读书。相比之下忠长长得比较白净，才华横溢，让人觉得这哥儿俩不是一个妈生的。家光之所以肤色那么难看，主要是因为他天生有胃病，体质比较弱。他小时候的名字叫竹千代，跟德川家康小时候名字一样，可见将军本来对他是寄予厚望的。但是自从他的弟弟忠长（小名叫国千代）出生之后，他的地位就岌岌可危了。

秀忠夫妻俩非常溺爱忠长，而周围人期待的目光也都集中在忠长的身上。

尤其是将军的手下，都是看主人脸色说话，都在赞美国千代聪明伶俐，导致竹千代越来越孤僻。甚至到了青春期之后，不肯接近女色，偏爱男童，甭管怎么逗他亲近女子，他都无动于衷。作为将军，最重要的一项任务就是繁育后嗣，跟天皇一样，如果将军有同性恋的情结，将军家的基业怎么往下传啊？这样一来，竹千代的地位更是岌岌可危。

有一次，他甚至拔出佩刀企图自杀，反正父母也不爱我，都喜欢弟弟，干脆我死了得了，我给你们腾地儿，你们爱怎么着怎么着吧！幸亏乳母阿福手快，及时地把佩刀夺了下来。

面对幼主的困境，阿福心中暗暗盘算，如果幼主得不到将军厚爱，继承不了将军之位的话，自己这一生就白忙活了。

这个奶妈不简单

阿福就是春日局，幕府曾派她强行朝见后水尾天皇，可见这个女人不简单。

明智光秀与丰臣秀吉对阵败亡之后，他的部下也遭到了牵连。阿福身为叛将之女，日子过得惶惶不可终日。阿福曾经出过痘，弄成了麻子脸，所以算不上美女。但是她姐姐是个美人，早早嫁给了佐渡守稻叶正成。姐姐生了两个儿子之后病死了，妈一看自己的二丫头始终嫁不出去，强行做主把阿福嫁给了姐夫稻叶正成。佐渡守虽然一万个不乐意，但是因为自己小姨子确实嫁不出去，又是岳母做主，不好意思拒绝，就勉强接受了阿福。

阿福一结婚就发现丈夫身边有四个妾，个个是千娇百媚，都比自己得宠，感到很不痛快。一年之后，她终于生了个小孩，心中稍感安慰一些，有孩子了，母以子贵，你们能拿我怎么办呢？有一天她看到一个小妾诱惑老公的狐媚样子，非常生气，忍无可忍。武将之女嘛，脾气暴躁，冲上去一顿胖揍，竟然把这个小妾打死了。阿福一看事情闹得有点儿大，扔下出生才一个月的儿子，躲回娘家去了。

阿福在娘家整天也无所事事，恰好德川秀忠将军诞育竹千代，公开招聘奶妈。阿福刚刚生了儿子，奶水甚足，又不用喂自己的亲儿子，便前去应征。她是武家之女，出身比较尊贵，又是佐渡守之妻，身份没有问题。虽然身上负有命案，杀了丈夫的宠妾，但是那个年代正妻杀妾也不算什么大不了的事儿。加上阿福伶牙俐齿，特能说，大肆诬蔑小妾，说她怎么狐媚，连面试的官员都被她深深打动，而且被逗得捧腹大笑，觉得这女的挺好玩儿，一致决定，把她带到江户城。

阿福第一次见到竹千代的时候，想起被自己抛弃在夫家的儿子，非常激动，一把把孩子抱了起来。将军夫人大御台所一看，认为阿福一定会疼爱她的儿子，就放心地把小孩交给了阿福。从此之后，阿福就用疼爱自己儿子的热情来照顾这个小孩。后来她觉得自己势力单薄，就把自己的亲儿子接进来做竹千代的小姓，甚至把自己老公也叫进来伺候小主人。

隔代指定接班人

竹千代不受宠，阿福非常担心。怎么办呢？

此时的她已在将军大奥（后宫）待了这么多年，羽翼渐成，她认为这件事儿必须得到大御所家康的支持，得让家康确定小主人的地位。于是她不顾自己只是一介乳娘的身份，毅然决定去拜访德川家康。

家康自从把将军之位让给了儿子秀忠之后，就离开了江户城，居住在滨松颐养天年。阿福到了滨松求见家康，把秀忠夫妻俩想废长立幼的事儿，跟家康说了一遍。家康听完之后，面无表情地点了点头说："这件事儿我知道了，但是这不是你一个下人应该过问的。你作为一个下人竟敢过问主家的事儿，真是大逆不道。"

愤怒之下，家康把手中的折扇折断扔向阿福。阿福富有心计，深通人情世故，一眼便看出来家康的愤怒并不是针对自己，而是因为秀忠将军废长立幼引起的。阿福非但没有害怕，反而心满意足地回到了江户城。

几天之后，家康以狩猎路过的理由来到江户城。秀忠虽然是将军，但是在老爹面前始终抬不起头来，在为父亲举办的宴会上，小心翼翼地伺候着父亲。家康把孙子竹千代叫过来坐在旁边，国千代一看也走过来想挤到爷爷另一边坐，家康赶紧摆手制止了国千代，对他说："这个位子是大将军坐的，你将来要做你哥

隔代指定接班人

哥的臣属，你不能坐这个位子。"国千代很不情愿地退了回来。坐在一边的秀忠夫妇听到父亲这番话，脸色铁青，但也不敢提出异议。他们这才明白，老爹这次来不仅仅是打猎路过这么简单，老爹真正的目的是要隔代指定接班人。

秀忠夫妇对于老爹突然到来决定幕府接班人的事宜，深感蹊跷，两个人的眼光不约而同地盯住了阿福。阿福把头一低，装作什么事儿也没发生。群臣知道了家康的意思之后，立刻一百八十度大转向，都去奉承竹千代和阿福。阿福这时候就成了将军内宫大奥的主宰者。人人都知道她在三代将军心目中的重要地位，所以都来巴结她。

为什么阿福能去觐见天皇？也是因为她在将军家地位崇高。她觐见天皇的时候无官无品，可是天皇却赐给她春日局的封号。局是日本古代贵族女性的尊称，相当于中国古代的诰命夫人。

阿福活到六十五岁的时候，得了重病，医师看护着她，开了很多的药方，煮了很多的药让她服用，阿福统统倒掉不服。因为早年家光患病出痘的时候，阿福曾经向神祈祷，说如果家光要服药病好了，自己将终身不服药，所以她坚持自己当年发的这个神誓，终身不服药，最后染病身亡。

阿福为自己所疼爱的将军奋斗了一生。她死的时候，家光已经四十岁了，哭得非常痛苦。他亲妈死了都没这么痛苦，因为他亲妈没有给过他母爱，反倒是阿福给了他大量的母爱，没有阿福他就不能顺利登位。

处心积虑干掉亲弟弟

德川秀忠四十五岁的时候，把将军之位让给了自己二十岁的儿子家光。家光就成为江户幕府第三代将军，秀忠成为江户幕府第二代大御所。

家光就任第三代将军的时候，把外样大名们召集起来，宣称自己是天生的将军，他说："我祖父和我父亲都曾经亲临战场，统一四海，天下大名深感敬畏。我年纪轻，也没上过战场。你们如果觉得我年轻，想夺取我的天下，那你们就回到自己的领地去，整顿部队，出兵作战，然后咱们比一比谁强谁弱。"

家光小小年纪就这样放出狠话，让这些外样大名一个个惊惧不已。战国末年最感到生不逢时的"独眼龙"伊达政宗，这个时候已经是垂垂老矣。因为他出生得晚，如果早生三十年，说不定能跟织田信长和丰臣秀吉一争天下，可惜晚出生了三十年，就只能给德川氏提鞋了。伊达政宗此时不失时机，主动来拍幼主马屁。他说："不用将军您亲自出征，我就能够奔赴战场消灭这些敌人。"这些大名一看，当年的战国豪杰都已经对少主人这么唯唯诺诺，自己跟伊达政宗比起来差远了，这些大名都已经是战国大名的子孙了，只得纷纷表示要服从家光。

家光继位之后，有一堆贤臣辅佐，其中最有名的是青山忠俊。青山忠俊对待家光非常苛刻，在劝谏家光的时候，甚至敢扔掉佩刀，裸了上身，逼问家光："如果您不采纳我的意见，那么您先砍了我的头，然后您做什么都可以。"当时日本流行的穿戴打扮是把和服的后衣领拉得很低，家光也这么穿。青山忠俊竟然走近家光，把他的衣领提起来说："您是将军，穿得这么邋遢，成何体统？"

有这样的贤臣辅佐，在家光的时代，幕府的体制基本上就确立了。比如颁布《武家诸法度》；制定外样大名参见、轮换的制度，外样大名必须轮流到江户参见，一是让外样大名慑于幕府的权威，二是消耗外样大名的财力；还颁布了锁国令，日本从三代将军开始，进入了长达两百多年的锁国时期。

家光继任将军之后，最大的心愿就是除掉自己的弟弟忠长，因为小时候忠长一直跟他争位。但是由于父亲还在，所以一直有所顾忌。忠长早在宽永元年（1624年）就已经另立门户，做了五十五万石的大名，领有甲斐、骏河、远江之地，成了幕府的亲藩。随着他最大的庇护者母亲大御台所去世，忠长已经非常孤立了，跟家光的关系也没有丝毫好转，但他仍不改跋扈任性、桀骜不驯的性格。宽永八年（1631年），骄横无度的忠长竟然干犯法度，在幕府规定禁杀之地公开狩猎，被软禁在甲州。

当时父亲秀忠还在世，关在甲州的忠长平日举止粗鲁，行为荒唐，多次找门路请求援助。随着父亲的病情越来越恶化，忠长的希望就一点点断绝了。父亲死后不到一年，忠长被罢免职务，第二年被逼自杀身死。

一般情况下，对同族亲藩大名的处罚要比对外样大名轻得多，大多发给救济粮，让他在流放地生活，像忠长这样的情况是特例。从对忠长的残酷处罚上可以看出，虽是一母同胞，但是哥儿俩平时的矛盾得有多深啊！

3. 糊涂将军，荒唐大名

将军一代不如一代

幕府前三代将军，家康、秀忠和家光都算得上是英主，奠定了幕府的基业，相当于中国朝代里的太祖、太宗、世宗，但王朝的兴衰，谁都躲不开。一般来讲，创业守成之君再往后就是黄鼠狼下崽——一窝不如一窝了。从第四代将军开始，幕府将军的能力大大退化了。

第四代将军家纲是家光的儿子，因为他小时候得了脑膜炎，成年之后体质仍然非常虚弱，跟他爹一样。据说他性情温厚平和，有出色的观察力和记忆力，比起政务，更喜好能剧和狂言，是一个艺术家，对政治并没有兴趣。他干什么事儿总是按照老中的意思去办，老中说什么他就办什么，老中跟他奏事，他最爱说的一句话就是"就这么办"。时间久了，就留下了一个叫"就这么办"将军的绰号。相反，倒是他的谱代家臣酒井氏成为他在位时候掌握实权的第一号人物，被称为"下马将军"。

家纲四十岁的时候病死，没有后代，所以就征召德川御三家中的一家，由受封在上野国的外藩继任，就是第五代将军德川纲吉。德川纲吉将军热心于保护动物事业，在他逝世前的二十一年中发布了大约六十次有关保护动物的告示，特别是保护狗。因为纲吉属狗，所以他不允许天下人打狗，吃狗肉。由于全国深入贯彻保护令，导致狗的数量持续增加，成群结队的野狗在街道上乱跑，甚至咬伤过往行人，被咬伤的人却不能打狗，更不能杀狗。

老百姓对此怨声载道，背后都把纲吉称为"犬公方"，公方是对将军的尊称。纲吉对狗实行了大规模的过度保护，被他饲养的狗的数量达到八万两千只，每年花费白银达到九万八千两。而这些钱都是由江户市民按人头平摊，强迫你献爱心，不献不行。即便如此，纲吉还是觉得不放心。临死的时候，还嘱咐他的手下大臣："我倡导保护动物可能不太合乎人情，但是此后一百年，要把保护动物作为孝道继续推行下去。"这个人要是活在今天，应该是一个彻头彻尾的环保主义者，狗肉节也就不会出现了，可惜生不逢时。

纲吉死后，到第六代将军家宣的时候，就把动物保护令废除了。家宣死的时候虽然有五十一岁，但是统治时间只有短短三年半。家宣在位时，日本天皇的年号是正德，跟中国著名的荒唐天子明武宗年号一样。

家宣死后，继任的是第七代将军家继，四岁继位，八岁便夭折了。只好由御三家之一的纪伊藩出身的吉宗继位第八代将军。

吉宗在德川幕府的这些个将军里面算是一位明君。他出身是纪伊藩第二代藩主的四儿子，他的母亲传说是家臣之女，实际是一个农民的女儿，在纪伊藩打杂，在浴室值班的时候，被他的父亲一眼看中。还有一个说法，她是佣人出身，成为浴室管理员。更有一个说法，他姥姥是浴室管理员。总之第八代将军的母家跟澡堂子关系颇深。

第八代将军吉宗在位的时候进行了大量的改革，而且他非常注重节俭，可以说是家康之后的幕府将军之中逸事最多的。据说他天生皮肤黝黑，身材高大，经常跟大力士举行相扑比赛，而且从来没有输过。少年时代，经常穿棉质瘦腿裤子奔走于山野之中，过着俭朴的生活，即使当上藩主之后，也没有改变。成为将军之后，一次狩猎途中遇上大雨，吉宗到一座寺庙里面去避雨的时候，曾光着上身跟僧人交谈。半夜时分，一位老中想跟将军讨论政事，将军便穿着睡衣接见。这些平民式的行为，是之前的将军不曾有过的。

当时由于日本承平日久，德川幕府已经传了八代，既无内战也无外战，武士们大多都官僚化了，武艺松懈。吉宗特别注重加强对旗本①武士武艺的训练，

---

① 旗本：江户幕府时期石高未满一万石的武士，他们为德川家的直属家臣，拥有自己的军队，可以直接拜见将军，是最高级别的武士。

多次举办猎鹰的活动，被称为"鹰公方"。在他六十二岁的时候，把将军职位让给长子家重，开始隐居，成了德川幕府的又一位大御所。

家重三十三岁的时候承袭父业，成了德川幕府的第九代将军。但是家重天生柔弱，而且沉溺于酒色，从小体质也虚弱，有严重的语言障碍。他说的话，别人根本听不明白，只能是连说带比画，来表达自己想说的意思，基本上就是一个哑巴，诸事皆仰仗手下的能臣办理。

世人评论说，家重根本看不出来是鹰公方吉宗的儿子，吉宗退隐之后也一直以大御所的身份监护着家重。家重缺乏耐性，整天躲在屋里沉溺于酒色舞乐，他不喜欢用发油，头发总是乱蓬蓬的，也不剃胡子，任其生长，一副邋里邋遢的样子，完全没有将军该有的端庄。家重在到上野宽永寺参拜的途中，设立了二十三处厕所，被喜欢张家长李家短的江户人称为"小便公方"。

家重统治日本十六年，其间虽然没有什么功绩，倒是也天下太平。"御万民无为之造化，唯有德院大人之余荫"，倒也有守业之功。德院大人就是吉宗的谥号，仗着老爸的余荫，下面有贤臣辅佐，十六年间倒也没怎么着。到了五十岁的时候退隐，让位给长子家治。

妓女上街大游行

幕府承平日久，不光将军一代不如一代，就连大名们跟战国大名比起来，也是有出息的少，没出息的多。

江户的吉原是著名的红灯区，一直到昭和三十三年，也就是1958年，公娼制度完全废除之前，吉原一直被称为不夜城，据说当时有三千妓女在其间生活。妓女之中地位最高的叫太夫，也就是花魁。当时最有名的太夫叫高尾，曾经把姬路藩的榊原政岑深深地迷住，使他置姬路藩家业于不顾。

榊原家族在历史上赫赫有名。德川家康夺取天下的时候，榊原康政跟着德川家康出生入死，最终成为德川四天王之一。德川秀忠在关原合战中迟到，曾经使德川家康大怒，差点儿废了他的继承人之位，幸亏榊原康政站出来力挺秀忠，才使得秀忠免遭责罚。所以秀忠向榊原康政发誓："只要你今后不谋反，你的子孙永享荣华富贵。"

榊原家系出名门谱代，榊原政岑当上藩主以后，来到江户朝见，立刻就被吉原的莺莺燕燕们迷住了，特别是对高尾太夫十分迷恋。榊原政岑不惜出价两千五百两，为高尾赎身。当时日本的二十两银子相当于今天的六亿日元，大家可以想象两千五百两是个什么概念。

榊原政岑不但花费巨资为高尾赎身，竟然还把吉原的妓女全部召集起来，在街上游行庆祝，造成了不小的轰动。之后还举办了豪华的婚宴，据说费用加起来超过了三千两。

当时正是第八代将军吉宗执政，吉宗倡导节俭，榊原政岑身为藩主，竟敢如此明目张胆地跟中央文件对抗，幕府以行为不端为由要对政岑做出处罚。姬路藩的重臣急忙赶到幕府，为自己的藩主辩护。这个重臣特别能说会道："为什么要花钱给这个妓女赎身？是因为这个妓女高尾太夫是政岑大人乳母的女儿，政岑大人不忍心自己乳母的女儿沦落风尘，所以才出巨资给她赎身，即便是身背恶名也在所不惜。"

幸亏是政岑的家臣巧舌如簧，撒谎撒得这么巧妙，彻底扭转了一边倒的局面，政岑的案子才被幕府推翻重审，没有把他除名，只是给他减封。

文身侍女，夜莺大人

松江藩的藩主松平宗衍更有意思。松平家属于御一门，是德川家同宗的子孙。因为德川家康原姓松平，所以很多松平家支脉的子孙仍然赐姓松平，作为下等的亲藩大名，比如德川家康过继给人的次子结城秀康的子孙，德川秀忠的庶子保科正之的子孙，第六代将军德川家宣弟弟的子孙，德川家康异父的弟弟松平康元的子孙，还有德川家康外孙松平忠明的子孙，这些人不能姓德川，而是以德川旧姓松平氏为姓，允许使用德川家的家徽，被称为御一门。

松平宗衍最爱干的事儿，就是让家臣去给他寻找年轻的女子，要求长相漂亮，皮肤白皙。家臣把这些女子找来之后，他亲自动手给每个女子背上都刺上鲜花，夏天让她们穿上薄纱质地的和服，刺青在半透明的薄纱下若隐若现。宗衍很是享受，感到非常兴奋。

宗衍大人身边的文身侍女很快就成了江户城议论的焦点，宗衍本人对自己的创意以及艺术水平，也非常得意。可惜青春易逝、年华易老，随着这些侍女年龄的增长，皮肤松弛，刺青的整体美感大打折扣。面对不再能够带给自己视觉艺术享受的老侍女，宗衍决定把她们赐给家臣。但是家臣们认为这些老侍女都是宗衍玩儿剩下的，坚辞不就，不乐意扮演废品回收站的角色。

宗衍在赠送侍女的时候，还会白给家臣一千两银子，但是还是没有一个人愿意收留这些侍女。宗衍只好自己留着这些侍女，提供足够她们生活一辈子的补贴。除了文身侍女之外，他还举办全裸茶会，荒唐透顶。

弘前藩的藩主津轻信顺，有个外号叫"夜莺大人"。作为新任藩主到江户朝见，每天都是一到晚上就到外面找旅馆鬼混，整天待在酒馆旅社里玩儿到深夜，白天很晚才起来，以致朝见将军竟然都迟到，受到了幕府的惩罚。但他也不当回事儿，依然我行我素，整天沉湎于骄奢淫逸的生活，负债竟然高达七十万两。他失政的消息传到了幕府里面，最后以隐居为条件才勉强躲过了幕府的责问。

糊涂将军，荒唐大名，江户幕府开始走下坡路了。

4. 赤穗四十七浪人

大名被判当天切腹

号称"犬公方"的将军德川纲吉统治后期，发生了一件富有传奇色彩的历史事件，在不到半个世纪的时间里，就被人写成了一个著名的剧本——《假名手本忠臣藏》，活跃于日本的戏剧舞台上，流传至今。直到今天依然是日本许多电影、电视剧的题材，甚至走到了国外，好莱坞都拍过以这个事件为原型的大片，这就是著名的日本赤穗四十七浪人的故事。

"犬公方"纲吉不但酷爱保护动物，也是幕府历代将军之中最尊重皇室的一位。在他执政时期，增加了皇室领地的俸禄，甚至自掏腰包修缮皇陵。元禄十四年（1701年），他派遣使者前往京都，向天皇祝贺新年。作为回应，天皇和退位的上皇也都向江户派了使者来回礼，幕府方面派敕使飨应役来接待皇家使者。所谓飨应役也是幕府费尽心机设置出来的一个削弱外样大名的职务，专门负责接待朝廷派来的使者，由四万到七万石的大名来担任。如果是上皇的使者来了，飨应役是由一万到三万石的大名担任，其间所有的开销均由担任飨应役的大名本人提供。

外样大名一般都地处偏远，没有什么见识，是一帮土包子。幕府怕这帮土包子在天使面前失礼，除了由这些飨应役来接待天使之外，还派人指导他们的礼仪工作，这些负责指导的人员被称为指南役，由幕府的高家出任。所谓高家，就是战国时代的那些名门望族，比如说上杉氏、大友氏、今川氏、织田氏、武田氏等，这些人家在战国时代都是独霸一方的豪强，但是到了德川时代，已经没有任何势力，风光不再，仅仅顶着祖先的一个尊贵名头。

这一次迎接天皇和上皇的敕使，幕府负责指导的高家是吉良义央，吉良是今川家的后人，此时早已破落，只不过熟悉朝廷和幕府的礼仪，凭此混口饭吃。吉良义央特别瞧不起外地来的这些暴发户土包子大名，始终觉得这些人都不是什么名门，只不过乘着战国乱世，借机崛起而已。当时的风气，高家指导这些土包子大名时，一般都会借机勒索。如果某个土包子大名不给点儿好处，高家就会百般刁难。这一次担任飨应役的赤穗藩五万石的藩主浅野长矩就被吉良义央刁难了，而且据说吉良义央故意往相反的方向指导，使得浅野在将军和天皇敕使面前出丑，遭到了将军的叱骂，浅野藩主怀恨在心。

1701年3月14日早晨，吉良义央正跟人在江户城松之大廊下交谈，浅野长矩突然拔出刀来，砍中吉良义央的后背，一刀从后背上部滑至后背中部，伤口很大。吉良大惊，剧痛之下，扭转头来大叫："你干什么？"浅野长矩二话不说，又是一刀，正中吉良义央的额头，一时间血流如注。跟吉良义央交谈的人急忙一把抱住浅野长矩，另外两名同僚慌忙把吉良义央抬进了房间，叫来医生给缝合了伤口。幸亏只是皮外伤，吉良义央并不碍事。这是一起严重的故意杀人未遂事件，肇事双方都是幕府负责接待朝廷使者的官员，事发将军所居之地，当时朝廷的敕使还在城中，影响极坏。

幕府急忙派人调查，浅野长矩说："我对幕府没有任何怨恨，我就是看吉良义央这老小子不顺眼，他故意刁难我，所以我砍他一刀，出口恶气。"而吉良义央却说："我不知道跟浅野有什么仇恨，也不知道哪儿得罪他了，平白无故挨这一刀，请将军大人为我做主。"

将军立刻做出了判决，下令浅野长矩即日切腹。大名被判决当天切腹，这在当时的日本是很罕见的，一般除非犯了大逆不道的叛乱之罪才会这么判决。在当事双方到底是谁的责任还没有判明的情况下就判决一方切腹，无非是将军想在天皇的使者面前留下一个好名声而已。

浅野长矩在江户自己的居所，由幕府派出的使者监督，从容切腹，死的时候只有三十五岁。他留下了一首凄美的和歌，作为绝命诗："无奈风起，花落庭前。我纵惜春，韶华难留。"

影响深远的仇杀

浅野长矩被要求切腹之后，幕府宣布赤穗藩改易，分给了别人，与赤穗藩有亲缘关系的大名和旗本被禁止登临江户城。赤穗藩的武士们，转眼之间都变成了没有主君的浪人。

幕府改易的命令传到赤穗藩之后，当时的藩士分为两拨进行了激烈的争论，一拨主张跟幕府对抗，但以区区五万石的赤穗藩对抗幕府，最后的结果肯定是必败无疑；另一派以家老大石良雄为代表，主张留下有用之身，为赤穗藩的重新崛起而努力。最后大石良雄的意见占了上风，赤穗城被和平地移交给了幕府。

大石良雄以复兴浅野家为宗旨，召集赤穗藩的几十名武士签订了血书盟约。他在赤穗疗养了一阵子后，就到外地搞串联，派人上下活动，为复兴浅野家疏通门路，希望幕府能够释放浅野长矩的弟弟，让他作为家督重振浅野家，继承赤穗藩。同时极力安抚在江户地区的赤穗浪人，避免他们轻举妄动。

大石良雄复兴浅野家的行动并不顺利，藩主之弟被幕府下令永远监禁。于是，大石良雄正式决定，向吉良家复仇。

第二年的12月14日，大石良雄召集了四十七名浪人，身穿江户消防队的衣服，凭借夜色掩护执行复仇计划。他们搭起梯子爬上吉良宅邸的高墙，飞身跃进院内，踹开玄关大门，杀了进去。浪人们一拥而入，寻找仇人吉良义央。根据他们掌握的情报，吉良家有不少人善用弓箭，所以杀入宅邸之后，浪人们立刻砍断了墙上挂的所有弓的弓弦，大家都虚张声势地喊："五十人向东，三十人向西。"制造出攻击方人数很多的假象。

浪人们杀进吉良家，一边砍倒对手，一边疯狂地搜寻吉良义央的踪迹。吉良家也有不少人拼死抵抗，但是事发突然，猝不及防，一一被砍倒在地。战局陷入胶着，复仇对象吉良义央却迟迟没有露面。正在此时，一名浪人发现柴房之中传出响动，一枪刺去，刺中了一个老头，老头提刀跳出来抵抗时，被另一名浪人砍翻在地，仔细辨认，正是吉良义央。浪人们欢呼雀跃，大呼："仇人在此，已然得手了！"一刀斩下了吉良义央的首级。

这一次复仇，赤穗的浪人只付出了两个人受伤的轻微代价，而吉良家十五人被杀，二十三人负伤。完成复仇之后，四十七名浪人带着吉良义央的首级到了浅野长矩埋骨的泉岳寺，把首级供奉在旧主面前。除了一人之外，其余四十六人在寺中向幕府自首，等待幕府的处置。

江户百姓对这些浪人的复仇行为给予了高度的评价。幕臣之中，也有不少他们的同情者，认为他们的行为是义举，符合儒家的忠孝观念，应该大力弘扬，对他们进行赦免。甚至连将军德川纲吉都认为这些浪人其情可悯，行为虽然不当，但出发点是好的，打算赦免这些人。

可是幕府毕竟是有法度的，如果赦免他们，那么随意复仇的事儿就会越来越多，怎么办呢？将军希望由已经出家的公弁法亲王出面赦免这些浪人，但是法亲王跟将军讲："与其赦免他们，不如此时成全他们的忠义之名，因为一旦他们将来做出不法的事情，反而有损他们的清誉，谁能保证他们将来不会犯法？不如这个时候成全他们的烈士之名。"

将军德川纲吉情非得已，下定了决心，下令四十六名浪士切腹，他们的遗体被埋葬在泉岳寺旧主的墓边。而吉良家被幕府下令改易，吉良义央的儿子以不救父厄之罪被判流放，客死异乡，吉良家从此绝嗣。浅野家则在将军死后，被新任将军赐予五百石领地，成为幕府的旗本。同时赤穗浪人的后人们也全部被赦免。

赤穗四十七浪人的故事，直到今天，还被日本人津津乐道。在日本历史上，没有任何一起仇杀能够留下如此深远的影响。

5. 黑船来了忒紧张

日本摊上大事儿了

德川幕府第十二代将军德川家庆在位的时候，日本摊上大事儿了。

当时德川幕府已经延续了整整两百五十年，天下承平日久，日本全国上上下下都以为这种太平盛世将会永远持续下去。但是，此时的世界形势已经发生了翻天覆地的变化。进入到19世纪50年代，欧美强国已经完成了工业革命，进入到工业文明时代。甚至日本的近邻——中国的国门也已然洞开。经过鸦片战争以及其后签订的一系列不平等条约，中国已经渐渐沦为西方列强的半殖民地。只有日本与两百五十多年前一样，仍然闭关锁国，不与外界交往。

当时世界上很多国家都意图打开日本的大门。最早要求日本结束锁国体系，打开国门的是俄国人。因为俄国和日本是海上邻国。俄国扩展到远东地区之后，与日本有接触，日本有渔民在幕府时期出海打鱼遇到风浪，漂流到了俄国，据说还曾到过圣彼得堡，朝见过叶卡捷琳娜女皇。所以，俄国对日本有一定的了解，要求日本打开国门。其次是英国人也压迫日本打开国门，一向跟日本维持贸易往来的荷兰人，也曾经善意地向幕府提出过开国的建议。

德川幕府虽然闭关锁国，但是并没有完全杜绝与外国来往，有三个国家是可以来往的，分别是中国、朝鲜和荷兰。为什么会跟遥远的荷兰有来往呢？据说是在德川家光将军在位的时候，日本曾经爆发过天主教徒起义。荷兰人因为

黑船来了忒紧张

信奉新教，所以给幕府提供武器，用来镇压日本天主教徒的起义。

经过此番合作，幕府觉得荷兰人还不错，决定与遥远的荷兰保持来往，顺便也可以从荷兰获取一些西方先进的玩意儿，就像明清两代并没有收回澳门的道理是一样的。以康乾盛世时期的国力，想收回澳门应该说是易如反掌。但是皇上稀罕从那个地方来的地球仪、自鸣钟这些东西。另外，澳门是租给葡萄牙人的，并不是葡萄牙领土，也是一扇接触世界的窗口。日本政府对于荷兰也是如此。

幕府虽然接到众多国家要求开国的建议，但是由于幕府头脑僵化，自认为日本是神国，这些建议一概听不进去，全部断然拒绝。终于，1853年，美国远东海军司令、海军准将佩里带领四艘军舰来到日本，驶入距离江户只有咫尺之遥的浦贺港，向幕府递交开国国书。

因其四艘军舰船身都被涂成黑色，所以日本历史上称之为"黑船来航"。

开国已是大趋势

当时幕府掌实权的人物是首席老中阿部正弘。阿部正弘虽然智能卓绝，见识不凡，只是毕竟日本闭关锁国已久，面对这样从来没有经历过的事情，就像李鸿章讲的"三千年未有之大变局"，阿部正弘手足无措。如果答应美国人的要求，就会破了祖宗留下的规矩，更会被政敌安上"日奸"和叛国的帽子。如果不答应美国人的要求，幕府根本没有实力跟美国人相对抗，特别是军事实力跟美国比起来差得太远了。

日本自元和偃武以来，两百五十多年既无内战，也没有外战，武士阶层早已腐朽。此情此景，阿部正弘心知肚明，一时之间，不知道该怎么办才好。美国这封国书应该递给谁呢？递给将军家庆吗？将军已是老病卧床，在黑船来航的当年就死掉了，有人说将军是被美国吓死的，这倒不一定，他本来已经老病卧床多年。为了堵住天下的芸芸众口，必须把这个雷扔出去，在别的地方炸响。什么地方炸这个雷最合适呢？位于京都的天皇和朝廷最合适！朝廷早就没有权力了，除了能决定年号，什么也决定不了，难免静极思动。幕府就把国书递给了朝廷，想让朝廷拿主意去为幕府承担责任。

此时朝廷的官僚们，数百年来无所事事，每天沉浸在茶道、花道、和歌、能乐之中，商女不知亡国恨，隔江犹唱后庭花。这么一帮对于世界大势完全不了解的公卿大臣，眼光比幕府窄得多，而且又坚信日本是神国，坚信所谓的大义名分，心胸比幕府的官员还要狭窄。而当时在位的孝明天皇，也是极度排外的。所以，朝廷给幕府下达命令，要求幕府抵御外敌，至于幕府打得过打不过外敌，天皇并不关心，打不打得过，那是幕府的事儿，我就是让你去打，爱行不行，天皇也是一个典型的口号爱国者："打倒美帝国主义！"喊口号是最容易的，问题是美帝国主义不是你喊两句口号就能打倒的。

如此一来，幕府把祸水引向朝廷的举动就失败了。怎么办？既然祸水上引不行，那就下引吧。幕府紧急召集各地的大名、藩主们商议对策，将美国的国书发到下面，让这些大名、藩主讨论。其实德川幕府从建立起始，就用各种手段削弱大名尤其是外样大名的势力，避免他们对幕府中央构成威胁。这一次幕府的老中们主动放下身段，向这些外地的大名问计，大名们终于有了机会一吐衷肠。一时间，各种各样的意见纷纷上报幕府，甭管这些意见多么异想天开。

此次事件，的的确确打破了德川幕府延续两百五十多年的两个传统：一是架空天皇，二是削弱各地大名。所以，由于幕府面对美国黑船来航，向京都的朝廷和天下的大名特别是外样大名问计，导致了幕府的威望直线下降，从而使得各地大大名伺机蠢蠢欲动，日本的动荡就此开始了。

佩里1853年虽然没有达成目标，但是留下话了，说改天再来。到了1854年，面对美国的优势武力，日本幕府被迫屈服，签订了《日美和好条约》，又叫《神奈川条约》，从此被迫打开了日本紧锁着的大门。英国、俄国、荷兰紧随美国后尘，相继赶来，幕府被迫陆陆续续签订了一系列条约，使得幕府的老中们相继辞职。到了1858年，在美国首任驻日领事的逼迫之下，《日美修好通商条约》签订。条约明确提出，与日本通商，要日本彻底对外开放。相比以前的条约，走得更远。

幕府面对这样的变局，既不愿意承担开国责任，又没有能力抵御列强，只好又把此事上奏京都的朝廷。朝廷并不傻，对此是装聋作哑，完全置之不理，不愿意帮幕府背黑锅。幕府万般无奈，最后的决心还得自己下。在这种情况下，德川四天王的后人，当初因拥戴家茂将军继位而取得大位的井伊直弼，出任幕府的大老。大老相当于幕府政权下的宰相，比首席老中的职务还高，一般并不常设，非常时期才会设立。

井伊直弼很有担当，他意识到开国已是大势所趋，不开国无法抵抗列强，也不可能引进外国的技术，富国强兵。另一方面，井伊直弼也认识到，幕府的威望已经降至谷底，再不主动作为，以后幕府说话就更没人听了。综上所虑，井伊直弼说："这件事幕府不能再回避了，必须给出回应。"1858年，也就是日本安政五年（1858年），井伊直弼大老一脚踢开了朝廷和大名，独断专行，签署了条约，然后大肆屠杀反对派，谁反对他签约，他就把谁干掉。紧接着英、法、俄、荷四国接踵而来，与幕府签订了一系列的友好通商条约。这些条约在日本总称为"安政五国条约"。

井伊直弼靠着铁血手腕打开了日本的国门，自然遭到了日本国内反对势力的愤恨，尤其当时那些满口尊王攘夷的武士浪人，也就是当时日本的愤青们。签约后两年，大老井伊直弼在江户城的樱田门外遇刺身亡，史称"樱田门之变"。

井伊直弼虽然遇刺，但日本开国的趋势，已是无法阻挡。

6. 一定要把幕府打趴下

水户藩鼓吹尊王攘夷

随着德川幕府日渐走下坡路，幕府将军势力削弱的时候，地方上的强藩开始崛起。

日本在江户时代有"江户三百藩"的笼统说法，实际上大名藩主总数应该有五百多家，但是有的被撤封，有的因为绝嗣，家门灭绝，同时存在的大概是两百到三百之间，到幕末的时候，有两百六十多家。

日本的藩，面积小的就是一个村，大的占到一两国，当时日本全国不算北海道分成六十六国。江户幕府直接占了日本三分之一的土地，武装力量号称"旗本八万骑"，虽然有点儿吹牛，但是轻易调动数万人马确实不怎么费事儿。要想跟幕府对抗，天下这些大名藩主，必须超过一半联合起来才有可能。

黑船来航之前，幕府已经是入不敷出，连带各路藩主都是穷得叮当乱响，被迫进行了一系列的改革。由于藩主地小人少，船小好掉头，改革见效很快。相比之下，幕府的改革就有点儿费劲，虽然第八代将军吉宗的时候进行了改革，但是不像藩主们这么见效。因此一些藩主的势力就越来越大。

德川幕府把大名分为亲藩、谱代、外样三类。亲藩大名里，最重要的是御三家和御三卿。这六家大名跟将军一样姓德川，御三家是由德川家康的三个儿子分别开创，九子义直开创了尾张藩，十子赖宣开创了纪州藩，十一子赖房开创了水户藩。幕府的继承法规定，一旦幕府将军绝嗣，由尾张和纪州出人作为将军养子来继承将军的职位。

御三家之中，水户藩次一等，他们家的人不能担任将军的养子，不能成为将军，石高也比其他两藩低了一半。为什么出现这种情况呢？据说在初代藩主德川赖房幼年的时候，德川家康问他长大了想干什么。赖房当时年轻气盛，不知道天高地厚，说了一句："我想夺取天下。"家康听完，很不高兴，你夺谁的天下？夺你老爹的，还是你老哥的？从此，水户藩被幕府严格限制了。

到了德川赖房儿子的时候，编了一本《大日本史》，鼓吹尊王。虽然水户藩是德川家根正苗红的亲藩，但是他们认为日本天皇乃是君权神授，将军不过是受天皇委托处理政务，一旦将军昏聩无能，无法完成天皇赋予的使命，天皇有权把将军的权力收回，由此产生了尊王攘夷论。

随着黑船来航，外国势力入侵，尊王攘夷的呼声更高了。尊王就是要抬高天皇和朝廷的权柄，使朝廷能够对幕府的卖国行为加以限制。攘夷则是要把西洋人从日本赶出去，恢复锁国体制。黑船来航以后，水户藩的藩主德川齐昭积极参与幕政，宣扬尊王学说，并且在家定将军去世之后力图扶植自己的亲生儿子——过继给了御三卿之一的一桥家的庆喜继承将军之位，独揽大权。

由此，以水户藩齐昭为中心，渐渐形成了一桥派。当然了，最终一桥派的努力失败了，主张开国的强势大老井伊直弼扶植家茂上台，齐昭父子遭到软禁，很多水户藩的藩士成为浪人，散布于日本各地，掀起了尊王攘夷的高潮。樱田门刺杀井伊直弼的主要就是这些浪人。

井伊直弼一被刺杀，幕府失去了强有力的铁腕人物，更加衰弱。一桥庆喜也得到了赦免，担任了将军后见，就是代替老中主持幕府事务的要职。尽管一桥庆喜担任了将军后见，后来又担任了将军，但是水户藩却失去了在幕末大乱时代领袖群雄的机会。而这个机会就留给了外样大名，其中最有名的就是长州藩和萨摩藩。

长州藩大败幕府军

长州藩是关原合战时西军名义上的总大将毛利辉元的后代，此时已经传到了第十三代藩主毛利敬亲。

一桥派失势之后，长州藩很快代替了水户藩，成为尊王攘夷的中心。这些极端的尊王攘夷派架空了藩主毛利敬亲，控制了整个长州藩。

在极端排外的孝明天皇的授意下，朝廷多次下诏要求尊王攘夷，直到1863年初，顶不住压力的幕府，保证到当年5月10日全面开始攘夷。不料长州藩的尊王攘夷派积极响应天皇和幕府的号召，真的就在5月10日当天，打响了攘夷第一炮，攻击了一艘美国商船和一艘荷兰军舰，从而引起了列强的报复。

6月1日，美国军舰驶入下关海峡，击沉了一艘长州藩的军舰。5日，两艘法国军舰派遣水兵登陆，把长州藩的下关炮台夷为平地。这个地方就是后来我们中国人耳熟能详的马关，甲午战争之后的不平等条约《马关条约》就是在这儿签订的，也是源氏灭亡平氏的坛浦之战的所在地。法国人夷平了下关炮台之后，长州藩的噩梦并没有结束。第二年7月，英、法、美、荷四国十七艘战舰五千大军来攻，下关城被攻陷，长州藩被迫赔款，向四国屈膝求和。

对外攘夷打了败仗，长州藩终于知道，凭借武士的蛮勇根本就不是西方列强的对手。而幕府趁机联合萨摩藩，横扫京都的尊王攘夷派。长州藩派出三千人马进京，向天皇申诉，遭到幕府和诸藩的联合反击，全军覆没。由于此次战争在天皇的御所旁爆发，所以幕府一口咬定长州藩武士犯上，乃是朝敌。幕府在讨得朝廷攻伐长州藩的旨令之后，集中了十五万大军，浩浩荡荡杀向长州。

此时的长州藩可以说是面临内忧外患，内部幕府动员了三十六个藩国、十五万大军杀来；外部刚刚被四国舰队打得七零八落。毛利敬亲趁机亲掌藩政，大肆搜捕藩内的尊攘派人士，然后向幕府屈膝投降。

长州藩尊攘势力眼看就要灭亡了，但在当年年底，尊攘派首领高杉晋作潜回长州藩，控制了整个长州藩政。到了1866年6月，幕府发动了第二次征讨长州的战役，史称"四境战争"，幕府总兵力仍然高达十五万，但是在高杉晋作、大村益次郎等人的领导下，不足万人的长州藩军，四面出击，不但大败讨伐的幕府军，而且乘胜东进，直捣京都。今天备受争议的日本靖国神社前面就立着大村益次郎的铜像，他被称为"日本陆军之父"。

幕府在"四境战争"中的失败，使自己的最后一块遮羞布也被揭去了，其软弱无能在诸藩面前暴露无遗。而此时主流尊攘派的思想已经发生了改变，他们认识到攘夷是无效的，夷是不能"攘"的，要跟夷学习，才能改变日本的落后面貌，而造成现在日本落后局面的始作俑者，便是幕府。

由此"尊王攘夷"华丽转身，变为"尊王倒幕"。

翻译引起的战争

同样身为外样大名，备受德川幕府压制的萨摩藩，此时也趁机崛起。

萨摩藩在九州岛最南端，家世可以上溯到源赖朝时代，在当地已经八百年之久。1609年，萨摩藩出兵控制了琉球王国，与中国和东南亚展开贸易。到第十一代藩主岛津齐彬继位之后，全面改革，使萨摩藩的经济、军事实力在诸藩之中成长非常快。以岛津氏的实力和野心，不甘心长久看幕府的脸色行事。岛津齐彬病逝之后，由他的侄子岛津忠义担任藩主，但是忠义的生父岛津久光号称"国父"，掌握藩政。久光跟哥哥齐彬一样具有尊王的思想，但是更倾向于攘夷。

1862年，岛津久光率军上洛，领取天皇圣旨，催促幕府攘夷。行程途中，在距离江户不远的生麦村，三男一女四名英国游客，不慎冲撞了久光的队列，被久光护卫武士斩杀，造成一死两伤，称为"生麦事件"。第二年，英国七艘军舰驶入萨摩藩，要求严惩生麦事件凶手。由于对方来势汹汹，萨摩藩的通事（翻译官）很是害怕。当时萨摩藩负责跟英国人打交道的，就是日后明治维新时代鼎鼎大名的福泽谕吉，他是第一个提出日本"脱亚入欧"理论的人，他的头像被印在一万日元纸币上。但是当时他也一紧张，把英国人的要求翻译错了。英国人"要求萨摩藩藩主逮捕并严惩肇事者"，福泽谕吉给翻译成"逮捕并严惩肇事者萨摩藩藩主"。岛津久光闻言大怒，要逮捕我亲儿子？我跟你拼了！

于是岛津久光向英国宣战，这种行为真是耗子舔猫——作死！萨英战争只持续了短短一天，英军俘虏、烧毁三艘萨摩军舰，并且用舰炮把萨摩藩的主城——鹿儿岛城轰成一片废墟。萨摩"国父"岛津久光不得不低头认怂，向英国人求和。

萨摩藩战败后，审时度势，积极靠拢英国，在英国人支持下，很快跃居强藩之首。明治维新之后，日本号称陆军长州、海军萨摩，日本海军全方位地学习英国海军，基本都是萨摩藩出身的人控制海军。

萨摩一开始跟长州为敌，争夺尊攘派领袖地位，后来他们认识到幕府才是他们最大的敌人，所以两藩就走到了一起。当时两藩藩主的势力已经越来越小，藩中权力实际掌握在武士们手中，再加上和土佐藩、肥前藩联合，这四家外样大名，西南强藩，成了推翻幕府统治的中坚力量。

7. 幕末风云录

武士等级很重要

在日本德川幕府时代，社会阶层跟中国古代一样，分为士、农、工、商四个等级。士就是武士，掌握兵权；农是农民；工是指手工业者；商是商人。商人之下还有两个备受歧视的阶层，一个叫秽多，就是特别脏的意思；再一个叫非人，干脆不是人了，一般是指屠夫、清洁工、火葬场工作人员等。

武士是日本最高阶层，相当于中国古代的儒士。但是，武士也是分等级的。日本武士阶层除了将军和大名之外，还包括拥有一定职务、身份比较高的旗本；以及拥有职务，但身份比较低的徒士；还有身份等同于徒士，但是在乡居住的乡士；身份最低的是足轻。另外，幕府或者各藩还会雇佣一些学者、医生，赐予他们武士的身份。

这些人里面，幕府将军、大名、旗本、徒士组成武士第一阶层；乡士、学者、医生组成武士第二阶层；数量最多的足轻组成了武士最低阶层。但是甭管是哪个阶层的武士，都享有"称姓佩刀"的特权，他们可以有姓氏，可以带刀。如果百姓侵犯了武士，或者武士认为百姓冒犯了他的尊严，可以拔出刀来把对方斩杀，这叫作"斩舍御免"。

武士分成上中下三等，武士当中最高级别的旗本也分了三等。旗本本来指的是战国时代在战争中守护在主君马印周围，护卫大名的直属家臣团。在江户时代，这个词指的是德川幕府将军直属的武士，领地一般在一万石以下，所以不是大名，一万石以上才是大名。旗本有资格参见将军，这种资格叫御目见，没有资格参见将军的直属武士称为御家人。旗本之中，接受过朝廷赐予官位的，称为"布衣之上"，没有接受朝廷官位的叫"布衣"，只有两百到六百石小领地的旗本叫作"御目见以上"。

在幕末风云动荡的过程中，真正推翻幕府、领导倒幕战争的并不是西南强藩的藩主，而是这些强藩内部的中上层武士，核心力量是中下级武士和城市豪商。

尊攘派先驱吉田松阴

一般日本的武士都是能文能武，上马击狂胡、下马草军书的人物，具有一定的文化，不是一勇之夫。虽然日本承平日久，但是武士毕竟是腰佩双刀，组织结构半军事化，所以组织动员能力强。在这些武士当中，首先举起尊王攘夷大旗的理论家就是长州藩出身的吉田松阴。

吉田松阴出身于下级武士，大概也就是足轻的级别。他自幼聪明好学，没成年就脱藩前往江户，拜在开国派思想大师佐久间象山门下。黑船来航的时候，他曾经偷偷地溜上美国军舰，想到美国留学，但美国人把他遣返给了幕府。幕府把他关押了一段时间，等他筛够了沙子，挣足了路费，将其遣回原籍，交给本家来禁闭。

随后，他继承了叔父乡下的村塾，开始宣扬自己的尊攘思想，包括后来明治维新中赫赫有名的高杉晋作、伊藤博文、山县有朋在内的大批长州藩武士进入他的村塾学习，这些人后来成为长州尊攘派领袖，甚至在以后的明治维新过程中成为新日本的核心官僚。

随着时局的变动，吉田松阴的思想也渐渐地由尊王攘夷变成尊王倒幕，他把斗争的矛头直指幕府，曾经写过一首诗讽刺幕府："当年乃祖气凭陵，叱咤风云卷地兴。今日不能除外衅，征夷二字是虚称。"你不是征夷大将军吗？现在"夷"都打到家门口来了，你也征不了，所以你这"征夷"二字是虚称！直接否认了将军存在的合法性。

幕府对他的日常言论和所作所为，怀恨在心。1859年他计划刺杀幕府老中，没来得及实现，就被逮捕了。大老井伊直弼亲自过问此案，大笔一挥，判了吉田松阴死刑。松阴临刑前还吟诗一首："吾今为国死，死不负君亲，悠悠天地事，鉴照在明神。"

吉田松阴死的时候只有二十九岁，成为尊攘派人士敬仰的楷模。

吉田松阴的高足高杉晋作出身于长州藩上级武士家庭，少年时代就被藩主看中，送他到江户甚至国外去留学。

高杉晋作曾经到过上海，回国之后成了长州尊攘派的领袖。尊攘派一开始希望朝廷来制约幕府，或者通过斩杀幕府中他们看不顺眼的人来推动幕府攘夷。不料幕府一次又一次地掀起大狱，导致尊攘派血流成河。长州藩率三千人马上京讨说法，被幕府镇压，引起了幕府大军压境。在四境战争中，高杉晋作召集有志于攘夷的藩内下级武士、农民、商人组成了半独立于藩府之外的军事武装——奇兵队。

尊攘派先驱吉田松阴

伊藤博文等人受他的影响也纷纷创立自己的武装力量，这些武装不一定都是由武士构成的。他们掌握了长州藩的藩政，把长州藩控制在自己手里，再加上坂本龙马从中协助，长州藩跟萨摩、土佐等藩国的尊攘派结成同盟，打赢了四境战争，挥师杀向京都。

可惜，高杉晋作在二十七岁的时候因病辞世，没能够看到倒幕战争的胜利。

坂本龙马与西乡隆盛

日本幕末最有名的人物是坂本龙马。龙马在日本尽人皆知，作为江户幕府末期首屈一指的名人，备受后人尊敬。

龙马是土佐藩下级武士出身，经常受上级武士们欺凌，小时候胆小怕事，但是他姐姐却是一条不折不扣的女汉子，在姐姐的教导下，龙马不分昼夜勤习剑术，成长为一名出色的武士。

龙马长大后，离开老家到江户有名的剑术道场深造，正赶上黑船来航。龙马看到了美国先进的工业实力，震惊不已，随后举起了尊王攘夷的大旗，投到佐久间象山门下，通过学习西方的军事理论，开阔视野，探索救国之路。经过深刻的学习，龙马感觉到自己固守在土佐藩内没有任何意义，脱藩来到江户。

龙马在宣扬尊王攘夷的同时，准备刺杀宣扬门户开放的幕府重臣胜海舟。当他来到胜海舟家中的时候，胜海舟看出来龙马要刺杀他，但还是客客气气地招待他。龙马杀人之前先问了胜海舟一些自己心中的疑问，胜海舟一一作答，认为日本要和外国进行贸易往来，增强国力。

两个人一番畅谈，龙马被胜海舟的思想感化，当场要求胜海舟收自己为徒。所以胜海舟被尊称为龙马之师，对坂本龙马随后的为人处世产生了巨大的影响。坂本龙马在胜海舟的资助下，学习驾船技术，成立了日本第一个股份公司。他促使萨摩藩和长州藩和解，形成互惠关系，缔结了历史上著名的萨长同盟。明治维新时代，最终推翻幕府的政府军，实际上就是萨长同盟的军队。甚至有人认为，明治维新就是西南强藩对幕府的下克上。

不幸的是，龙马也在明治维新成功前夕，在京都被人刺杀。虽然没能看到

坂本龙马拜师

日本的未来，但是他的思想影响了一代又一代日本人。龙马还是日本第一个进行蜜月旅行的人，也是今天日本影视作品中最热门的一个幕末人物。

萨摩藩最著名的武士西乡隆盛，也是下级武士出身，曾经由于才识过人，受到藩主岛津齐彬的重视。岛津齐彬率军上京，派隆盛到京都联络各地的尊攘派，但是因为齐彬暴卒，隆盛意欲跳海殉主，没有死成，随后就下定决心，追随齐彬遗业。岛津久光掌权之后，隆盛跟他的好友大久保利通成为久光的宠臣，掌握了藩政。在坂本龙马的撮合下，西乡隆盛代表萨摩藩与高杉晋作为代表的长州藩联合。后来萨长同盟宣告以天皇为领袖的新政府成立，新政府军挺进江户，推翻了幕府的统治。当时的政府军名义上的总司令是有栖川宫炽仁亲王，实际指挥者却是西乡隆盛。

明治维新之前的日本，社会结构是一个金字塔形，站在金字塔顶端的是幕府，第二层是大名，再往下是武士，底层是百姓。推翻了幕府之后，第一层、第二层被打平了，而武士们打着尊王的旗帜站到了新的顶点。

忠于幕府的武士

德川幕府面临生死存亡的时候，并不是所有的武士都站到了幕府的对立面，特别是在德川幕府的龙兴之地——近江、三河、关东地区，很多武士都是忠于幕府将军的。

1862年，攘夷的呼声压得江户幕府喘不过气来，幕府将军德川家茂准备去京都觐见天皇，让天皇下达攘夷的诏旨，这是两百多年来幕府和朝廷各自的最高领导人第一次碰面。当时京都治安混乱，尊攘派频繁对外国人以及他们认为是日奸的幕府官僚实行暗杀。这些从事暗杀的武士，知道洋枪洋炮的厉害，所以都是采用突然袭击的方式，砍一刀就跑，幕府根本抓不到他们的任何蛛丝马迹，事后只能给外国赔礼道歉。

武士管这种行为叫"天诛"，是老天爷要杀你，我代表老天爷砍你一刀。一直到第二次世界大战前夕，日本法西斯青年军官暗杀元老重臣，仍然打着"天诛"的旗号。

鉴于京都的治安非常混乱，当时的幕府老中对将军此次前去京都的安保工作极为头疼。此时，一个浪人向幕府建议，召集浪人组成将军的护卫队，一来解决浪人没工作、失业下岗的问题，二来也可以给将军提供护卫。这个提议一举两得，得到了幕府的采纳，开始募集浪人。

招募令一公布，有一个叫近藤勇的人就被吸引过来。近藤勇本是农民出身，因为做了武馆老板的养子才算入了武士籍。他在幕府毫无官职，也不领取俸禄，他觉得如果自己能加入将军的护卫队，不仅能领取俸禄，也许还可能混个一官半职，至少前途非常好。因此，他就鼓动了八名好友一起去报名，并且被顺利录取了。这八个人中包括日后大名鼎鼎的新选组骨干——土方岁三和冲田总司。

一开始他们是为幕府将军直接服务的，后来，因为他们剑术高超，被当时的京都所司代、会津藩的藩主松平容保雇佣，负责维护京都的治安，他们的组织被称为壬生浪士组。

1864年6月5日晚上，在京都的小酒屋池田屋内，尊攘派正在秘密开会，准备来一个大动作，动摇幕府的统治。他们计划在皇宫点火使京都变成一片火海，同时趁乱把天皇挟持到长州藩。壬生浪士组得到情报，立刻出发，前往池田屋，准备将尊攘派武士一网打尽。

来到池田屋门口，近藤勇厉声呵斥："老板在吗？我们进行公务搜查。"老板跟这帮尊攘派武士是一伙的，一看近藤勇这帮人来意不善，就一边跑一边冲屋里面喊："条子来搜查了！"他这一喊，反而暴露了尊攘派浪人的所在地。近藤勇推开店主，带领部下直接冲上二楼，拔出佩刀大喊："公务搜查，不听从者斩无赦。"心里有鬼的尊攘派浪人，四散奔逃，很多人从二楼跳到地上企图逃跑，也有一小部分人拔出刀来砍向近藤勇，一场厮杀就此展开。最后，这场博斗以壬生浪士组的胜利告终。

池田屋事件，使京都躲过一场劫难，没被烧成一片白地。壬生浪士组更是一战成名，队伍迅速扩大，迎来了历史上最辉煌的时刻。

新选组血风录

近藤勇认为，诚字胜于一切，他要求每个队员都不能有任何武士不当的行为，把诚字作为团队的旗帜。他的忠于职守感动了孝明天皇，天皇亲赐"新选组"之名。

近藤勇的新选组级别是局，当然这个局与我们今天的局级概念是不一样的，近藤勇被选为局长，土方岁三是副局长。

土方岁三自幼跟近藤勇相识，一起在江户练剑，后来又一起到京都维护治安。当上副局之后，土方岁三日益展现出了领导才能。在池田屋事件中，近藤勇带领十一名手下首先冲进池田屋，土方岁三得信之后，立刻带二十三人前往增援，而且在激战当中把二十三人分成两个小队，一队冲进屋内，一队在屋外警卫，防止浪人们逃跑。土方岁三还定下了新选组的四条队规：禁止新选组成员违背武士道精神，禁止脱组出逃，禁止私自筹款，禁止牵扯私人诉讼。违背者必须剖腹。有一次有一名成员私自脱队，他严令其当众剖腹，用以告诫其他成员，队规不是儿戏。

德川庆喜将军宣布大政奉还，把统治权交给天皇和朝廷的时候，近藤勇领导的新选组仍然选择尽忠于幕府。在1868年的鸟羽伏见战役中，新选组所在的幕府军同明治新政府军展开了激烈的战斗。幕府军惨败于萨长同盟组成的新政府军的洋枪洋炮之下，新选组成员战死无数。

近藤勇和土方岁三都意识到无论队规如何严厉，组织如何灵活，武士们的剑法如何高超，毕竟冷兵器已经不是洋枪洋炮的对手了。所以，被新政府军追到下总的时候，近藤勇对土方岁三说："我准备向萨长投降了。"土方岁三非常吃惊地问："为什么？这个太不像你的举动了。"近藤勇默然无语，只是一直望着土方岁三。土方岁三突然明白了，近藤勇是想用自己拖住追兵，给剩余的弟兄争取逃走的时间。

最终，近藤勇选择了投降，以"庶民之敌"的罪名被斩首。至此，新选组不解而散，结束了六年的历史生涯。而土方岁三一直追随幕府到最后一刻，在明治天皇登基后的1869年的北方战争箱馆战役中战死沙场。

这位戎马一生的武士，生命画上了完美的句号。日本作家认为，当朝的胜者，不一定成为历史的赢家；历史的败者，也未必不能流芳百世。

新选组血风录

8. 让国将军德川庆喜

将军甘当卖国贼

德川幕府自从1603年开创到1868年灭亡，在日本存在了二百六十五年，将军传袭了十五代。这些将军里面有英主也有庸主，但是号称能够跟德川家康比肩的就是末代将军德川庆喜，庆喜也是十五代将军中唯一寿命超过了德川家康的人。

德川庆喜是水户藩藩主德川齐昭的第七子。在御三家里面，水户藩是没有资格继承将军之位的，不像纪州和尾张藩。他出生在江户，父亲担心他沾染上江户奢靡的生活习气，把他送回水户，接受严格的文武训练。当第十四代将军家茂二十岁早逝之后，庆喜终于担任了幕府将军。

庆喜担任幕府将军的时候，堪称是临危受命。当时的日本幕府统治在风雨飘摇之中，倘若迎合社会上高涨的民族主义情绪，听了这帮愤青的话，废除不平等条约，笼络人心，巩固国内统治，必然会引来西方列强的干涉，以当时日本的国力根本无力与西方列强对抗。但是如果遵守跟外国签订的各项条约，坚持开国，跻身文明国家行列，他的生前身后都会被扣上日奸、卖国贼的帽子。两害相权之下，庆喜为家国计、为子孙后代计，毅然决然地选择了后者，甘当卖国贼之名，也要让日本走向文明开放。

庆喜坚持要遵守与欧美列强签订的不平等条约。在他看来，这些不平等条约虽然是迫于西方压力签订的，但是为了融入近代社会，就应该遵守近代社会的游戏规则，政府之间互换的条约，白纸黑字，昭大信于天下。如果是日本凭一时义愤挑起战争，在西方国家看来，反而是日本无理取闹。更何况刚刚结束的萨英战争，已经把跟西方列强开战的结果摆在面前，冲动开战只会打败仗，而且还会丢掉名誉。

如此一来，庆喜就成为当时日本愤青心中卖国的首领，成为众矢之的。但是庆喜下定决心，为国家的长治久安，九死不悔。

面对反对势力的诘难，庆喜做出了一个惊世之举——大政奉还，把德川幕府两百多年来掌握的政权归还给天皇，希望从此之后，公家朝廷、武家幕府，能够合一，安稳内政，一致对外。

这个举动让天下人震惊不已！甚至多年以后，成为明治政府核心人物的伊藤博文在一次国宴上还问庆喜："你当年为什么会干出大政奉还那样的事儿来？"庆喜说："因为我从小受到的教育告诉我，要以皇室的尊严、国家的大体为重，我这么做不过是对当年教育的践行罢了。"

幕府时代的终结者

但是倒幕派并不满足于大政奉还，他们必须要把幕府打翻在地，踩上一万脚，让它永世不得翻身。关东各地爆发暴动，企图以此逼幕府出兵。内战是庆喜最不愿意看到的局面，但是他无力阻止。

1868年，幕府军同倒幕的新政府军在鸟羽伏见爆发恶战，凭借着先进的装备和战术，新政府军很快取得胜利。德川庆喜更加坚定地要退出政坛，拱手让权。当时法国公使曾经向庆喜提出建议，法国会援助幕府军打败政府军，恢复幕府的旧制。庆喜深深明白，一旦接受法国的帮助，将来的国政必然会受到法国的干涉，这是庆喜不愿意看到的。

鸟羽伏见战役之后，幕府仅剩江户一个空壳，江户之外已经名存实亡。庆喜退出政坛，把政权全权委托给幕府的陆军总裁胜海舟。当新政府军开到江户城下时，胜海舟同新政府军的首领西乡隆盛达成了无血开城的协议，江户被和平接管，幕府正式走下了权力中心。

庆喜这么做，并不是因为懦弱，明治维新三杰之一的木户孝允曾经评价他："决不可侮，时如家康再生。"

庆喜从小深受水户藩君臣大义的严格教育，在他看来天皇是第一位的，是日本国体最神圣的。无论发生什么事儿，都不能向天皇开战。他希望日本能够在和平的状态下完成变革，不愿意看到推翻和摧毁一切的暴力革命出现，不愿意让西方国家火中取栗。出于这样的考虑，他才会在倒幕战争的紧要关头选择退让，亲手把幕府权力归还给了朝廷，结束了幕府的生命，终结了一个时代。

在大政奉还、江户无血开城之后，庆喜被新政府扣上"朝敌"的帽子，从江户搬到静冈县的寺院里接受禁闭，一直到转过来年的明治二年（1869年），才解除禁闭。明治三十五年（1902年），天皇授予他公爵的封号，这是当时除皇族之外最高级的爵位。

交出政权后的庆喜，过着半隐居的生活，先后爱上了狩猎、驾驶、油画和摄影，尤其喜欢摄影。他通过关系购买了很多摄影器材，走访家乡附近的各种人文景观，经常去采风。当然了，很多人认为他的摄影技术很差，只能算一个不入流的摄影师。根据日本史书的记载，庆喜经常把自己的摄影照片寄到各大杂志，但是很少被采用。看起来在当时的日本，即使是末代幕府将军、后来的公爵，也并没有因为身份特殊而受到照顾。

晚年的庆喜远离政事，一直隐居在静冈县，直到1913年，以七十六岁高龄病逝，是历代将军中最长寿的。庆喜死时，日本早已进入到近代，历史掀开了崭新的一页。

世界历史 很有趣 袁腾飞 讲日本史

第五讲

知耻后勇图自强

（明治维新，跻身强国）

1. 明治天皇不简单

皇室穷到家

日本天皇谱系自传说中的神武天皇开始，延续到当今的平成天皇，已经传了一百二十五代。其中前一百二十一代是古代天皇，从第一百二十二代的明治到第一百二十三代的大正，再到第一百二十四代的昭和，直到当今一百二十五代的平成，这四位天皇生活在日本的近现代。也就是说，从明治天皇开始，日本进入了近现代时期。

明治天皇出生在1852年。当时有一位日本画家正乘船赶路，船行途中，突然发现一轮红日在海面上喷薄而出。日本人很崇拜太阳，国旗图案都是太阳，虽然中国人调侃日本国旗叫膏药幌子。画家看到日出海上，感觉非常神圣，立刻合掌肃立。日本人在神社礼拜都是两鞠躬，两拍手，合掌肃立。画家认为这是某种吉兆，预示着一定会有非常好的事情发生，随即凭借记忆将这个情景画了下来。

果然，1852年11月3日下午一点，孝明天皇的皇子降生了。皇子的出生，让所有的日本人都深受鼓舞，京都的老百姓们甚至煮上了红米饭，配上红白年糕，向天皇表示祝贺。孝明天皇两年前曾经生过一个皇子，可惜出生的第二天就夭亡了，所生的公主也只活了三岁。

当时天皇在幕府和西方双重夹攻之下有名无实，皇室非常穷酸，甚至天皇有的时候来了兴致要画画，却连宣纸都买不起。天皇喜欢喝点儿酒，但是太穷，只能偶尔喝，喝的时候还得是三成酒兑上七成水，自己亲自勾兑，制作这种寡淡无味的酒。

日本朝廷有一个惯例，每年正月初一，天皇要招待公卿一块儿用餐。在日本料理当中有一道主菜是稚鸡肉，有一年，天皇实在是太穷了，根本拿不出钱来买稚鸡，就把豆腐烤了，抹上味噌，打扮成稚鸡肉的模样招待公卿。这跟现在咱们流行的素食荤做的方式有点儿类似，鸡鸭鱼肉都是拿豆腐、菌类来做，也许这项发明的专利权属于日本天皇？今天的素食荤做都能卖个坑爹价，天皇这么做倒不是为了卖钱，而是因为实在太穷，买不起肉。

有一位大名听说了这件事之后，觉得天皇太可怜了，我们家皇上天天吃素，这也不像话啊！于是派人送给天皇一些盐腌的鲤鱼。天皇吃了一口鲤鱼之后，惊叹："哎呀，天下竟然有这么好吃的食物！"吃完之后，指着剩下的鱼骨头，交代臣下："这鱼骨头不能扔啊，明天拿这个用开水泡饭吃。"

天皇都穷成这样，手底下忠于天皇的公卿大臣们，比天皇还不如呢。有的人去教和歌，教书道，有的人在空白的扇子上画画，等等，反正都有第二职业，换些钱粮，补贴家用。内大臣三条实万在家里种植梨树，每年将成熟的梨子卖给果商；后来成为明治维新大功臣之一的岩仓具视，甚至把家里的一部分房间租出去开赌场。

可见日本皇室穷成了什么样！

明治其实很能装

孝明天皇的皇子诞生，天皇养不起，怎么办呢？送回皇子的母亲家去养。皇子的母亲中山庆子只是孝明天皇的典侍，中山家为了让她回娘家生产，花了二百多石俸禄修筑产房，这些钱大部分是借来的债。天皇据说只给了二十两银子，根本不够。

一直到孩子快满周岁，孝明天皇才第一次见到自己的皇子，此时的天皇并不知道，这位皇子将是自己一生中唯一的儿子。皇子取名为睦仁，相比软弱的父亲孝明天皇，他在历史上留给世人的形象相当强悍，他就是著名的明治天皇。

明治天皇留下来的照片，大多数都是身着军装，留着八字胡，手扶军刀，眼神凶狠，大有放眼天下舍我其谁的架势，实际上他的本性并非如此。当倒幕的长州藩士兵与幕府军激战的时候，曾经炮轰宫廷。十二岁的睦仁皇子受到惊吓，以致昏了过去。大臣们都非常担心，这么柔弱的皇子，一旦天下有难，能担负起责任吗？如果再来这么一档事儿，还不给吓死？大臣们觉得应该让皇子练武，于是选拔了后来被称为明治维新三杰之一的西乡隆盛，开始对睦仁皇子进行武士的教育，同时选派一些武术名家对睦仁进行剑术和马术的训练。

明治天皇继位之后，一改日本历史上天皇柔弱的形象，不但亲自检阅部队，而且还在练兵场上策马驰骋，跟以往温文尔雅的天皇完全不同。明治天皇终生狂热地喜爱骑马，一年骑马近百次。少年天皇不但接受武艺方面的教育，从五岁开始，父母就教他和歌、书法，长大之后更是学习了德语，研究欧美各国的执政技术。

明治天皇东西方教育都接受过，终生酷爱法国葡萄酒，又能拿毛笔写出数千首日本古体诗，这让他在西方式的民主开放与东方式的皇权专制当中，寻找到了一个奇妙的平衡点。天皇写了数千首诗，跟大清乾隆爷类似，乾隆爷也是酷爱题诗，当然他写得更多，一个人的产量就超过了《全唐诗》，只不过质量就是云泥之别了。

明治天皇的诗句里最为人所知的是"四海之内皆兄弟，为何风雨乱人间"。为什么这句被人所知呢？因为他写完这句诗之后，就发动了日俄战争。昭和天皇在二战中宣布对英美开战的时候，也是拿着皇祖父的这两句诗出席御前会议。

这让人觉得明治天皇其实很能装，你既然不愿意风雨乱人间，为什么还要发动战争呢？

天皇不再是宅男

公元1867年，孝明天皇暴毙，他的死因一直是日本历史上最大的谜团之一，到现在还有很多人在说孝明天皇是被毒死的。

到了第二年，皇子睦仁举行了登基大典，成为日本第一百二十二代天皇。1868年9月，开始进入了明治元年。明治天皇还从此定下了一世一元的制度，一代天皇只用一个年号，不能擅自变动。这个制度源自中国的明朝，由此也可以看出，明治天皇对中国的传统还是有借鉴之心。中国在明朝以前是没法用年号来称呼帝王的，唐朝以前都用谥号，唐宋元三朝用庙号，明清两朝用年号，因为明清两朝一世一元。日本天皇也是一样，明治之前的天皇都用谥号称呼，从第一代神武到第一百二十一代孝明都是谥号，因为日本天皇没有庙号。而从明治开始，大正、昭和、平成全都是年号。

明治天皇继位之后，马不停蹄地开始了各项改革，比如把江户改名为东京，作为日本的新首都。实际上自打德川幕府建立之后，江户就已经是日本的政治中心了。19世纪初，江户的人口已经超过了百万。明治天皇的很多改革，看起来是非常注重烦琐的细节，但是他的主旨在于文明开化。

明治元年，天皇宣布皇族和朝臣沿袭了几百年的剃眉染齿，可以不遵守了，有人认为此举类似于中国清亡之后的剪辫子。明治天皇还带头喝牛奶，吃牛肉。在此之前，日本人因为深受佛教传统的影响，民间是不吃家禽家畜的。明治时代派往海外的考察团回国之后，认为西方人之所以强壮聪明，因为他们爱吃牛肉。所以，明治天皇带头示范，喝牛奶，吃牛肉。在天皇带动下，吃牛肉被看作是文明开化的象征。当时日本的年轻人更是以吃牛肉火锅、喝葡萄酒、用"洋泾浜"英语谈论时事为时尚。

从1872年开始，日本政府规定，以后的正式礼服一律采取西装。明治天皇除了继位的时候，很少看见他有穿日本传统服饰的照片，大多是身穿西装或者是军装。甚至连他的皇后留下来的照片，也都穿着欧式的低胸露背的无袖晚礼服，戴着皇冠，脖子上是层层叠叠的珍珠宝石项链，乍眼一望就像欧洲的皇后公主一样。

在明治天皇之前几百年的幕府统治下，天皇是被禁锢在皇宫中的，大门不出，二门不迈，典型的宅男。从孝明天皇开始，迈出了出宫行幸的第一步。明治天皇在位四十五年，先后到皇都之外行幸九十六次，足迹几乎遍及整个日本，堪称历代天皇中唯一的"驴友"。

集各种权力于一身

明治不像父亲孝明天皇那样恐惧西洋人，他逐个儿接见了驻日的各国公使。

俄国皇太子访日被日本警察刺伤后，天皇为了表示对皇太子的慰问，还登上了俄国军舰。明治天皇并不吸烟，但是他知道俄国人有在宴会中吸烟的习惯。当他被俄国皇太子敬烟的时候，也从衣兜里掏出了早就准备好的香烟，回敬俄国皇太子，所以俄国人认为他很会来事儿，懂礼貌。

明治天皇给人留下了非常西化的印象，但他在力推各种文明开化措施的同时，却把日本的皇权专制推向了顶峰。特别有意思的是，他沉迷于西方的枪炮机械等物质文明，皇宫里正式接见和举行仪式的宫殿也是西洋风格，钢筋水泥建筑；但是寝殿却是纯粹的日本式建筑，房间里没有电灯，只有蜡烛，走廊里还有油灯，可能是因为皇宫里漏电，引起过火灾。天皇在所有的私下场合，都是使用旧式用具，也不用电扇、冰柜这些进口货，床头挂着画卷，放着盆景，全是东方特有的幽静审美。日本皇宫里的很多盆栽植物活到了今天，都几百年了。

1889年，《大日本帝国宪法》颁布。天皇集各种权力于一身，变成了人间的神。1893年，明治天皇把歌曲《君之代》作为国歌来推行，歌词是这么写的："我皇御统传千代，一直传到八千代，传到岩石变鹅石，传到鹅石长青苔。"类似于打油诗式的歌词。据说这首歌诞生于中国的南北朝时代，也就是倭五王的时期。日本的国歌，以宣扬天皇神的地位为主旨。

虽然所有重大决策都是由天皇做出的，但是从形式上看，大臣们请示各种政务的时候，天皇只静听，不回答，这就是宪法中规定的"天皇无答责"制。二战结束的时候，昭和天皇也正是凭着宪法中的这一条，逃脱了战争罪的审判。

1912年7月，先后打赢了中日甲午战争和日俄战争的明治天皇，患了严重的糖尿病引发的尿毒症，重病垂危。东京市民们跪在皇宫前的沙地上为他祈祷平安，一度达到几万人之众。在20世纪还能够出现这一幕，让外国记者感到很新奇。但是祈祷没有应验，即使神的子孙也难逃生老病死。三天之后，天皇驾崩。

在举行葬礼的那一天，明治天皇的爱将、号称军神的乃木希典大将，偕夫人双双剖腹自杀。辉煌的明治时代，结束于这场惨烈的生殉。

2. 改革阻力真不小

白虎队少年很悲壮

明治政府推翻了德川幕府之后，并没有取得对整个国家的控制权。

虽然恢复了太政官制度，来自萨摩、长州两藩的倒幕志士和朝廷中的激进派公卿垄断了新政府的所有职位，但是这个政府只是控制着原来幕府的领地，而其他的日本国土还控制在两百多个大名手里。推翻幕府，只是明治政府迈出的第一步，要想建立统一的日本国家政权，必须从日本地方诸侯手里把权力夺回来。

鸟羽伏见之战结束后，当时幕府的死党、会津藩的藩主松平容保厉兵秣马，准备和政府军决一死战。松平氏本是德川一族，属于德川家的御一门。会津藩联合了本州岛东北的三十一个藩组成了同盟，发动大规模的武装叛乱，以图恢复德川家的统治。同盟各藩虽然声势浩大，其实色厉内荏，各怀鬼胎，有些藩的军队跟政府军一接触就作鸟兽散了。

1868年11月，会津藩主城被萨摩、长州、土佐三藩组成的政府军围困，战事非常惨烈，日本历史上著名的白虎少年队就出现在此次战役之中。当时会津的主城若松城聚集了由会津藩各地赶来抵御政府军的义勇军，义勇军按年龄编成了白虎队、玄武队、朱雀队、青龙队，其中白虎队队员大多都是十五岁至十七岁的青少年，一共三百四十三人。这些队员手持步枪，死守若松城，在城池和里巷当中，跟政府军激战，同时还负责往前线送饭和抢救伤员的工作。

若松城失陷前夕，政府军发炮攻城，致使城内大火，火势不断蔓延，浓烟冲天。二十位疗伤的白虎队少年，眺望山下的城邑陷入火海之中，悲愤之余，相继拔刀自裁。另外，还有多名白虎队少年随着若松城失陷而集体自杀。

松平容保被迫开城投降，其他同盟各藩也相继放下了武器。松平容保虽然被免去死罪，囚禁在江户，但是作为政府军的长州藩，把会津藩的战死者一律判定为贼党，会津人被称为"会贼"，他们居住之地被叫作"白河以北一山百文"，意思就是会津人所居之地，一座山才值一百文钱。会津藩战死上千人，特别是白虎队少年的悲壮故事，后来被拍成电影，写成小说，广为流传。

会津藩的战死者，就是这些"贼党"，朝廷不允许其下葬，尸体长时间放置，风吹日晒，被鸟兽啄食，惨不忍睹。最后一个投降的藩国庄内藩被减封，并且处以三十万两现金的惩罚。当时的姬路藩藩主酒井忠邦，面对此情此景，不失时机地上书天皇，请求把政权、领地悉数奉还给朝廷，这就是日本历史上著名的"版籍奉还"。

终于实现大一统

政府军的强力手段，让地方诸侯们吓破了胆。

其实在此之前，明治三杰中的木户孝允、大久保利通就联合伊藤博文宣传和平实现版籍奉还。但是宣传了一年，没有一个藩响应，这一次诸侯们见识了政府军的手段，表示愿意版籍奉还，伊藤博文等人欢欣雀跃。

明治政府先拿跟自己最亲近的萨摩、长州、土佐、肥前开刀，要求这些藩国做出表率，西南四强藩随即宣布版籍奉还朝廷。明治二年六月，在北海道最终解决了幕府的残余势力之后，平叛大军班师回京，天皇诏告天下，宣布奉还版籍，各大名在军事威胁之下无不从命。各藩藩主被任命为藩知事，从诸侯变成了国家公务员，自主权被彻底剥夺。

到了明治三年（1870年），政府以萨摩、长州、土佐三藩藩兵为中心，组建了直属中央政府的第一支部队——一万多人的御亲兵，由西乡隆盛指挥。然后天皇将藩知事们召集到东京，下令废藩置县，成立东京、大阪、京都三府和三百零二个县，后来逐渐减到四十七个县。藩知事们的俸禄和贵族地位得以保存，一律安置在东京居住。一方面是高官厚禄，贵族头衔，另一方面是西乡隆盛磨刀霍霍，藩主们拿脚指头都能想清楚选哪个。

新政府兵不血刃，权力集于中央。到此为止，明治政府才实现了中国在秦始皇时期早就实现的大一统，建立起了中央集权的国家。

被西方文明雷到了

明治政府实现了中央集权之后，随即而来的问题就是，如何让日本实现富国强兵？说白了，就是明治政府应该怎么做，才能比德川幕府好呢？

对于这个问题，当时明治政权的新贵，其实也没有什么具体的想法。大久保利通说："我们过去就是考虑怎么打倒德川幕府，建立天皇政权，这个事业已经完成了，下一步怎么办？谁都不知道，跟着感觉走吧。"

1871年，明治政府派右大臣岩仓具视为特命全权大使，木户孝允、大久保利通、伊藤博文为副使，组建一个由五十名使节组成的庞大使团，率领五十名留学生，从横滨出发，前往欧美进行考察。

明治政府意图派遣使团赴欧美修改不平等条约，重定关税，同时考察西方的文明制度。如此阵容的使节团被认为是日本行政部门全体出动。正副大使分工明确，岩仓负责考察各国的皇室制度，木户考察宪政，大久保考察产业。当时，日本的太政大臣、五摄家出身的三条实美，在给使团送行的时候说："内制外交，前途大业成败与否，在此一举。"

使团的第一站到了美国。这些人当中只有伊藤博文出过国，会讲英语。在旧金山市长举行的盛大欢迎宴会上，伊藤用英语发表了演说，向全世界展现了日本政府的新形象。他指着日本国旗说："日本必将与世界各文明国度为伍，犹如不断向上升起的一轮红日。"

但是日本要修改不平等条约的行动，遭到了美国的拒绝，这让日本意识到自己的实力跟欧美各国还相距甚远，使团及时把自己的工作重点由修改不平等条约改为对西方文明与制度的考察。

岩仓使团本来想出国考察六个月，后来延长到一年零十个月，前后考察了十二个西方主要国家，彻底被西方发达的工业文明雷倒了，用日本人的话讲叫"始惊、次醉、终狂"。

大久保利通在英国被漫天黑烟的工业化盛况所震慑，认为日本的经济应该以英国为师，他还迷上了雪茄烟，迈着笨拙的步子跳交谊舞。

最让使节团感到不虚此行的是考察了刚刚打赢普法战争的德国。日本觉得自己作为一个后起国家，跟德国有酷似之处，研究德国的政治比研究英法更有益。大久保利通出席了德国首相俾斯麦的招待会，向俾斯麦请教小国如何富强。俾斯麦告诉大久保利通，强权即公理，这是铁血政策。大久保如梦方醒，明白了为什么日本使团想要修改条约却处处碰壁，从此他成了俾斯麦的忠实信徒。木户孝允也认为，日本人知识水平低，制定宪法要靠君主的英断，决心以德国为蓝本，在日本建立中央集权的君主立宪政治。

这次考察，一共花了一百多万日元，当时的日元是银币，跟中国后来的大洋差不多，这笔钱占日本1872年政府总收入的2%。使团出发之前，曾经和留守的西乡隆盛等人签订了一个约定书，规定国内重大的改革方针，要等使团回国之后再定。但是当1873年5月使团成员回国之后，发现西乡隆盛违约了。

关于改革的方向，留守派和出洋派也有了截然不同的理解，明治三杰最终到了分道扬镳的时刻。

发小之间闹矛盾

西乡隆盛本来在1870年就已辞去了官职，回到鹿儿岛。当时为了废藩置县，大久保利通把西乡隆盛请出来坐镇军队，使团出国之前，又把治理国家的重任托付给了他。但是没有想到，此举成为明治维新三杰决裂的导火索。

1873年的明治政府，面临着成立以来最大的危机。当时日本的陆军卿山县有朋颁布了征兵令。按照幕府时代武士阶层的等级，山县的家庭只属于"中士"，他爹就是一个战时只能打旗、帮主帅拿兵器的小角色。中士阶层很难有升迁的机会，所以，山县有朋年轻时候的理想，就是当一名枪术教师。在长州藩尊王攘夷时，山县组织奇兵队，在幕府讨伐长州藩的四境战争和推翻幕府的戊辰内战中功勋卓著。

山县认为，全面征兵才能建立一支近代化的军队。山县赖以起家的奇兵队就不全是武士，而是由社会各阶层的志愿者组成。特别是山县到欧洲考察时，欧洲人告诉他，征兵能带动政权背后人民的积极性。山县回国就任陆军卿之后，明治政府就发布了征兵令，取消武士垄断军事的特权，全国人民不分贵贱都有服兵役的权利和义务。政府发布这个命令的本质就是要求人民向国家交"血税"。这一点上，山县有朋和西乡隆盛高度一致，都有强兵理念。

在此之前，明治政府已经颁布了废刀令，规定武士不许随身佩带刀剑，武士的其他特权也都被剥夺了。倒幕战争出力最大的就是中下级武士，甚至可以说是中下级武士对幕府的下克上，自认为建立殊勋的武士本来对自己的特权被废除就非常不满，现在山县又搞了个全民皆兵，等于把武士的铁饭碗也砸了。日本农民不愿意应征入伍，于是武士就纷纷给政府上书，说胜任士兵的只能是武士，让这帮泥腿子当兵，这不是开玩笑吗？

面对武士阶层的不满，西乡隆盛认为，应该马上发动对外战争，征韩侵台，占领朝鲜半岛和中国的台湾，以此来缓解和释放武士阶层的怨气，从新的领地取得新的特权和新的资源，从而也可使日本担任东亚的盟主。西乡隆盛的治国理念是先强兵，用强兵带动富国，同时要为日本武士撑腰说话，这种激进的策略跟大久保和木户的理念产生了极大的矛盾。

木户虽然也主张征韩，但是从海外归国之后，他认识到日本缺乏一部根本大法，政府首当其冲的是先要解决立宪问题，认为西乡的想法很荒诞，把整个国家都牵扯到一场整体战争的危机当中去，会使新政府的权威扫地。在政府根基未稳的情况下发动对外战争，就是作死，因此他坚决反对征韩论。

大久保是西乡的发小，对征韩论虽然很理解，但是他十分明白日本的财政无法支持一边打仗、一边发展经济，所以意欲内政优先，先富国再强兵。当然了，大久保跟木户之间也有矛盾，大久保认为立宪没用，是虚的，应该来点儿实惠的。而木户认为大久保搞的殖产兴业没有基础。

打白条买断工龄

大久保、西乡、木户，明治三杰一人一把号，各吹各的调，干什么事儿都是狼上狗不上。富国、强兵、立宪三种堂堂正正的立国理论，围绕着孰先孰后的争执，在1873年的日本势如水火，要求明治政府必须三选一。

在政府内部的高层会议上，征韩派人数占了优势，关键时刻，太政大臣三条实美称病，由岩仓具视代理太政大臣，他单独上奏天皇，使天皇否定了征韩计划，西乡隆盛等人愤而辞职，明治政府分裂了。一半政府成员撂挑子，给大久保建立自己的专制提供了绝佳的时机。大久保对政府的机构进行了调整，建立起一个以内务省为中心、高度集中的权力体制，他自己出任内务卿，亲信大

内阁会议吵得凶

隈重信出任大藏卿，就是财政大臣，伊藤博文出任工部卿，三人组成了殖产兴业的三驾马车。木户因为与大久保政见不和，于1874年辞职。

对大久保的开明专制非常不满的人，开始用各种手段起来反抗。首先是江藤新平集合了三千名士族发动叛乱，六天之后，大久保亲赴九州现场，不到一个月叛乱被平定，江藤新平被斩首。江藤新平曾经是大久保的战友，主持司法工作，改革日本的司法，卓有建树。他被斩首，让很多人都想不通，幕府将军都能留得一条活命，松平容保后来都能出任东照宫的宫司，秩封从五位，为什么一个曾经的战友要被处死呢？这就是号称"东洋俾斯麦"的大久保的铁血手段，谁敢作乱，杀你没商量。

大久保由于担心对手太多，把木户重新请回了政府，强制推行自己的殖产兴业政策。殖产兴业遇到的最大问题就是没钱，而明治政府又不愿意对外举债。当时的日本人，还没有现代意识，其实会做生意的人，借钱做生意，用别人的钱；不会做生意的人，才攒钱做生意。但当时的太政大臣岩仓具视说："我宁愿把九州和四国都卖了，也不愿意跟外国借款。"没钱怎么办？大久保把目光投向了武士阶层。

在此之前武士的俸禄是各藩分发，废藩置县之后，俸禄的出资人就由藩主变成了明治政府，这笔钱的总数，居然占到了政府开支的三分之一。尽管木户认为，抛掉武士阶层很不道德，岩仓也害怕会激起武士的反抗，但是大久保还是在1876年进行了"秩禄处分"，简单说就是强制把俸禄的现金支付改为发放公债，三十年还清，日本政府发行了一亿七千万日元的公债。

武士先是被没收了劳动工具，腰里不能插两把刀了，然后铁饭碗被砸，最后还被买断了工龄，而买断工龄居然用打白条的方式！各地士族忍无可忍，揭竿而起，最终爆发了日本历史上的最后一场内战——西南战争。

3. 最后的内战——西南战争

历史没那么浪漫

前些年好莱坞跟日本合拍了一部大片叫《最后的武士》，但是历史上真正的最后的武士，并没有电影中表现得那么浪漫和写意，其真实的情状比电影要壮烈得多。战争的形式也不是几百个拿着砍刀、使用弓箭的乡巴佬跟机枪、大炮武装的政府军拼命。

日本最后的这场内战，爆发在1877年，但是事出有因。早在1874年6月，由于自己的政治主张得不到认同，西乡隆盛愤而辞职，回到自己的家乡鹿儿岛（原萨摩藩），办起了有士族参加的私学校。

这种私学校分为两种，一种是枪队学校，收容还乡的旧近卫步兵，由原陆军少将筱原国干主持，学生五六百人；另一种是炮队学校，集中了炮兵出身的士族，由原宫内大丞村田新八负责，学生大概两百人。

两所学校的开支，除了由西乡隆盛的退休金支付部分经费之外，全部由鹿儿岛县厅支付。1876年末，鹿儿岛县内所有各乡都设立了分校，名义上这些私学校以"不顾一身，践行道义"和"尊王悯民"为宗旨，实际上是纠集士族跟政府为敌。

1875年，西乡隆盛的左右手桐野利秋撰文说，现今的日本政府，是国家的大敌、苍生之所怨。现今的政府对国家不忠，要使苍生免于涂炭之苦，就必须推翻现政府。村田新八更是公开主张"让西乡取得首相地位，是我们的重任"。由此可见，这些私学校实际上是具有私设武装性质的政治结社。私学校的建立，为日后西乡反叛奠定了组织基础。

叛乱前夕的鹿儿岛整个就是一个独立王国，县政完全操纵在私学校手里，各级官吏都是私学校的士族或者教师担任，私学校的命令就是县厅的命令。

明治维新以后，各县设立县知事，其他县的知事都是外县人，本县人不得在原籍担任知事，唯独鹿儿岛县的知事由本县人担任，而且在鹿儿岛，即便是不入流的小吏，非鹿儿岛士族出身的人也不过百分之一。

1876年明治政府禁止士族佩刀，但是鹿儿岛的士族仍然携刀持枪横行乡里，更有借酒撒疯的声称："快些走啊，上东京杀掉那些讨厌鬼。"叛乱前夕，鹿儿岛士族的反政府情绪已经一触即发。

西乡隆盛起兵造反

针对这样的形势，以大久保为首的明治政府，采取了四项措施：首先，要对鹿儿岛进行宪政改革；其次，派内务少辅到鹿儿岛视察；第三，派中原警部潜入鹿儿岛探查私学校动静；第四，将鹿儿岛内陆海军管辖的武器弹药转运大阪，防止私学校利用。这四项措施的第一、第二项由于鹿儿岛知事的阻挠没能实行，第三、第四项成了西南战争的导火线。

1877年1月，日本警视厅派中原警部等人潜回鹿儿岛，对私学校的成员晓以大义，进行挑拨离间和瓦解工作。同时政府雇佣的轮船抵达鹿儿岛港口开始转运军火。私学校的士族及时向篠原国干报告了这件事，篠原当即声称："这是断我手足，今日不决，后悔莫及。"于是指示私学校成员抢夺军火。同时，私学校的士族逮捕了中原警部等人，私设公堂，严刑拷打，迫使中原承认有暗杀西乡的阴谋，中原被屈打成招，被迫在供词上按了手印。鹿儿岛西南士族的叛乱就此爆发。

1877年2月3日，西乡隆盛回到自己的住宅，途中写下一首诗："白发衰颜非所意，壮心横剑愧无勋。百千穷鬼吾何谓，脱出人间虎豹群。"由此诗来看，西乡隆盛这个时候已经下定了起兵造反的决心。

2月5日，鹿儿岛私学校开始招兵，当日募兵超过三千人，最后鹿儿岛的私兵累计超过三万人。因为鹿儿岛原称萨摩藩，因此，跟政府军相对应的叛军就被称为萨军。萨军把私学校本校改为大本营，召开了作战会议。

会上萨军将领提出了上中下三策：上策是全军直奔长崎，夺取军舰，然后兵分两路，一路突袭大阪，一路占领东京，争衡天下；中策则是留下若干监视兵力，控制九州的中心熊本城，然后，主力在本州登陆，占领大阪，控制日本的西国地区，等待天下的响应；下策是全军进击熊本，控制整个九州，徐图中原。

西乡隆盛的弟弟小兵卫力主上策，而西乡的左右手桐野利秋却认为不可，他说："大军进兵，宜堂堂正正，明目张胆，纵横天下，而今用奇兵，有愧义兵之名。"又说什么"镇守熊本镇台的守兵，不过是区区百姓之兵，若敢阻我去路，唯一鼓而驱之"。

经过一番讨论，西乡手下大将村田新八、别府晋介等人都赞同桐野利秋的主张。会议最终决定采取下策，全军向熊本城进发，由此埋下了西南战争萨军失败的伏笔。

双方大打出手

萨军整编之后，全军分七个大队，以西乡隆盛为总指挥，每个大队十个小队，每个小队两百人。当时萨军主力是私学校的士族，一共一万三千人，再加上各地响应的部队，总计大概三万人，还有少量的炮兵。

叛乱的消息传到东京，早有准备的政府军立即展开行动，迅速调集军队平叛。19日，天皇颁布敕令，组成了征讨军团，有栖川宫炽仁亲王担任征讨总督，陆军卿山县有朋、海军卿川村纯义为征讨参军，军团下设两个旅团，各由两万人组成。随着战局的进展又增设了三、四旅团，以及别动一至五旅团。前后总共出动陆军五万八千人，海军十一艘战舰，兵力两千人。

2月21日，萨军强攻熊本城，打响了西南战争的第一枪。当时，熊本城可以投入战斗的兵力只有两千人，镇台司令官谷干城决心坚守城池。谷干城说："大唐之所以没有在安禄山之乱中灭亡，都是因为张巡坚守睢阳城。如今，熊本城就是睢阳城，熊本城之存亡关乎天下之安危，岂能贪生怕死留下千秋骂名？"从谷干城阵前鼓励军士的言语中可以看出，明治维新之后多年，日本武将们仍然熟悉中国的历史典故。

于是，谷干城积极布防，使萨军的攻城战打得非常不顺利。好莱坞大片《最后的武士》中描绘谷干城战败，被萨军斩首，也是不符合史实的。

萨军强攻熊本城，按照最初的想法，即使全军死伤过半，也要拿下。不料由于守军殊死防守，萨军攻势接连受挫，进展无望，士气低落。打了两天之后，萨军将领不得不召开军事会议，决定放弃强攻，改为长期围困。

战机转瞬即逝，就是这几天的攻坚战，贻误了萨军的战机，政府军已经完成了出兵的准备。

萨军停止强攻熊本城之后挥兵北进，而政府军已经从九州北部的福冈南下，双方展开了激战。两军呐喊之声与炮声相混杂，震天动地，硝烟遮天蔽日，天色为之暗淡。萨军也装备了大量的步枪，不像《最后的武士》里演的只有武士刀和弓箭，只不过枪支数量比政府军少，最要命的是子弹比政府军少。激战当中，政府军第二旅团司令受伤，而萨军得力战将、西乡隆盛的弟弟西乡小兵卫战死，政府军步步进逼。

接下来的吉次之战中，双方展开恶战。史书记载，所费弹丸约数十万发，堡垒壕沟，延及数百里之间，为弹夹所盖，死尸纵横，流血淋漓，其惨不可言状。因此，吉次也被称为地狱脊。吉次之役，萨军主将筱原国干身亡，政府军的野津道贯也险些丧生。

吉次之战之后，双方又在田原坂展开了激战。田原坂是丘陵地带，顶部凹进，恰似胸墙壁垒，坡道险峻，断崖绝壁，草木横生，易守难攻。开战之后，政府军突入萨军前沿，登上坡道，受到了萨军居高临下的猛烈射击，陷入了进必伤、退必死的境地。尽管野津少将亲自督战，酌酒助威，仍然无济于事，最后只得迂回进攻。田原坂的殊死战斗，历时十七天，萨军还是因为兵力单薄、弹药缺乏、战术拙劣而最终失利。

田原坂之战关系大局，尽管随后萨军又对官军发动了多次进攻，而且互有伤亡，但是萨军基本是败局已定。田原坂激战正酣之时，山县有朋向征讨总督有栖川宫炽仁亲王建议，另组一军迂回到萨军背后登陆，切断萨军。他跟有栖川宫炽仁亲王说："鹿儿岛人的气质是只知道勇猛前进，不知道后退，唯以突击为主，不善于随机应变。如果我们乘其不备，占领萨军背后的阵地，即使一时不能战胜，也可以使他有后顾之忧。"这一策略深得军机要诀，立刻被亲王采用。

政府军在萨军背后成功登陆，立刻使萨军陷入了腹背受敌的被动局面。政府军前后夹击，萨军尽管拼死抵抗，无奈苦于大势已去，只好被迫向人吉退守。政府军一鼓作气，死攻人吉。萨军原以为可以在这儿支撑两年，不料政府军迅速占领了人吉。萨军只好向鹿儿岛境内退却，政府军一路尾随，攻至鹿儿岛县境，此时的萨军已如丧家之犬。

最后的武士

8月14日，西乡亲自指挥全军在可爱岳同政府军展开最后决战。此时的萨军已经被围困在方圆一里的峡谷中间，供他选择的道路只有三条：第一，投降；第二，全部战死；第三，拼死突围。

西乡决定率军突围，他烧毁了起兵以来携带的各种文件，连同自己的陆军大将制服。有人不解，问他为什么这么做？西乡笑着回答："今百事瓦解，皆已无用，付之灰烬，扫我尘垢耳。"英雄末路的心情跃然纸上。

随后，西乡率队登上可爱岳，开始突围，半月时间，行程百里。但是由于政府军的部署十分严密，各旅团在鹿儿岛地区要害之地筑了堡垒，挖起深沟，设置栅栏，并且把木钉埋在地下，挖成陷阱，日夜派哨兵警戒。大炮、步枪连续射击，飞鸟伏鼠都不能通过。政府军对西乡所在的城山围困了二十三天。随同西乡回到鹿儿岛的萨军大概只有三百七十人，这些人中有枪的不过一百五十人。

1877年9月23日，武士们最后一次把酒当歌，其中一位武士唱着悲凉的和歌："露水尚有草叶可以栖身，而世间却无我等容身之所。"秋风骤起，月光下的海面凄凄冷冷。

9月24日，最后的武士们的光辉，在美丽的旭日初升中落幕。西乡隆盛和亲从将领们从藏身的洞窟中走出，身着便装，挥武士刀，向政府军发起了最后的冲锋。他们跟政府军战线之间有一条相对开阔的坡路，坡路尽头还有一道由政府军建造的堡垒工事。因此，他们即便冲到堡垒附近，也很难越过工事杀入敌军。换句话说，西乡和他的武士们并非真的想要冲入敌阵，不过是想尽可能地在离自己的对手更近一点儿的地方，完成他们在人生和历史舞台上的演出。

政府军早已发现了他们，一时间，弹如雨下，子弹呼啸着飞来，一些武士中弹倒下，另一些不能忍受这样的心理冲击，到路边剖腹自尽。其他的簇拥着西乡继续前进，最后西乡也身中两弹，倒在路边不能再前进了。他用手支撑起庞大的身躯，仰视着身边的别府晋介，大声喊："阿晋，就在这儿动手吧。"

前天夜里，西乡自知必死，要求别府在关键时刻砍下自己的头颅，现在他认为时机已到。别府含泪，待西乡切腹后，仰天大呼，挥刀斩下了西乡的首级。追随西乡的武士们眼见西乡死去，泪流满面，仰天长啸，在道边纷纷拔刀自尽。

号称西乡左右手，也就是给西乡出下策的桐野利秋，是武士道精神最忠诚的拥护者，剑术高强，号称"人斩"，直冲到堡垒之上，格杀政府军数人之后，死于弹雨之中。他的表弟别府晋介，还有其他萨军将领的结局，也都无外乎自刃或战死。

萨军余部一举被歼，战死者一百六十人，投降者两百余人。

统帅为何打兔子？

西南战争结束之后，长崎一位僧人曾作诗说："孤军奋斗破围还，一百里程垒壁间。我剑已折我马毙，秋风埋骨故乡山。"

这首诗，真正切中了西乡的心境。由鹿儿岛士族发动的这场叛乱历时两百天，影响达于九州全境，这是自明治维新以来，日本发生的最大规模内战。政府军战死将近七千人，负伤者九千余人，累计伤亡一万六千人；萨军战死六千多人，负伤人数不明。当然了，这也是日本历史上的最后一场内战。

这场内战的实质，是要建立一个以倒幕派武士为核心的天皇制国家，还是要建立一个君主立宪制国家的问题。西南战争平息之后，武士们的武装叛乱基本停息。日本在发展资本主义的道路上加快了步伐，曾经辉煌的武士时代终于落幕了。

西乡隆盛战死于西南战争，他的故事和不屈不挠的精神得到了广泛的传颂，甚至后来明治政府也给他恢复了名誉，授予他正三位的品衔，并且在东京上野公园立了他的铜像。但是，现在人们对于西乡隆盛在战争中的表现却是充满了疑问。

西乡在整个战争中表现低调，除了最后一次是亲自指挥士兵冲锋、死在前线之外，基本很少出现在萨军视线之中。他住的地方也离战场很远，据附近的农民们回忆，他们在战争期间趁乱去庄稼地里偷粮食的时候，经常看见西乡带着狗在悠闲地打兔子。正值萨军在仁吉浴血奋战的时候，又有几个逃兵看见西乡牵着狗在树林里打兔子。按照史料记载，西南战争期间，西乡隆盛总共打了十多次兔子，对于打兔子的兴趣远远大于打仗。而根据西乡隆盛的亲兵回忆，西乡的住处比兔子的窝还多，今天住村里，明天住庙里，后天住洗浴中心，就是很少住在军营之中。

如果这两件事属实的话，将其联系起来看，可以推断出西乡隆盛可能不想打仗，也许他是被胁迫的，因为战争是你死我活的事儿，哪位统帅能忍心让手下在前面拼命，自己却在后面打兔子？而且西乡隆盛很少住在军营，说明军事决策基本上都不是他下达的。

西南战争真正的指挥者可能并不是西乡隆盛。由于他在鹿儿岛太有人气，太有威信，太有魅力，而叛军需要一个偶像来唤起更多的人参与造反，西乡正是这样一位偶像，而西乡也乐于充当这个偶像，为他最后的人生画上壮丽的一笔。

4. 伊藤博文定君宪

脱亚入欧有市场

西南战争爆发之时，木户孝允已经缠绵于病榻，得知老朋友西乡隆盛兵变，大声惊叫："与其病死窗下，不如捐躯于征途。"喊完之后，就收拾东西要去找西乡隆盛算账。可惜壮志未酬，几天后，年仅四十四岁的木户孝允就病死了。

西南战争结束后，1879年5月的一个早晨，大久保利通在自家的会客室接见一位地方官，其间他说："明治政府已经建立十年了，这十年国家虽然多有战事，但是国民和政府创业激情不减，你我成了国家建设的主要力量。今后十年是新一代的十年，我们要多多提拔年轻人，让他们担当起建设国家的大任。"

说完话，大久保坐上马车，准备去上班。在马车上，他还认真地阅读文件，忽然一阵喧闹打断了思路。大久保从车里探出头，一瞬间白光晃得他一阵眩晕，紧接着几个带刀武士出现在他面前。大久保利通明白自己的末日到了，但是他脸上毫无惧色，大喊："妖孽，休要猖狂！"说完话，还把手上的文件用丝绸包好，藏于身下。

那几个刺客手持利刃，刺向大久保利通。大久保利通胸前绞痛，依然毫无畏惧，抬起头目视刺客，声若洪钟："你们是国家的叛徒，无耻之极！"说完之后，倒于血泊之中，号称"东洋俾斯麦"的一代英杰就此陨落，时年四十九岁。

明治三杰全部去世之后，历史进入伊藤博文的时代。大久保一死，伊藤博文就出任了日本内务卿，但是他并不是大久保唯一的接班人。大久保还有一个弟子是大藏卿大隈重信，大藏省相当于国家的财政部。

主管财政的大藏卿，此时已是焦头烂额。因为政府为了筹措西南战争的经费，发行了四千二百多万日元的纸币，由此带来了恶性的通货膨胀。米价上涨为三年前的两倍，政府收入减少了一半。在通货膨胀的打击下，政府资金匮乏，殖产兴业的政策无法继续执行。大隈重信为了筹集资金，提出了要借五千万日元外债的计划，但是伊藤博文以一旦无力偿还将危及国家独立为由，否定了大隈重信的计划。

就在政府因财政危机而走投无路的时候，由于明治维新开启民智而形成的自由民权派向政府递交了开设国会的请愿书。大隈重信也向天皇递交了自己的宪政意见书，主张在1882年选议员，1883年开国会。更为激进的是，大隈重信想在日本建立英国式的政党内阁，把主要的政治权力赋予民选的议会，由议会中占多数的党派组阁。

而之前明治君臣一致心仪的是德国宪法，内阁由君主任命，议会只管拨款。大隈重信的立宪论，遭到了岩仓具视、伊藤博文等人的坚决反对，他们认为大隈跟自由民权派是一伙的，于是大隈就被炒鱿鱼了。

随后，天皇发布了1890年开国会的诏书。伊藤博文负责起草宪法，独揽大权。除了富国强兵和殖产兴业之外，明治政府还有一项基本的国策是文明开化，也就是学习西方社会的生活习俗。

井上馨出任外务卿之后，在和欧美列强谈判修改不平等条约的过程中，感觉到困难重重。因此，他提出把日本变成一个欧洲化的新帝国，才能跟世界先进国家平起平坐的主张。

在井上馨的指导下，英国建筑师建造了一个二层小洋楼，叫作鹿鸣馆，作为上流社会和西方人士的社交场所。井上馨经常在这儿举行舞会，邀请高官和他们的夫人、女儿出席，推行鹿鸣馆外交。上流社会改穿洋装、学跳舞、喝洋酒，当时身着洋装出现在鹿鸣馆是一种身份的象征。

跟这种思潮相对应，当年在萨英战争时，把英国最后通牒翻译错的福泽谕吉提出了脱亚入欧的理论，而伊藤博文是脱亚入欧的坚定支持者。

伊藤博文在访问德国期间，曾经改信基督教，而且写信劝井上馨也改宗。当然了，考虑到日本浓厚的神道和佛教传统，他对此秘而不宣。想当年伊藤博文曾经锯断英国使馆四周的木栅栏，向使馆投掷燃烧弹，是一个地地道道的爱国愤青。二十多年转变之彻底，让人瞠目结舌。

1887年，伊藤博文在官邸举行了让世人哗然的假面舞会，伊藤自己打扮成威尼斯贵族，而陆军大臣大山岩则重新挽起了发髻，腰挎双刀，玩起了怀旧的武士风格。

随着鹿鸣馆引领的欧化潮流，各种带有极端模仿意味的改良纷纷出炉，最夸张的是人种改良论。当时有一个日本记者叫高桥，认为日本人无论体力还是智力都无法跟西洋人相比，因此提出跟西洋人结婚，用以改良日本国民的身心。

民权三分、君权七分的立宪

井上馨大搞歌舞升平的鹿鸣馆外交的时候，伊藤博文又出国了，明治政府派他到欧洲考察宪法。

伊藤博文在欧洲切实地认识到，英国国王虽然有王位，但是统而不治，日本如果照此行事，皇室仍然会丧失统治权，跟当年的幕府时期没有区别，显然不符合日本国情。他坚定地认为，由皇帝掌握权力的德国宪法最符合日本的实际情况。回国之后，伊藤博文开始着手改革日本政体，进行宪法的起草工作。

1884年，伊藤博文一手打造的华族令颁布。华族分为公、侯、伯、子、男爵五个等级，受封的有旧公卿、藩主和维新功臣。华族除了拥有很多特权之外，最重要的一点，就是为在开设国会时设立贵族院做组织准备，以对抗民选的众议院。1885年太政官制度被废除，成立由天皇任命的内阁，伊藤博文出任首届内阁总理大臣，堵死了由民选议员多数党组阁的可能。

起草宪法的时候，伊藤博文说："君权三分、民权七分为立宪，而我国民权三分、君权七分，亦为立宪。"

1888年，宪法草案公布于众。伊藤博文设置枢密院，自任议长，对宪法草案进行了审议。

1889年，日本传说中神武天皇建立国家的日子（2月11日），明治天皇在深宫中举行神道教仪式，告知祖先，新的国家基本法即将诞生。然后，明治穿上西装步入宫中正殿，沿着红地毯，踏上放有御座的高台。殿中肃立着外交使节和文武大臣，勋章、佩刀闪闪发光。枢密院议长伊藤博文朝天皇走过去，把写有宪法的卷轴呈给天皇，天皇看也没看，转手交给了首相黑田清隆。随着首相接受卷轴，现场开始奏起了《君之代》，天皇点了点头，然后离开了正殿。

对于明治宪法之父伊藤博文来说，这是他一生中最为荣耀和庄严的时刻。1889年的这个早晨，伊藤博文心中的豪情犹如一轮初升的红日。

伊藤博文的这部宪法把专制和立宪糅合到了一起，一方面赋予天皇至高无上的绝对统治权力，一方面又规定统治权必须在宪法规定的范围内行使。内阁的任命，虽然形式上要经由天皇首肯，但实际上全部由伊藤博文、山县有朋等明治九元老直接推荐，或间接征求元老同意才能产生。元老及元老会议，实际上是超越宪法具有最高权威的机关。

宪法规定，军部大权不受政府议会的限制和监督。一开始元老们还能对军部势力进行弹压，明治后期以后，随着元老们渐渐告别人世，军部的势力开始恶性膨胀，成为一股强大的政治势力，凌驾于政府和议会之上，日本逐渐走上

确立君主立宪制

了军国主义道路。

尽管明治宪法被认为是一部最低标准的宪法，带有最浓厚的封建色彩，但它毕竟使日本成为亚洲第一个宪政国家，使日本迈入了世界强国的行列，帮助日本获得了国际社会的尊敬。仅此一点，伊藤博文就奠定了他在日本历史上的重要地位。

日本"易圣"高岛吞象

伊藤博文的亲家高岛吞象，在日本历史上也是一位响当当的人物。他1832年生于江户，是明治维新时期著名的易学大师，在日本素有"易圣"之称。

高岛利用《易经》进行广泛的占卜，小到寻找失物、天气预报、婚姻、买卖、疾病、个人气运，大到国家的军事、政治、国际关系，有事必打卦，一算一个准。许多占断结果，被日本天皇、内阁总理和各省大臣所采纳。他曾经准确预言了中日甲午战争的结果以及战后条约的签订。

高岛四岁的时候，还是个体质虚弱的小孩，一个人不能独立行走。但是他的头脑非常聪明，无论什么样的书，他只要听过三遍，就能不忘。他的父亲曾经是一位出名的地产商，但是平时乐善好施。正是因为父亲的性格，为了造福他人，毫无道理地进行投资，最终耗尽了家产。所以当高岛吞象继承家业的时候，已经背负了巨大的债务。但是由于他天资聪明，是个经商的天才，不但迅速偿还了债务，还成就了一番事业。

到了1861年，高岛由于从事货币投机买卖，被控告扰乱经济，逮捕入狱，遭受了人生中最大的磨难。当时的监狱环境非常恶劣，管理混乱，牢头狱霸控制监狱，一些莫名其妙的事情在监狱里频繁发生。至于狱中打架斗殴被杀，更是稀松平常。

高岛入狱是很不幸的，但是他在狱中闲着没事儿的时候，发现了一本不知道谁遗留下的《易经》，这本书成了他在艰苦狱中唯一的心灵慰藉，而且依靠这本书神奇的预测功能，他在日后逃过了一场生死劫难。因为在狱中没事干，他只能埋头苦读《易经》，然后用纸捻做成蓍草为其他囚犯进行占卜。这种预测实践成为监狱中很好的娱乐活动，也提高了高岛的易学水平。因为他经常为别人进行占卜，而且大部分的时候比较灵验，连监狱长都对他另眼相看，最后还给他提供了帮助。

1862年的某天，与高岛相处良好的一些囚犯提出了越狱的计划，高岛觉得风险太大，并且利用易经进行占卜，认为越狱行动不会成功。但是越狱还是如期进行了，最后以悲惨的失败而结束。由于高岛没有参加越狱行动，在这次事件中没有受到严重的牵累。此后监狱长请他占卜，百占百验，帮助监狱长在仕途上获得了成功。作为回报，监狱长请求上级缩短了高岛的刑期。1865年，他被释放出狱。

由于这些生死经历，高岛对《易经》产生了绝对的信仰和依赖。出狱后，他到横滨成立了高岛屋木材店，因为修建英国公使馆而大获成功，广受好评。外国人赞誉他为日本第一木材商，订单纷至沓来。高岛建起了横滨最大的旅馆高岛屋，与政界、金融界的领导者们有了亲密的交往。其中跟他关系最深的就是伊藤博文，高岛的女儿日后成为伊藤博文的儿媳妇。

高岛还在横滨进行了填海造地的实验，现在的高岛町就是为了纪念他而命名的。同时，他设立了日本最初的煤气公司；他还很关心铁路施工，建造了东京到函馆之间的线路；他投资北海道开荒事业；出资开设了类似于公立学校的教育机关；还特别关注横滨的乡土史学家们。横滨能够成为大城市，离不开高岛这一代人的努力。

1877年，高岛以四十五岁的年纪从实业界隐退，把他的企业全部捐献给了国家，理由是为了专心致志进行《易经》的研究。高岛在自己的府邸神易堂，给几乎所有的人算卦，下至平民的个人咨询，上至政府高官的国事讯问，来者不拒，有求必应，童叟无欺，分文不取。他说占卦不是买卖，不是为了得到物质，而是要实现自己的价值观。他把有形的家产分给了弟子和家人，而无形的资产是《高岛易断》这部名著，聚集了高岛对《易经》的注释和他一生的占例。这部书对于学习《易经》占卦的人来讲，是必读的教科书，弥足珍贵。

1906年，高岛的亲家伊藤博文决定前往哈尔滨密会俄国财政大臣，协商两国在东北的利益冲突，为此要求高岛占卦。高岛给伊藤占了一卦，算出伊藤必然遇刺，所以他力劝伊藤取消行程，以免发生意外。但是伊藤没有接受他的建议，结果被刺身亡。

受到伊藤被刺杀的刺激，高岛深深体悟到人世无常，于是为自己未来行止占了一卦，卦辞告诉他，小人将得势，君子最好要知机退避。高岛深谙易理，因此毅然隐退。在政局动荡不安的年代，他始终能保持名节，安享余年。

1914年的秋天，高岛闭上双眼，结束了他传奇的一生。他临终前知道自己的死期，生前就在灵牌上写入了自己的忌辰，预言将在那时离开世间。

不但在日本，就是在中国，对高岛的评价也非常高。民国时期，有一本《中国历代卜人传》，附录里面特别记载了高岛的事迹。

世界历史

很有趣

第六讲

炮火狰狞终失败

（走上对外侵略之路）

袁腾飞

讲日本史

1. 小日本放倒俄国熊

蚂蚁吞大象

随着明治维新后日本国力的增强，1894年，日本发动了侵略中国和朝鲜的甲午战争，并且取得了胜利，打败了清朝，代替清朝成了亚洲的霸主。

甲午战争之后，日本的军国主义势力更加膨胀，推行侵略中国、吞并朝鲜的大陆政策。如此一来，就与当时沙皇俄国推行的侵略中国、吞并朝鲜、称霸远东太平洋地区的远东政策发生了尖锐的矛盾。中日甲午战争签订的《马关条约》规定将辽东半岛割让给日本，从而引起了沙俄的不满。沙俄为了获得不冻港旅顺，控制中国东北地区，联合法德对日本施压，导致日本被迫放弃辽东半岛，但是从中国勒索了三千万两白银的赎辽费，史称"三国干涉还辽"。对此，日本怀恨在心，伺机报复。

辽东半岛归还中国不久，沙皇俄国便以还辽有功为借口，攫取了在中国东北修筑中东铁路等特权，又强行向中国政府租借旅顺、大连。而日本经过多年备战，实力大增，决心在中国东北地区卷土重来，取代俄国在中国东北的地位。

1900年义和团兴起时，沙俄趁机出兵占领东北全境，企图据为己有，但遭到了中国政府和世界各国的一致反对。1902年，日本和英国订立了反俄军事同盟，要求俄国撤出在中国东北的占领军，双方进行了艰苦的谈判，最终毫无结果。日本依仗英国的支持以及英美等国的军事援助，决心对俄一战。

日俄战争爆发前夕，俄国总人口高达1.4亿，常备陆军105万，后备军更是多达375万人。但是俄军90%的兵力部署在欧洲，远东只有正规军9.8万人，148门火炮。俄国海军拥有200多艘战舰，其中太平洋舰队拥有60多艘战舰，总排水量19.2万吨。在当时速射火力空前猛烈的形势下，俄军主导的军事思想，却仍然强调刺刀白刃战，认为玩子弹是懦夫，玩刺刀才是好汉，作战思想还停留在拿破仑时代。

东北战场上，俄国陆军统帅库罗帕特金是一个缺乏实战经验的军事官僚，做事优柔寡断。而率领欧洲舰队增援太平洋方向的海军司令罗日杰斯特温斯基中将，只具有帆船时代的作战经验，不懂得钢铁战舰时代的海军战术。俄国的陆海军统帅机构和指挥机构矛盾重重，局面混乱。再加上俄国当时的罗曼诺夫王朝已经是行将就木，奄奄一息，所以，俄军表面上是非常强大，欧洲舆论都看好俄国，但是色厉内荏，外强中干。

日本当时总人口4400万人，平时的陆军总兵力是37.5万人，火炮1140门，机枪147挺。日军火炮的三分之一是山炮，正好适合中国东北战场的地形特点。在37.5万常备陆军中，25万人可用于到外国作战。战前日本海军战舰大约有80艘，总排水量26万多吨。虽然日本的总兵力远低于俄国，但是可以投入到战场的兵力多于俄国在远东部署的部队。特别是日本的兵役制度非常严密，后备力量动员准备程度高，战时可以动员200多万后备兵源。实际上在日俄战争期间，日本动员了118.5万人。

日本军官深受军国主义、武士道精神的影响。日本陆军以师团为最大单位，一个师团一般由两个旅团，加上骑兵联队、炮兵联队构成。战时两三个师团编为一个军。日军的作战思想，基本上是学习德国，强调进攻，主要方法是侧翼迂回，力避正面作战，以求减少伤亡。日军虽然不排斥白刃战，但是更重视火力，特别是交叉火力，冲击前会进行必要的火力准备。

日本军队将领的能力，也远远超过俄军。日军的高级将领基本上都在国外留学过，像陆军的大山岩元帅、海军联合舰队司令官东乡平八郎大将，都曾经分别在德国和英国留学。

远东战场距离日本后方近，日军训练和装备好，指挥能力强，对中国东北的情况熟悉，所以日本的优势十分明显。

海军打响第一枪

1904年2月5日，日本同俄国断交；2月8日，日本海军联合舰队突袭旅顺口的俄国军舰，日俄战争爆发。

日俄战争的主战场是中国东北地区，陆上最激烈的战斗发生在中国旅顺。外国随军记者形容旅顺的战斗时说："这不是人与人的战争，而是人类与钢铁、燃烧着的石油、炸药和尸臭的战争。"

旅顺对于俄国来讲，是一个太过遥远的战场，几乎是俄国在远东势力范围所及的最南端。如果俄军把一个营的兵力从莫斯科运到旅顺，得经过漫长的西伯利亚大铁路，抵达哈尔滨之后再从哈尔滨运达大连支线，再转往旅顺，要花一个月的时间。即便旅顺的俄军遭到包围，也无法及时派兵增援。而且旅顺对于俄国来讲，也不是一个理想的决斗场。辽东半岛丘陵密布，夏季炎热多雨，地面几乎变成一片泥泞的沼泽，难于行军，蚊虫滋生，疫病流行。俄国官兵适应的是西伯利亚的寒冷气候，在此则备受煎熬。

日俄战争爆发后，日本计划从陆海两方面夺取旅顺。打响日俄战争第一枪的是日本海军，随即日本陆军投入重兵，组成了以大山岩大将为首的满洲军，向旅顺发动了猛烈的进攻。

位于金州湾南部的南山，地理位置非常重要。因此，日军把首攻地点放在南山。防守南山的是俄军第五狙击步兵团，只有3800人，配有65门火炮，10挺机枪，火炮中甚至还有当年清军遗留下的旧炮。

1904年5月25日深夜，借助大雨天气的掩护，日军奥保巩大将指挥的第二军对金州城发起猛烈突袭，五个小时便攻破了金州城。紧接着，日军炮击南山上的俄军阵地，三个小时后，日军开始第一轮冲锋，不料在俄军居高临下的机枪火力网阻击下，日军伤亡惨重。10点，俄国的炮舰也驶入金州湾，2000发炮弹瞬间倾泻在日军阵地上，日军伤亡惨重，暂时撤退。

经过八小时的激战，俄军弹药已经不足了，第五狙击步兵团团长请求上司增援，上司的回答是："枪毙几个胆小鬼，稳定士气。"而此时第五狙击步兵团剩下的士兵不足两千，却要对抗日军第二军三万五千人的进攻。日军此时战死人数已超过了四千，牺牲如此巨大，奥保巩大将仍拒绝休战，下令日军右翼第四师团从海水中蹚过，绕过俄军左翼，直取其后方。这次，战斗仅仅持续了半个小时，俄军南山阵地就宣告失陷。

南山战役结束，日本拟订的战略计划已初步达成，旅顺要塞与中国东北境内俄军主力之间的联系被切断，旅顺已成为一座孤城。按照常规，日本陆军此时只需配合日本海军联合舰队打击旅顺港内的俄军舰船就行了，而俄军舰队已经被日军联合舰队和水雷围困在旅顺港内，无法出海作战。但是日本人对俄军舰队的形势做出了误判，认为俄军舰队仍然具有出海作战的能力。日本人认为如果日舰强攻港口，由于在狭窄水域内无法机动，将会造成巨大损失，所以没有对旅顺港内的俄军进行围攻。特别是两艘战列舰在拦截俄军布防舰编队时触雷沉没，加重了日本海军省的疑虑，甚至传言俄军有潜艇参战。

加上俄国波罗的海舰队主力组成太平洋第二舰队绕过半个地球正在来援旅顺的消息传来，日本海军经过一番权衡，认为相比拿昂贵的军舰冒险，还是陆军的大兵更为廉价，于是向陆军施压，要求陆军占领旅顺军港。

忽悠陆军去送死

南山战役之后，接替奥保巩指挥旅顺会战的是被日本人奉为军神的乃木希典。

乃木希典在西南战争中，以少佐的身份为政府军效力参战，他的联队旗曾经被萨军夺取。乃木本来准备自杀向天皇谢罪，因为日本的联队旗都是天皇亲授的，但是被天皇赦免了，所以常怀忠君之心。

1894年中日甲午战争的时候，乃木希典是旅团长，曾经以一旅之众，付出阵亡十八人的代价，一天时间拿下旅顺。陆军此次让乃木出任攻打旅顺的司令官，是希望这一奇迹在十年后重现。陆军参谋本部告诉乃木，复制这一奇迹并不难，因为旅顺的要塞设施只是在清国旧阵地的基础上增加了一些壕沟而已，俄军并没有在旅顺永久驻扎的打算。

5月31日，日本陆军第三军正式编成，由乃木希典大将出任指挥官。乃木率领已经整编好的第一和第十一师团，开始扫清大连附近的俄军阵地。7月下旬，第三军集结完毕，总兵力5.77万人，火炮230门。

7月26日是日本的菊花节，为了向天皇献礼，乃木决定在这一天对俄军发动总攻。出征前，乃木向各师团、旅团、联队、大队，层层训话，忽悠将士们去跟俄国人拼命。经过一番苦战，第三军用两天时间就占领了俄军的大片阵地，旅顺要塞完全暴露在日军面前。至此，乃木取得了一系列夺目的战果，旅顺要塞的会战，看来真的会像乃木在出发前所宣称的那样，8月奏凯告捷。

其实，日本陆军参谋本部的情报工作非常差劲。就在陆军制订旅顺总攻计划的两周前，潜伏在中国山东的日本情报人员才发来了关于旅顺要塞的秘密情报。旅顺要塞的每一个堡垒都覆盖着周边方圆580米的阵地，均有既深且大的壕沟和高压电网保护着，堡垒内部设有多个炮台，炮台边上还有提供士兵退避的防护设施，更有通往壕沟的地下暗道，暗道与壕沟之间留有成排的孔洞，作为机枪扫射的枪眼，可以随时狙击进入壕沟的士兵。要塞所有的堡垒都是由混有鹅卵石的超厚混凝土进行加固。俄军旅顺要塞，已经由十年前清军不堪一击的陈旧要塞，脱胎换骨成为现代化的防御堡垒。尽管陆军参谋本部获得了这个情报，但为了配合海军，仍然向乃木下达了不可停止既定攻势的命令。

乃木本人到前线仔细勘察过旅顺要塞之后，才发现自己被参谋本部给忽悠了，认识到了旅顺要塞的威力。特别是高压电网环绕着的工事，还是日军头次见到，很多日军士兵一开始都把它当作普通的铁丝网，以致奋勇扑上去剪断它的时候被电击死，后面的人上去拉，也触电身亡。总之，旅顺要塞，易守难攻。

8月18日，乃木下令对旅顺要塞进行总攻。战至24日中午，连续六个昼夜残酷而徒劳无功的强袭之后，乃木下令停止总攻。此时日军已经伤亡1.58万人，却只夺下了几个小阵地，其他目标仍然掌握在俄军手中，失败情绪头一次从上到下笼罩了整个日本陆军。

乃木大将向参谋本部发去电报，称想以强袭手段夺取旅顺要塞，万不可能。

乃木希典被坑了

面对强攻遭遇的失败，第一师团参谋长新野大佐提出了一个迂回方案——如果能占领旅顺西北面的一座小山，就能从山上俯瞰整个旅顺港，可以此为据点，从要塞头上越过，直接炮击港内的俄国军舰。这座小山被命名为203高地。

既然海军的主要愿望是消灭旅顺港内的俄国军舰，那么攻打203高地之后，就可以实现既定的战略目标。

9月16日，乃木下令进击203高地。日军在激战中使用了280毫米重榴弹炮，这种炮一共只有18门，但是威力惊人，炮弹重达250公斤，是当时陆地战场最大口径的火炮。因为炮弹发射后会产生一种类似火车鸣笛的呼啸声，有着巨大的精神震撼力，所以被称为"火车弹"。但即便是日军使出最先进的武器进攻203高地，也没能撕开俄军严密的防线，俄军甚至还对日军展开了速射炮密集火力的打击，日军又一次遭遇惨败，203高地山脚下的三个联队几乎全军覆没。

日军大本营一再向乃木施加压力，说俄国的增援舰队即将赶到，如果不能消灭旅顺港内的俄国舰队，一旦旅顺港内的俄国舰队与从欧洲赶来的增援舰队汇合，日本必将失败，后果不堪设想。大本营要求乃木赶紧攻下旅顺要塞。

乃木见炮击不能奏效，不能动于九天之上，就动于九地之下，转而采用挖掘地道的方式攻占203高地。日军坑道挖到俄军阵地底下之后，乃木下令总攻，可惜俄军早有察觉，他们或者开炮，或者抛掷炸药包阻拦日军。俄军还仿效日军，用开凿地道的方法，接近日军阵地，破坏日军的工事，使日军长达两个月的坑道战彻底失败。

11月3日是日本明治天皇的生日，战败的消息，使陆军参谋本部心生动摇，乃木希典被逼上了绝境。11月26日，在强大压力下，乃木下令总攻203高地。

在战后日本的报纸、小说、电影、电视剧中，203高地之战被描绘成一场惊天骇地的壮阔传奇，除了对马海战，没有哪场战役像203高地之战一样，被加上了如此众多的荣誉。

其实，没有哪场战役比203高地之战更没必要了。导致这场战役发生的原因只有一个，就是日本海军对俄国波罗的海舰队来援时间的误判。日本海军认为，俄军波罗的海舰队会在1905年1月到达日本近海。所以严重质疑乃木希典关于旅顺港俄国舰队已失去战斗力的报告，逼迫陆军向第三军下达进行203高地总攻的命令。

乃木本来想采用长期围困的办法，不断消耗俄军战斗力，最终攻克要塞。

但是由于大本营施压，甚至海军使出撒手锏，向天皇直接上奏，于是明治天皇向乃木第三军下达了不惜一切代价，夺取旅顺港、击沉敌舰的敕命。

这成了压垮乃木的最后一根稻草。

一将功成万骨枯

11月26日，总攻开始。

已经被围三个月、弹尽粮绝的俄军开始了最激烈的反扑。守卫这座高地的俄军，正是在南山之战中以一团之力对抗奥保巩三万五千大军的俄军第五狙击步兵团。由于两个月前日军对203高地的突袭，促使俄军也注意到203高地的战略价值，紧急赶工将其建设成为一个强大的要塞。俄军的巨炮向日军的营地接连开火，日军再次遭遇惨败。

12月1日，满洲军总参谋长儿玉源太郎大将赶到旅顺前线接管了乃木的指挥权。想当年，儿玉源太郎的父亲在藩内被刺杀，年仅九岁的儿玉亲手为父亲擦拭尸体，料理后事。从这件小事上可以看出儿玉的性格——冷静、残忍。

儿玉的到来，把第三军的伤亡数字推到了一个新的高度，使203高地之战的惨烈程度更上一个台阶。激战到最后，英国随军记者看到日军用刀剪，用手扯，用牙咬，双方士兵的武器由机枪变成了指甲和牙齿。12月5日下午5点，太阳旗终于在山顶的破砖碎瓦和弥天的烟雾中，迎着余晖随风飘扬。

日本海军终于心满意足地看到陆军从203高地上发射炮弹，把已经失去战斗力的残余俄舰尽数击沉。此时，海军自始至终无比担忧的心腹大患——俄国波罗的海舰队，才刚刚行驶到马达加斯加。

203高地失陷之后不到一个月，旅顺要塞的守军投降，旅顺落入日军手中。旅顺争夺战，日军以五万人伤亡的代价，消灭了俄军四万人。

战后，乃木大将赋诗写道："王师百万征强虏，野战攻城尸做山。愧我何颜见父老，凯歌今日几人还？"会战一年后，乃木希典回到日本，作为旅顺会战神话的缔造者，受到了日本国民的狂热追捧。但是乃木本人却被罪恶感萦绕终身，他的两个儿子也在旅顺战役中阵亡，他本人实际上已经绝后了。五万将士殉命的事实，让他终生难以释怀。

当人们在庆功会上向他举杯庆贺时，他说："余即杀乃父乃兄之乃木也。"全场无不痛哭失声。入宫复命时，乃木在天皇面前拜伏痛哭："臣不肖，折损陛下忠良将士，夙夜惶惧，唯有剖腹谢罪。"天皇则劝慰道："卿衷情朕全知晓，然卿尚有重任在身，卿强行其志，姑待朕百年之后。"

后来，明治天皇驾崩，乃木希典在奉安大典后，与其妻一同殉君自杀，这一天是1912年的9月13日。八年前的这一天，乃木定下了进攻203高地的战略。铸就乃木辉煌战绩的203高地被他改名为尔灵山，山上修筑了表忠塔和纪念碑。

1945年以前，每年都有日本老师带学生来到这座步枪子弹形状的纪念碑前接受军国主义教育。而旅顺会战所使用的大规模人海战术，在日俄战争十年后的"一战"中，被推向了极致。

搬炮弹的小兵——东乡平八郎

日军攻占203高地，旅顺港的俄军投降之后，日俄战争俄方败局已定，剩下的基本上就是日俄海军之间的决战。日俄海军的决战引出了一位在日本历史上跟乃木希典并称为"军神"的人物，这就是号称"东方纳尔逊"的日本海军大将东乡平八郎。

东乡平八郎1848年出生在日本的萨摩，自幼修文习武，后来又专门研习过炮术。1863年，他参加了抗击英国的萨英战争，当时在炮台开炮的炮手中，就有日俄战争中的满洲军总司令大山岩元帅，搬运炮弹的小兵里，除了东乡平八郎，还有一位号称日本海军之父的山本权兵卫。

1866年，萨摩藩成立了海军，年仅十八岁的东乡平八郎踊跃报名入选，开始正式步入军界。1868年，政府军跟幕府方面的海军进行了海上决战，这就是著名的阿波冲海战，也是日本欧式军舰之间交战的开端。当时，东乡平八郎跟随政府军舰远征北海道，转战各地，为明治政府初立战功。

1870年5月，日本兵部省制订了大办海军的方案。日本海军在包括学校学员在内的全体青年军官中选出了十二名最优秀的军官，去英国留学深造。东乡平八郎有幸入选，在英国待了八年。在此期间，他奉命前往英国船厂督造日本订购的军舰。八年后，东乡平八郎亲自驾驶着"比叡"号巡洋舰回到日本，已经成为一名精通军舰建造和驾驶等海军全部业务的专家。

回国之后，东乡平八郎先后担任了多艘军舰舰长的职务。1889年，晋升为海军大佐。甲午战争爆发前，东乡平八郎大佐担任"浪速"号巡洋舰舰长。对他而言，这个舰长职位来得十分不容易。

1892年，日本海军之父山本权兵卫大佐，在西乡从道海军大臣的支持下进行了改革日本海军的第一次行动，强令那些只会驾驶帆船的海军军官下岗。山本拟了一个包括中将在内的八名将官，八十九名佐官、尉官的名单，挨个儿接见名单上的九十多名军官，向他们宣布下岗决定。山本大佐在桌上放了一把短剑，不管你是来硬的还是来软的，都丝毫不为所动，铁石心肠地完成了日本海军史上的第一次瘦身行动。甲午战争前夕，日本海军更新了组织，将一批最有能力的军官安排到了合适的位置，东乡平八郎得以出任舰长。

东乡平八郎在甲午战争丰岛海战中，击沉了帮助中国陆军运兵的英国商船"高升"号，还参加了著名的黄海海战。1895年，东乡被晋升为海军少将，出任日本海军南方舰队司令官，参加了侵略中国台湾的军事行动。1898年，东乡晋升为海军中将，1900年出任日本海军常备舰队司令官，率舰队参加八国联军侵华战争。

频繁的对外侵略战争，使东乡平八郎在日本海军中的地位日趋上升。

赌徒就得运气好

日俄战争爆发前夕，日本海军元老山本权兵卫临阵换将，起用已经准备退休的东乡平八郎担任联合舰队司令官。

当时日本常备舰队司令日高壮之丞是一个能力很强的将领，但是由于这个家伙天不怕地不怕，谁也不敢保证他会不会在关键时刻与海军首脑保持一致，为了确保海军首脑的命令可以得到贯彻，山本让他下岗，挑选了东乡平八郎。当明治天皇询问，为什么选择东乡平八郎出任联合舰队司令官的时候，山本权兵卫回答："这家伙运气好。"反正在日本人看来，跟强大的俄国打仗就是赌博，既然是赌博，找一个运气好的上桌，显然最为重要。

1904年2月5日，日本海军大臣山本权兵卫向联合舰队司令官东乡平八郎大将发布了出击的书面命令，之后日俄断交。2月6日凌晨，联合舰队在旗舰"三笠"号上紧急召开了军事会议，东乡平八郎向联合舰队发出了进攻俄国远东舰队的命令。

日本舰队不宣而战，先发制人，悄无声息地驶出佐世保军港。2月8日深夜，日本舰队对泊在旅顺和朝鲜仁川的俄军舰队实施突袭，击伤俄国多艘主力舰。这一幕也成了以后日本海军开战的经典战术，在二战期间的太平洋战争中一再上演。

1904年3月，马卡诺夫海军中将接任沙俄军太平洋分舰队司令。马卡诺夫是俄国海军名将，不幸上任后不到一个月就因军舰触雷而战死。他的接任者没有他的勇气，不敢主动出击，只是把战舰摆在港内保存实力。

日本海军联合舰队两艘战列舰触雷沉没时，参谋长保村中将非常不安，首席参谋秋山真之面色凝重，一言不发，只有东乡平八郎的举动出人意料。当两位快吓尿了的肇事舰长面无人色地跑来向司令长官报告时，东乡平八郎很平静地端出一盘蛋糕，还亲自为两位闯了祸的舰长倒了两杯威士忌，"辛苦了。"两位舰长以为是要喝断头酒，更加不知所措。东乡又补充了一句："别放弃，活着，仗还要打下去。"当时观战的英国武官在场，看到这一幕都惊呆了。东乡这是大将风度，还是被气糊涂了？其实东乡是要告诉部下，不管发生什么事儿，仗一定要打下去，这是军人的自尊所决定的。

8月10日，日俄海军在黄海爆发激战，俄国舰队企图突围。东乡果然是运气超好，眼看俄国舰队就要脱逃的时候，日军一发流弹击中了俄军旗舰，俄国舰队司令和舰桥官兵全部毙命，俄国舰队阵形大乱，此后日本暂时控制了黄海。紧接着，日本陆军相继从朝鲜半岛和中国辽东半岛大批登陆，日本陆海军对旅顺口的俄军实行了大规模长时间的海陆夹攻。随着日军占领旅顺制高点，俄国旅顺要塞最终投降。

一生伏首拜阳明

日俄开战之前，沙皇俄国已经决定从波罗的海舰队抽调舰船，组成太平洋第二舰队开赴远东增援。

这支舰队由38艘军舰和13艘辅助船构成，由罗日杰斯特温斯基中将担任司令官。经过八个月的海上航行，一万八千多海里的海上颠簸，一路上草木皆兵，疲惫不堪地驶进了日本海域。

俄国增援舰队尚在远航途中时，日本联合舰队首席作战参谋秋山真之中佐就定了一个极其大胆的违反常规的敌前大回头的战术，要用一定的伤亡代价，使联合舰队首先抢占海战中T字的横头，占据对敌舰攻击的有利阵位，进而利用舰炮优势，与敌舰队平行航行，实行舷向攻击。东乡批准了这一作战计划，并为此做了艰苦的训练。

1905年5月27日凌晨，日本侦查船发来电报，证实了俄国增援舰队正驶向东乡平八郎预料之中的对马海峡。两小时后，东乡平八郎乘坐"三笠"号旗舰，高奏日本海军进行曲，桅杆上高悬Z字战旗，摆出决一死战的架势，驶出日本占领下的韩国镇海湾，扑向疲惫已久的俄军舰队。

出发前，东乡平八郎亲笔题词，向全军训示：皇国兴废，在此一战，各员一层，奋励努力。

日俄两支庞大的海军舰队开始交火，爆发了举世闻名的对马海战。

精于海上机动战术的东乡平八郎将联合舰队军舰分编成两大战术群，对俄舰队实施穿插包围。经过一昼夜激战，日本联合舰队取得了极其辉煌的成果，俄国万里来援的太平洋第二分舰队几乎全部被歼灭。38艘军舰中有21艘被击沉，9艘被俘，损失总吨位高达20万吨，俄军官兵阵亡4830人，被俘6106人。日本联合舰队仅仅损失3艘鱼雷艇，总计300吨，另有117人阵亡，538人受伤。

初出茅庐的日本海军，战胜了从彼得大帝时代就开始走向海洋的欧洲海军强国。东乡平八郎的指挥谨慎诡诈，功不可没。

对马海战的成功，确定了日俄战争中日本的最后胜利。两国坐到谈判桌前，签定了和约，中国东北成了日本的战利品，沙俄势力退出了南满，日本成为中国东北和朝鲜的主宰。

东乡平八郎在国内的声望，迅速上升到了顶点。明治天皇为了褒奖他的战功，向他下赐敕语达十次之多。在一次庆功宴上，面对与会众人的一片夸赞之声，东乡默不作声，只是拿出了自己的腰牌，示与众人，只见上面写着：一生伏首拜阳明。东乡平八郎和自己的同乡西乡隆盛一样，深受王阳明心学的影响。

1905年，东乡平八郎被任命为海军军令部长，成为日本海军第四任首脑，1907年赐封伯爵。大正天皇继位之后，又被赐予元帅的头衔。直到今天，日本东京还有祭祀他的神社。

2. 空前惨烈的关东大地震

关东成了人间地狱

1923年9月1日，日本的横滨和东京一带发生了震级为8.2级的大地震。由于这一带在日本被称为关东地区，所以，这次地震也被称为关东大地震。

早在1906年和1915年，日本东京帝国大学的两位学者就东京是否会发生大地震进行过争论。东京帝国大学是日本的最高学府，日本在二战前一共有七所帝国大学，帝大跟其他大学的区别是帝大专门培养文官。日本从二战前开始一直到现在，历届首相几乎都出自帝大，只有极个别的不是。两位学者争论时，一位副教授认为东京存在发生大地震的危险，特别强调应该注意火灾的发生。但是作为日本地震学界泰斗的一位教授认为不能这么说，这样会使人心混乱，维稳是很重要的。

1923年9月1日，当这位否定大地震会发生的教授正在访问澳大利亚悉尼天文台的时候，发现地震仪的记录笔像发疯一样大幅度地摆动。"太平洋的什么地方发生大地震了？"教授一边嘟囔着一边分析地震记录。分析数据一出来，他就傻眼了，大地震就在东京附近！

日本关东地区，位于日本本州岛的中东部，总面积大概三万平方公里，是日本最重要的工业区。1923年9月1日正好是星期六，横滨、东京地区人来人往，热闹非凡。上班族还在办公楼里忙碌，家庭主妇开始烧火煮饭，车站上也挤满了要外出度假的人们。

11点58分，大地开始上下抖动，然后摇晃，人们就像置身于海面上波谷浪尖的一叶小舟一样，无法站立，不能行走，被抖颤的大地抛向空中，非死即伤。没有死伤的人，想逃出摇摇欲坠的房屋，但是双腿狂颤不听使唤。一栋栋的房屋根本经受不住大地如此剧烈的抖动，纷纷在摇晃中倒落，能够屹立不倒的房屋根本就没几栋。勉强挣扎着逃出房屋的人，也没有能够摆脱厄运，大部分都被倒塌的房屋砸死砸伤，或者被埋在废墟当中。地震发生的时候，大地裂缝的轰隆声，受伤者的呻吟声，人们惊惶失措的呼喊声响成一片，俨然一片末世地狱的景象，让人毛骨悚然。

这场大地震袭击范围之广，受害面积之大，死亡人数之多，在日本历史上非常罕见。日本虽然是一个多火山、多地震的国家，对地震见怪不怪，但是这么大的地震还是头一次遇到。压在倒塌房屋里的人根本无力自救，侥幸活着的人也没法去拯救他们。即使没有被地震夺去生命的人，也只能亲眼看着自己的亲人在瓦砾堆下垂死挣扎，直到一命归西。压在废墟下只受了轻伤的人因为无人救助，几天之后，也因为饥渴交加而气绝身亡。

关东大地震除了房屋倒塌造成重大人员伤亡之外，最可怕的是大裂缝！大地张开了血盆大口，有些人侥幸逃出了即将倒塌的房屋，却掉到大地裂缝当中，被地下水活活淹死。没淹死的人刚想从裂缝里爬出来，没想到裂缝突然又合上了，很多人又被活活挤死。汽车掉进地缝之中，地裂合并的时候，跟汽车的废车场似的，连车带人被压成了铁饼、肉饼，地缝中不时传来撕心裂肺的号叫声。有的地缝中喷出水柱，直接射到高空，挤死在地缝中的人尸被强大的水流喷向地面。一些被压在瓦砾堆中的人，竟然也被冒出的地下水淹死了。

除了地裂的伤害之外，地震还造成了山崩，多处地方出现大塌方。一整座森林以每小时九十公里的速度从山上滑下，经过一条铁路，带着一大堆人体碎片流入相模湾，方圆几公里海水尽赤。一列载有两百多名乘客的火车，在行进途中，与一堵地震造成的泥水墙相撞，一百八十米宽、十五米深的塌方，把这列火车连同车上的乘客统统带进了相模湾，顿时无影无踪。一些村庄被埋在地震造成的三十多米深的泥石流中，永远在地球上消失了。

东京地区的高楼在地震中悉数毁掉，很多古建筑和当代建筑的精品也在地震中化为一堆废墟，全国约有5%的财产在大地震中被毁坏。在首都东京，包括浅草寺、凌云阁在内的古建筑都倒塌了；大藏省、文部省、内务省、外务省、警视厅等政府机构的建筑物，帝国剧场、三越百货店等文化与商业设施，都遭到了巨大的破坏；作为银座标志的银座砖瓦街也被震毁，原来的西洋风街道和洋房变成了瓦砾堆。东京大学图书馆发生了震后次生火灾，焚毁了众多重要的书籍文献。

地震、地裂、泥石流、大塌方，一座接一座倒塌的楼房，让活着的人惊恐万状，拼命乱跑。人们在盲目求生欲望的驱使下，相互推搡，被踩死踩伤的人不计其数。紧接着，更可怕的事儿发生了。

大地震破坏了关东地区的煤气管道，四处燃起了大火，又因为地震引发了海啸，滔天海水向灾难深重的日本关东地区袭来，关东地区经历了世界末日。大地震发生的时间正好是中午，东京等地市民忙着做午饭，许多人家炉火正旺，大地震袭来，炉倒灶翻，火星四溅。位于关东地区的东京、横滨两座大城市不仅人口稠密，而且房屋都是木结构，地震又把煤气管道破坏了，煤气四溢，遇火就燃。居民的炉灶提供了火源，煤气和木结构的房屋又是很好的燃料，一霎时，整个东京地区一片火海，爆炸声此起彼伏。本来火势就难以控制，地震带来的冲击波又掀起了巨大的狂风，火借风势，风助火威，失火地区就成了火狱。

狂风还把火种向四面传播，火种传播到哪儿，哪儿就燃起冲天大火。工厂、学校、居民住宅，整个东京被烈焰吞没。一时间，天在烧，地也在烧，烈火蔓延之快超出了人们的想象。由于大部分地区的房屋在大火之前已经被地震夷为平地，大火得以畅行无阻。东京等地的消防队倾巢出动，准备和火魔搏斗。但是由于地下水管造成破坏，根本找不到水源，加上倒塌的房屋把各条街道堵塞，消防车也无法通行。人们束手无策，只能任火魔肆虐。

那些被压在废墟中的幸存者是最可怜的，如果没有大火，一些人或许还能获救，但是大火一燃起，许多幸存者便被大火活活烧死。逃脱地震灾难的人们也被大火包围，滚滚浓烟把他们熏倒，烈焰把他们烤化，空气中到处弥漫着被烧焦的人肉的刺鼻的臭味。

关东大地震，地震本身时间并不长，可震后大火烧了三天三夜，烧得天昏地暗，日月无光，直到把火场内所有东西都化为灰烬为止。混乱的市民离开居民区，离开火场，涌向室外空旷地带，街道、广场、公园、海滩、学校的操场，所有空旷的地方都挤满了人。一家军用被服厂拥有一片空地，里面挤满了几万名避难者，挤到这儿的人，还没来得及庆幸脱离虎口，大火便从四面八方向这里迅速扑来，以最快的速度包围了被服厂。围在包围圈中的居民乱成一团，像没头的苍蝇一样四处乱撞，即使不被大火烧死，也被踩死。所有出口都被烈焰封死，无路可走。很多人因缺氧窒息而死，最后在这里避难的三万两千人无一幸免，现场惨不忍睹。东京全城在这场灾难里丧生的人，80%死于震后大火，地震幸存者也多数被烧伤。

在横滨的一个公园里，为了逃避大火，几百人跳入水池中，人坐在水里只将头露出水面，企图以这种方式逃避火魔。大火袭来之后，火星在他们头上乱飞，头发多数被烧着。在公园里避难的两万四千多人被烈火团团围住，活活烧死。公园的湖水被大火烤得沸腾，跳进湖里的人，也被湖水活活烫死。

整个关东地区都成了人间地狱。最令人不可思议的是，海滩上的人也根本无法保全性命。几千灾民逃到海滩跳进大海，抓住一些漂浮物，企图逃命。本来水火不相容，水能灭火，跳到海水里躲避烈火，似乎是理所当然的事儿。可是几小时之后，海滩附近的油库发生了爆炸，十万多吨原油注入横滨湾，大火引燃了水面的石油，横滨湾变成了名副其实的"火海"，海水中避难的三千多人被大火烧死。海水都不能躲避火魔，陆地就更不用说了。横滨市大火烧毁了六万多栋房屋，占全市房屋总数的60%。

在这次地震的震中相模湾，海底地壳剧烈运动，导致海里发生了大规模的海啸，强烈的海啸使海水掀起滔天巨浪，猛烈地冲击海岸。为了躲避地震和火灾，侥幸逃生的人开始寻找建筑物倒塌后压不着、大火烧不到的地方，用来暂时栖身，能满足这种要求的地方，只有海滩。于是恐惧的人们纷纷涌向东京、横滨等地的海滩、港口和码头。但是地震造成的海啸，掀起滔天巨浪，扑向这些灾民的栖身场所。避难的灾民看到十几米高的横空巨浪铺天盖地涌来，又慌忙向内陆奔命，人群中踩踏致死者不计其数。就算没被踩死，想从海啸里逃命，难于上青天。巨浪以每小时七百五十公里的速度扑向海岸，岸上的人瞬间被大浪吞没，或者被卷到海洋深处，或者被大浪抛向半空，或者被巨浪抛向陆地。那些停泊在各港口、码头的船只不是被大浪击碎、击沉，就是在海啸冲击下相互撞沉。

海啸退却之时，又把一些碎船全部卷走，横滨港停泊着一艘较大吨位的渔船，海浪把它打得粉碎，船上的人无一幸免。地震过后，东京海滩变成大垃圾场。到处都是木质房屋的屋顶、床板、门窗、船的碎片和人的尸体，海面上也漂浮着类似的东西。这次地震造成的大海啸击沉各类船只八千多艘，东京、横滨、横须贺、千叶等地的大小港口、码头统统瘫痪。

军国主义者越发疯狂

地震袭击关东的时候，日本正值患有精神病的大正天皇在位。皇宫在地震中也发生了火灾，由于大正天皇和皇后正在日光，所以没有发生任何危险。但是这次地震还是造成了三名皇室成员死亡。

由于大正天皇多病，二十三岁的皇太子裕仁摄政。为了提防有人趁火打劫，裕仁和他的幕僚派出五百多只信鸽进行联络，弥补地震造成的电话线中断、信息不通的缺陷。裕仁皇太子要求大阪等地派出三万五千军队在受灾城市巡逻，将那些借灾后混乱之机发不义之财的人就地正法。因为被烧死的人身上戴的金银珠宝会发出一种强烈刺鼻的臭味，任何被发现戴有这种散发特殊臭味的值钱东西的人都难逃一死。

裕仁皇太子调集军队不仅仅是为了维持灾区的秩序，他通过福田雅太郎将军宣布实行军管，无端指责朝鲜人和社会主义者冒犯神灵导致了这场大灾难，还说他们趁火打劫。这些狂热的军国主义分子的蛊惑使一些惧怕神灵的日本人信以为真，大约有四千名不幸的朝鲜人被日本的军国主义团体黑龙会赶到一起，百般侮辱嘲弄，进行所谓街道审判后，推到地震幸存者面前斩首示众。

日本内务省在地震发生之后，宣布戒严，下令所有警察局长把维护秩序与安全当作第一要务。当时的风潮使得市民误认为在日的朝鲜人利用灾难获利，犯下诸多纵火抢劫案件，并且藏有炸弹，所以对朝鲜人大开杀戒。他们让所有被怀疑是朝鲜人的人念"十五元五十钱"这个词。因为朝鲜语中没有浊音，念这个词比较困难，凡是读音怪异的人都被杀害了。

朝鲜人被杀的时候，日本的一般群众认为是军队在保护自己，以至于在军队处决朝鲜人的时候，都会高呼万岁。警察和军人认为日本的社会主义者思想很危险，借此机会把社会主义者的领导人也杀害了。地震之后被杀害的朝鲜人据说有六千多人，还有很多来自中国温州地区的中国人和琉球人，以及一些操区域性方言的日本人，也被日本军警误当作朝鲜人而杀害。

关东大地震之后，信奉神道教的日本军国主义者不但没有警醒，反而变得越发疯狂。他们认为日本人口稠密，国土狭小，必须要对外扩张、征服他国，最终使日本走上了侵略掠夺的法西斯主义道路，给亚太人民，特别是中国人民带来了深重的灾难，日本自己也为疯狂付出了惨重的代价。

大地震发生二十二年后的1945年，迷信战争的日本经历了东京大轰炸和广岛、长崎两颗原子弹的袭击，惨烈程度更甚于1923年的东京大地震。

3. 法西斯是条不归路

下克上的巅峰之作

关东大地震之后，日本在对外扩张的道路上"义无反顾"，越走越远。特别是中下级军官深受日本传统"下克上"风潮的影响，决心用非常手段改造日本，建立天皇法西斯专政。

进入20世纪30年代之后，这些无法无天的青年军官制造了不止一次针对首相重臣的暗杀行动，还发动了侵占中国东北的"皇姑屯事件"和"九一八事变"，全部得逞，最后越玩儿越大，终于发动了震惊朝野中外的"二二六兵变"。

1934年以后，日本军部中统制派的主张得到日本陆军大多数中上级军官的支持，在与皇道派的斗争中逐渐占据了上风。特别是林铣十郎大将接任陆军大臣后，把统制派中坚人物永田铁山提升为军务局长和陆军少将，这是仅次于陆军大臣和次长的实权职位，意味着统制派确立了对陆军的绝对支配权。

统制派掌握陆军实权之后，重拳打击皇道派，以清除异己。尽管两派在对外扩张的目标上并无本质区别，但两者的山头不同，带头大哥也不一样。

1935年7月，陆军大臣林铣十郎借人事调整之机，将一批皇道派军官转入预备役，或调离枢要部门、转任战地军官。其中最重要的一项调动就是免去了皇道派头面人物真崎甚三郎的陆军教育总监职务，此举得到了昭和天皇的暗中支持。天皇长期以来一直不满真崎对少壮军官的危险影响，曾在私下表示："朕一直希望他提出辞职，但他不干，连常识都没有。"

真崎下台后，皇道派与统制派的关系进一步恶化。皇道派少壮军官把矛头指向了永田铁山。1935年8月12日，皇道派军官相泽三郎中佐身佩军刀，直接闯进了永田铁山的办公室。永田见相泽杀气腾腾地闯进来，厉声喝道："你干什么？"相泽二话不说，抽出军刀，劈头盖脸向永田劈去。永田闪过这一刀，拔腿向门口跑去，曾担任过剑道教官、精通剑术的相泽并没有给他逃生的机会，猛扑上去，一刀砍在永田的背上。当永田挣扎着去开门时，相泽又挥刀从背上直刺过去，贯穿前胸，将他钉在门板上，结果了永田的性命。也许相泽觉得永田的死相太难看了，摘下自己的军帽，盖在他的脸上，准备下楼再去买顶帽子，直到这时才被闻讯赶来的宪兵抓住。

刀劈永田铁山的事件令天皇极度震惊。当侍从武官长本庄繁大将向他禀报这一事件时，天皇当即表示："这样的事件竟在陆军中发生，真是非常遗憾。请进行调查，并把详情向我报告。"在为永田举行的隆重葬礼上，天皇还令宫内省送去了花圈。

分头刺杀"天皇周围的坏人"

永田事件之后，统制派为了打击皇道派的嚣张气焰，趁陆军人事定期调整之际，把铁杆皇道派成员、第一师团长柳川平助中将调任台湾驻屯军司令官，接着又命令驻守东京长达三十年之久的皇道派大本营第一师团调往中国东北。这一决定无异于火上浇油，彻底激怒了皇道派少壮军官，促使他们加快了兵变的步伐。

1936年2月25日，有人向警方告密说："驻扎在东京即将调住中国东北的陆军第一师团的一些青年军官要发动叛乱，刺杀政府要员。"日本当局十分紧张，一时草木皆兵。首相官邸的门窗用钢条加固，并安装了直通警视厅的警报器。

2月25日深夜，天空飘起罕见的鹅毛大雪，东京城一片寂静。26日凌晨，香田清贞大尉、安藤辉三大尉、河野寿大尉、野中四郎大尉等九名政变核心军官带领千余名官兵，携带步机枪等武器，从第一师团驻地出发，踏着厚厚的积雪，分头去刺杀"天皇周围的坏人"。

26日晨4点30分，叛军到达首相府，与担任首相府警卫的四名警察发生枪战，警察被全部击毙。叛军很快冲到了首相官邸的正门，冲进官邸大厅，一阵乱枪，把厅内的吊灯全部打碎，枪声惊醒了首相的女婿兼秘书，他急忙给警视厅打电话求援，不料警察早被叛军打跑了，电话半天没人接；秘书急得团团转，左思右想，除了求助，别无他法，只好再次给警视厅打电话，这次的电话倒是有人接，可接电话的却是叛军。秘书马上又给附近的宪兵队打电话，宪兵队表示已经无能为力，秘书气得用力把电话摔到地上。

当叛军大喊大叫地冲入首相官邸的院子时，早已听说过政变传言的首相、前海军大将冈田启介瘫在床上，喃喃地说："他们终于来了。"但是，冈田的妹夫兼秘书松尾却不肯让他坐以待毙，硬是把首相从床上拽了起来，推进了洗澡间，然后跑到院子里高呼"天皇万岁"。由于松尾长相与冈田相似，叛军误将他认为是首相，开枪将松尾打死，又找来女佣确认死者就是冈田正身。直到第二天下午，在东京警视厅的救助下，冈田化装为吊唁人，混在送葬队伍中，才从被叛军占领的首相官邸中逃脱。

叛军还袭击了内大臣的住处，七十八岁的前海军大将、内大臣斋藤实在头天晚上刚带夫人出席了美国大使举办的晚宴，当叛军冲进他的住宅时，还在拥被高卧。叛军破门而入，被他的妻子拦住。当斋藤醒来并穿好睡衣时，叛军已闯入了卧室。三名军官对准站在妻子身后的斋藤同时开枪，斋藤应声倒地。斋藤夫人见状扑在丈夫的尸体上，紧紧抱着，泣不成声。叛军见无法把斋藤夫人拉起，便将枪伸到她的身下，向斋藤继续射击。斋藤浑身上下弹痕累累，一共中了四十七枪，几乎被打成了筛子。凶手们得手后，高呼三遍"天皇万岁"，呼啸而去。

　　与此同时，另一路叛军负责刺杀陆军教育总监渡边锭太郎大将。渡边的住室是日本式木房，当纸门被拉开后，激进分子即以手枪、机枪一齐对着里面开火。尽管六十二岁的枯瘦老头渡边锭太郎拿起手枪勇敢还击，最终还是被机枪打成了马蜂窝，从楼上滚下来。一个叛军军官对已死的渡边怒气未消，拔出军刀砍下了他的首级。

　　大藏大臣高桥是清由于坚持削减上一年的巨额军费而遭到叛军的憎恨，这一次叛军少不了要"关照"他。当叛军冲进他的卧室时，这个悲惨的老人还在打着节奏分明的呼噜。一名中尉一脚踢开他的被子，高呼"天诛"，对着高桥连开三枪，紧接着另一名军官跳上去，挥起军刀一刀砍下高桥的右臂，既而又把刀刺进他的肚子里，恶狠狠地左右乱捅，高桥当场气绝身亡。凶手们随后彬彬有礼地向高桥的家属道歉："打扰了，给您添麻烦了。"

　　在叛军心目中，日俄战争的海军英雄、天皇的侍从长铃木贯太郎大将是和英美勾结的代表，必须击杀。他们在侍从长官邸门口遭到了卫兵的坚强抵抗，交火十分钟之后，才冲了进去。

　　铃木镇静地要大家安静，问道："你们这样做必定是有原因的，告诉我是什么原因。"他和叛军谈了十多分钟，谈不下去了，便说："还有什么要说的吗？"叛军军官说："没有了，长官。"铃木说："那就打吧。"一名士兵走上前去说："为了昭和维新，请阁下做出牺牲吧。"说完连开三枪，一枪打空，一枪击中铃木下腹，一枪擦心脏而过。有人要求再补一枪，铃木夫人扑倒

二二六兵变

在丈夫身边高喊："别再打了，对老人，你们也下得去手，把我也一起打死好了。"由于铃木夫人是著名的教育家，还是昭和天皇的保姆，是天皇视作比亲生母亲还要亲的人物，士兵没人敢动手，平素敬佩铃木为人的一名大尉带队离开了铃木的官邸。

叛军没有想到，身负重伤的铃木几天之后竟然被抢救了过来，二战行将结束时还出任了日本首相。

除了袭击在位的首相重臣之外，叛军对元老西园寺公望公爵和前内大臣牧野伸显伯爵也下达了必杀令，只是刺杀计划没有实现。

由于西园寺是明治维新以来仅存的一位元老，享有崇高的威望，许多政变士兵不愿加害于他；带队的叛军中尉原本也不愿意执行这一任务，见到部下拒绝从命，顺水推舟，取消了这一行动。

牧野伸显伯爵是明治维新功臣大久保利通的后代，在政变发生时正在神奈川县的温泉旅馆休养。叛军先是放火烧旅馆，意图迫使牧野跑出来。在二十岁的外孙女吉田和子的帮助下，牧野伸显利用卫兵抵抗叛军所争取到的时间，溜出旅馆后门。旅馆后面是峭壁，老爷子在外孙女的帮助下爬到岩面的突出部，就再也爬不动了。不久之后，火光照亮了峭壁，像探照灯一样把牧野和和子照得清清楚楚，山下的叛军举起了枪。值此千钧一发之际，和子英勇地挡到了姥爷前面。士兵们看到和子这般勇敢，便把枪放下不打了。

至此，叛军的刺杀行动已经全部结束。他们占领了东京日本政治、军事、警察等国家权力中枢机关和五大报纸的报社，要求各报刊登他们的《崛起宣言书》，在他们所占领的地区张贴"尊皇讨奸""七生报国"等标语，并勒令影院剧院关闭、电台停播文娱节目。整个东京笼罩在一片恐怖气氛之中。

天皇为何很着急？

按照事先的计划，叛军于2月26日早晨6点30分左右，派出第一旅团副官香田清贞大尉和村中孝次、矶部浅一大尉为代表，在陆军大臣的官邸与川岛义之进行会谈。

这帮人不顾他们还在吃奶的时候，川岛已经在战场上为国流血的事实，像训孙子一样教训陆军大臣，说明此次起事之目的：要求撤换惩治军内统制派人物；要求任命皇道派首领担任重要军职；要求召集在各地的皇道派人物入京共商善后；要求陆军大臣将起事部队进行"昭和维新""忠君爱国"之本意上奏天皇等等。

对日本陆军的领导，正常情况下由陆军大臣、参谋总长、教育总监负责，此时的参谋总长载仁亲王在外地养病，教育总监渡边锭太郎刚被杀死，陆军最高领导人，仅有川岛义之一人。

政变爆发四十分钟后，天皇侍从武官长本庄繁大将就从副官中岛哲藏少将那里得知出事的消息，他让中岛立即给天皇的贴身侍从甘露寺受长打电话。甘露寺连忙叫醒尚在睡梦中的裕仁天皇，简要汇报了局势突变的情况。裕仁一边嘟哝"终于还是干起来了"，一边穿上陆军大元帅军服，起身前往皇宫政务室。

早上6点，一干重臣全都赶到皇宫，向天皇汇报情况。本庄繁已经吓得面无血色，他告诉天皇，首相、大藏卿、内大臣和侍从长等重臣都已遭到袭击，生死不明。三十六岁的天皇皱着眉头，气愤地说："这是从未有过的不祥之举。要立即平息，使军队恢复正常。"然而，本庄繁并没有按照裕仁的指示迅速镇压叛乱，这不仅是因为他在思想上同情叛乱军人，而且还因为他的女婿也卷进了叛乱活动。

上午9点，被香田大尉扣押在陆相官邸的川岛陆相，在和政变军人谈得唇焦舌敝之后，终于获准赶到皇宫觐见天皇。他带来了叛军的宣言书，并转达了叛军的要求。奏完之后，川岛趁势建议说："请陛下姑念起事者系奉陛下之名、秉承统帅之意去行动，完全是一片为国尽忠的赤诚，请陛下予以谅解。"

川岛的话还没说完，天皇就十分震怒："浑蛋！先不论他们的精神何在，他们之所为首先就有伤国体的精华。杀害朕的股肱老臣，如此残暴的军官，无论其'精神'如何，也不应予以任何宽恕。我绝不允许凶暴的将校胡作非为。要尽快将这一事件镇压下去！"川岛一见龙颜大怒，只好诺诺而退。天皇余怒未消地自语道："陆军简直是在掐朕的脖子！"

天皇下达的镇压命令没有立即执行，因为由陆军高级将领组成的军事参议官会议是由皇道派的荒木和真崎所操纵的。对于皇道派的叛乱，统制派的军官们当然恨不得立即镇压而后快，但是由于无法直接调动部队，他们只得求助于天皇的最高权威。26日下午，枢密院决定由陆军宣布戒严，进行镇压。陆军虽不愿意，但还是在27日凌晨颁布了戒严令。

与陆军上层心怀鬼胎的观望态度相反，由于铃木贯太郎、冈田启介和斋藤实三名海军大将遭到袭击，海军在第一时间内就定下了对政变坚决镇压的方针。海军军令部总长伏见宫博恭王当天就召集幕僚，表明了镇压的态度。26日中午12点，联合舰队司令高桥三吉向正在土佐冲演习的舰队发布命令，下令第一舰队进入东京湾，第二舰队进入大阪湾。

当时任海军军务局局长的丰田副武咆哮："陆军如果不想镇压的话，就由咱爷们儿来动手！"海军省办公楼前摆了一地的高压水龙，以防万一。海军陆战队奉命加强对海军各岸上设施，包括海军领导机关办公楼和退役高级将领私宅的警戒，另外还打算把天皇接到舰上，以免受陆军叛兵的挟持。26日下午，横须贺镇守府司令米内光政把陆战队送上岸，堆起了沙包工事，摆出准备战斗的态势。

27日一整天，裕仁天皇都是在焦急不安中度过的。此时第一舰队已经在旗舰"长门"号战列舰的带领下浩浩荡荡地开进东京湾，各舰都将炮口对准了陆上的叛军阵地。

虽然海军已经把舰队开进了东京湾，但陆军还是迟迟按兵不动。愤怒的天皇几次将本庄召来催问："讨伐部队出发了吗？""交上火了吗？"本庄含含糊糊地答道："因为居民尚未撤离……"未等他把话说完，天皇便厉声喝道："如果陆军大臣无能为力，朕就亲率近卫师团去平定叛乱！快快备马！"

裕仁天皇为何如此焦急？因为他刚刚获悉，在第八师团任大队长的御弟秩父宫雍仁亲王已动身搭乘火车前往东京。雍仁向来与皇道派军官来往密切，在思想上倾向于皇道派的主张，与天皇对立，这已经是公开的秘密。叛乱发生后，叛军已公开宣称"雍仁是我们的首领"。如果雍仁站到叛军一边，形势将更加难以控制。

日本历史上天皇之弟篡位的事，多得不胜枚举，神武天皇的后继者绥靖天皇就是弑兄自立的。为了防止出现这种可怕的情况，宫内省派雍仁的历史老师前去拦截他。老师登上雍仁乘坐的火车，一路上向其详细说明了情况，并恳求雍仁不可轻举妄动。雍仁神色凝重地听着，一言不发。火车一到东京车站，雍仁就在大批军警"护送"下被带进了皇宫，与叛军隔离开来。

情势如此，雍仁只好在当天晚上拜谒了哥哥，并做出了服从天皇的保证。

走上战争的不归路

28日，在天皇的一再催促下，犹豫不决的军部终于下了镇压的决心，开始讨伐叛军。

参加镇压兵变的部队总数近两万四千人。29日上午，荒木、真崎两位陆军大将为避免兵变部队遭到武装镇压，前往戒严司令部进行交涉，但遭到拒绝，戒严部队参谋石原莞尔将两名大将赶出了司令部。在他们离开后，戒严部队司令官再次提出避免"皇军自相攻击"，但杉山元参谋次长严格执行天皇敕令，力主以武力讨伐。

东京街头的坦克车装上高音喇叭，不停地广播NHK著名播音员宣读的《告军官士兵书》。这份由戒严司令部发布的声明称："现在归复原队，仍为时不晚；抵抗者全部是逆贼，格杀勿论；你们的父母兄弟在为你们成为国贼而哭泣。"与此同时，飞机在政变部队上空盘旋撒下《告军官士兵书》的传单，劝诱政变部队回归营房。

叛军此时已在严冬中坚持了三天，疲惫不堪，士气消沉。在听到广播、拾到传单后，纷纷返回了原部队。策动叛乱的军官见大势已去，也未加以阻拦。这些军官随后被戒严部队拘捕，集中到陆军省大院。关押他们的统制派军官冈村宁次预想并期待他们自尽，已让第一卫戍医院的护士兵准备好消毒药水和脱脂棉，还准备了三十多口棺材，但叛乱军官拒绝自尽，想要通过公审来"揭露军阀的阴谋"。

陆军首脑对政变主谋实行了军法审判，但不公开审判过程，不设辩护律师，一审即终判。由于"二二六事件"直接威胁到了天皇的统治权，因此对叛乱军官的处置也异常的严厉。

7月5日，军法会议判处在政变中起领导作用的矶部、香田等十七名军官死刑。有意思的是，判词中一点儿也没有提到谋杀罪，判刑的唯一根据是这些军官犯了未经天皇批准而擅自动用皇军之罪。其余的士官和士兵则被免予处分，因为他们只不过是遵从上级的命令。这次对政变军人惩处的严厉程度，远远超过了此前历次的处理，明显带有彻底根除皇道派影响的意图。在军部上层，统制派也趁机进行了大规模人事整肃，荒木、真崎和川岛陆相被解除现役，所有倾向于皇道派思想的军官均被从陆军核心部门清除出去。至此，统制派彻底掌握了陆军实权，确立了对陆军的绝对控制。

讽刺的是，皇道派发动政变时所积极追求的目标，例如军部独裁、国家政权法西斯化，在政变失败后反而得以实现。这不仅是因为同属法西斯派别的统制派牢牢掌握了军部大权，而且内阁也被以新首相广田弘毅为首的文官法西斯集团所控制。

对于日本陆军在"二二六事件"中的角色，以及在随后日本法西斯化中的作用，二战后当了一名英语教师的旧日本帝国海军最后一位海军大将井上成美，在日本投降前曾经有过一番很有意思的讲话："陆军动辄把自己大肆吹嘘成什么'皇国的中流砥柱'，事实上，正是陆军……最终把日本拖入了灾难。所谓的'中流砥柱'，就是中国的黄河上有几块挺立在河中、顽固阻挡潮流前进的顽石。从这个意思去理解的话，陆军也不愧是真正的'中流砥柱'啊！"

"二二六事件"之后，日本建立了法西斯专政。一年后，发动了全面侵华战争；五年后，挑起了太平洋战争。从此在战争的不归路上恣意驰骋，直到走向最后的灭亡……

图书在版编目（CIP）数据

世界历史很有趣：袁腾飞讲日本史 / 袁腾飞著. —北京：
民主与建设出版社，2014.7
　　（世界历史很有趣）
　　ISBN 978-7-5139-0403-2

　　Ⅰ.①世…　Ⅱ.①袁…　Ⅲ.①日本—历史—通俗读物
Ⅳ.①K313.09

中国版本图书馆CIP数据核字（2014）第 204442 号

出 版 人：许久文

责任编辑：李保华

总 策 划：牛博杨

监　　制：于向勇

特约编辑：张云鹏

策划编辑：马占国

营销编辑：刘晓晨　刘　健

出版发行：民主与建设出版社

社　　址：北京市朝阳区曙光西里甲 6 号院时间国际大厦
　　　　　H座北楼 306 室

邮　　编：100028

印　　刷：三河市中晟雅豪印务有限公司

成品尺寸：170mm×245mm

印　　张：20

字　　数：300 千字

版　　次：2014 年 10 月第 1 版　2019 年 3 月第 5 次印刷

书　　号：ISBN 978-7-5139-0403-2

定　　价：38.00 元

注：如有印、装质量问题，请与出版社联系。

质量监督电话：010-59096394

团购电话：010-59320018